普通高等学校体育专业教材

休闲体育服务营销

主　　编　　周良君
副主编　　蒋依依

中国教育出版传媒集团

高等教育出版社·北京

内容提要

　　本教材为普通高等学校休闲体育专业教材，全书共 11 章，主要内容包括：休闲体育服务营销概述、休闲体育服务顾客关系构建、休闲体育消费行为分析、休闲体育服务产品、休闲体育服务定价、休闲体育服务分销、休闲体育服务促销与沟通、休闲体育服务人员、休闲体育服务有形展示、休闲体育服务过程、休闲体育服务质量。本教材为新形态教材，通过二维码链接多种拓展资源，可作为休闲体育专业教材，也可作为社会体育指导与管理专业、体育教育专业、高职院校体育专业的选修教材，还可作为休闲体育从业人员的参考书。

图书在版编目（CIP）数据

　　休闲体育服务营销／周良君主编. -- 北京：高等教育出版社，2023.3
　　　ISBN 978-7-04-060064-3

　　Ⅰ. ①休… Ⅱ. ①周… Ⅲ. ①休闲体育-服务营销-高等学校-教材 Ⅳ. ①G811.4

　　中国国家版本馆 CIP 数据核字（2023）第 035119 号

休闲体育服务营销

Xiuxian Tiyu Fuwu Yingxiao

策划编辑	廖倩雯	责任编辑	廖倩雯	封面设计	裴一丹	版式设计	于　婕	
责任绘图	邓　超	责任校对	胡美萍	责任印制	刘思涵			

出版发行	高等教育出版社	网　　址	http://www.hep.edu.cn	
社　　址	北京市西城区德外大街 4 号		http://www.hep.com.cn	
邮政编码	100120	网上订购	http://www.hepmall.com.cn	
印　　刷	三河市华润印刷有限公司		http://www.hepmall.com	
开　　本	787mm × 960mm　1/16		http://www.hepmall.cn	
印　　张	20.5			
字　　数	320 千字	版　　次	2023 年 3 月第 1 版	
购书热线	010-58581118	印　　次	2023 年 3 月第 1 次印刷	
咨询电话	400-810-0598	定　　价	39.00 元	

本书如有缺页、倒页、脱页等质量问题，请到所购图书销售部门联系调换
版权所有　侵权必究
物　料　号　60064-00

前　　言

随着我国经济社会的发展和人民生活水平的提高，大众生活理念、休闲方式、消费模式发生了巨大变化，我国休闲体育消费模式也发生了巨大变革。我国居民的休闲需求日益旺盛，休闲体育消费内容呈现出多样化和发展性等特点。篮球、足球、乒乓球、羽毛球、游泳、田径等国际主流体育项目依然是居民体育休闲的主要选择；徒步、潜水、露营、登山、自行车、定向越野等户外项目受到追捧；滑雪、滑翔伞、冲浪、无人区探险等极限运动受到年轻人的青睐；奥运会、世界杯等赛事观赏也成为体育旅游的重要内容；雪地拔河、龙舟、悬挂滑翔、水球等民间休闲体育项目蓬勃发展。

近年来，我国体育产业从项目到产业层面出台了一系列推动体育服务业发展的政策文件，为不断满足广大人民群众日益增长的多元化、多层次的体育需求，不断推动我国体育事业与体育产业协调发展，不断提高体育企业服务能力和水平起到了积极的作用。

休闲体育服务并不是一个全新的市场或行业，而是休闲业与体育服务业发展到一定阶段相互融合、协调发展的结果。休闲体育服务营销是休闲体育服务企业及组织制定适宜的营销战略规划，采取新产品开发、品牌化、渠道创新等策略，提升产品价值，赢得竞争优势，最终改善绩效的一系列行为。休闲体育服务市场的迅猛发展及行业的丰富实践，为休闲体育专业人才培养提出了新的现实需求。本教材从我国近几年休闲体育服务营销的发展现状

I

及高校体育教学的现实需求出发，围绕当前我国休闲体育服务从业者的能力素养及课程教学中的问题构建知识结构，力求形成理论知识系统、实践特色鲜明的教材风格。其编写主要体现出以下特色：

1. 体系结构完整，逻辑清晰

本书在借鉴相关国内外教材及文献的基础上，对休闲体育服务营销的基本原理、理论、方法进行了全面系统的阐述，按照基本理论认知、营销战略、营销组合策略、营销管理的逻辑结构构建休闲体育服务营销的核心理论体系。

2. 内容全面，知识点突出

全书在保证结构完整的前提下，列出了休闲体育服务及服务营销领域的重要议题。在内容架构上，除了对重要知识点进行深入讨论并辅以典型案例进行延伸拓展，还以知识链接、拓展阅读等形式纳入服务利润链、体验营销、服务补救、客户关系管理等服务市场营销理论及实践的新内容。

3. 案例丰富新颖，具有时代性

本书十分重视案例的编写与采用，注重案例的典型性和说服力。所选的案例涵盖水、陆、空等不同场景下传统及新兴的休闲体育服务项目，内容丰富，富有时代性，其中一部分是编写组实地走访知名休闲体育服务企业或项目而采写的案例。

4. 密切联系实践，操作性强

与其他营销活动一样，休闲体育服务营销也会在一定程度上超出理论研究范畴。营销理论来自有效的实践，是学科研究者和实践者智慧经验的结晶，其价值又要体现出对营销实践具有指导意义。本书在编撰过程中尤其注重对操作方法及策略等内容的设计与组织。此外，编写组中部分作者是来自业界的管理者，对本书的实践性提供了有效的思路。

本书由广州体育学院周良君教授团队及北京体育大学蒋依依

教授团队策划，由全国高校及国内知名企业管理者共同编写而成，周良君教授担任主编，蒋依依教授担任副主编。具体编写分工如下：广州体育学院周良君、厉复晖、梁海燕编写第一章、第六章、第七章及第十章；西安体育学院代璐编写第二章；北京体育大学蒋依依、吴阳、陈希、何道刚、王者编写第三章；广州工业大学龚建林及私立华联学院肖显秀编写第四章；首都体育学院邢晓燕编写第五章；广州珠江体育文化发展股份有限公司雷纯东编写第八章；衢州珠江文体发展有限公司谭琪编写第九章；广州体育学院谭建共及北京体育大学吴阳编写第十一章。

在本书的编写过程中，我们参考和借鉴了国内外体育营销方面的诸多教材，也借鉴了不少其他著述和学术研究成果，由于篇幅所限，没能一一列出，在此对原作者一并表示感谢！同时，也要对走访的休闲体育服务企业及管理者表达深深的谢意，他们在休闲体育行业的实践经验给休闲体育服务营销的理论创新提供了丰富的素材。衷心感谢中央财经大学安贺新教授、华南师范大学王广进副教授对本书提出的意见和建议，感谢研究生孙铭、肖扬、苏士琛协助搜集资料并参与修改工作。感谢高等教育出版社范峰先生和廖倩雯编辑的专业指导和大力支持。

由于编者知识水平及掌握资料有限，书中不足之处在所难免，恳请广大读者批评指正。

编者

2022 年 12 月

目　录

第一章　休闲体育服务营销概述

本章导语 》》》

随着我国休闲体育产业规模的不断扩大，在传统的市场营销理论指导下，休闲体育服务业难以满足消费者获得自身发展、培养生活情趣、实现身心快乐体验等较高层次需求，休闲体育服务机构的营销方式亟须紧随时代变化而变化。本章在对休闲体育服务营销的相关内涵、概念、特征等进行阐述的基础上，简要探讨服务营销理论在休闲体育服务中的应用，分析休闲体育服务营销的创新发展应用，旨在让学生对休闲体育服务营销有基本的认识，更好地指导休闲体育服务实践。

学习目标 》》》

1. 了解休闲体育服务的内涵和特征
2. 熟悉休闲体育服务营销的基本概念和特点
3. 理解并掌握休闲体育服务营销组合策略
4. 了解体验营销、价值共创、场景营销、数据库营销在休闲体育服务营销中的应用

案例导入

体育的休闲，还是休闲的体育？

随着社会文明进程的发展，休闲体育活动成为人们生活的重要内容，体育休闲也成为人们休闲生活方式中的重要组成部分。杰弗瑞·戈比（Geoffrey Godbey）认为："人要在生命各阶段将思想、身体和精神凝结到体育活动中，并使其成为日常生活和休闲追求的一个内在组成部分。它有利于增强个人对自身价值的感受，有利于加强人们的生活精力与活力，并能最大限度地促使人类发挥生理、情绪和社会潜力。在日常生活中，个人能够从保持身体活跃的过程和经历中获取力量；它增强了我们自己掌握人生的意识，并激发了我们控制自身健康的信心（Fitness Canada，1992）。"① 社会持续发展、经济稳定增长、闲暇时间增加，为体育融入新兴休闲生活方式提供了客观条件。尽管学者们在"休闲体育"还是"体育休闲"的称谓及内涵上还存在争议，但体育在休闲的基础上被赋予了不同程度的价值意义却是不争的事实。20世纪末，由于体育休闲在发达国家产生了巨大的经济效益，体育休闲成为休闲产业及娱乐产业的重要组成部分。2002年，我国将体育列为《国民经济行业分类》中"文化、体育和娱乐业"类别，是休闲娱乐业的组成部分。近10年，我国颁布了一系列有关体育与健康产业的政策文件。《国务院关于加快发展体育产业促进体育消费的若干意见》提出，大力支持健身跑、自行车、登山、攀岩等户外休闲项目的发展。《国务院办公厅关于加快发展健身休闲产业的指导意见》明确指出，到2025年，我国基本形成布局合理、功能完善、门类齐全的健身休闲产业发展格局，市场机制日益完善，消费需求愈加旺盛，产业环境不断优化，产业结构日趋合理，产品和服务供给更加丰富，服务质量和水平明显提高，同其他产业融合发展更为紧密，健身休闲产业总规模达到3万亿元。

休闲体育包含丰富的内容，其中不仅有传统体育项目，还有近年来

---

① ［美］杰弗瑞·戈比. 21世纪的休闲与休闲服务［M］. 张春波，陈定家，刘风华译，马惠娣校译，昆明：云南人民出版社，2000：139.

新兴、快速发展的休闲运动项目。与竞技体育相比，休闲体育虽然竞技性和观赏性不足，但其优势较为显著，在方便群众参与的同时有助于人们修身养性、放松心情，且对场地和专业性要求较低，如人们生活中常见的慢跑和健步走等运动项目。据《2020中国跑者运动大数据报告》显示：女性跑友持续增长；"00后"跑步人数同比增长36.8%；北京、上海、广州、深圳、杭州连续5年登榜热门跑步城市；除跑步外，跑者也喜欢健身、健走等运动项目。

在政策推动下，我国户外休闲运动发展进入黄金时期，国内参与徒步旅行、户外休闲等泛户外运动的人数逐年增多。我国地大物博，山地、湖泊和海洋等自然环境资源丰富多样，休闲体育与地域特色相结合，有利于发展多元化休闲体育活动。如山地可发展徒步、定向攀岩等运动，水域可发展钓鱼、游艇等运动，海边可发展冲浪、潜水、帆船等运动。据统计，中国约有1.2亿人钓鱼，每年有超过150万人次的游客参与体验式潜水，其中海南省三亚市已经发展成为全球最大的体验式潜水基地；2019年我国滑雪场数量为770家，滑雪人次为2 090万；休闲游艇、帆船等活动作为新的大众生活和旅游方式，逐渐被中产阶级消费者所接受。各种帆船、龙舟等水上赛事活动为更多人体验"水上生活"带来乐趣。营销组织机构立足当地文化特色，发挥环境优势，结合大型体育赛事及"赛事遗产"开发，发展出各具特色的休闲体育旅游项目。

新的运动消费场景在多业态发展下衍生。口袋公园不同于覆盖全面的体育公园，一般利用城市零星开放空间打造，以居民舒适步行距离为服务半径，在空间形态上与城市绿地相结合，具有运动休闲、文化娱乐等功能。共享健身仓以中青年为主要目标人群，相当于随时运动的迷你健身房，由于传统健身房存在强制销售课程、办理年卡等问题，共享健身仓按次计费、便民共享的特点满足了更多人的健身需求。

而一些医院和院校开办运营面向大众健身康复的运动医学康复中心等新业态模式，将运动康复的对象逐渐从运动员转移到大众，在医疗概念中加入体育运动元素，实现"体医结合"，利用运动手段促进健康。由于健身俱乐部和私教大量存在，运动康复创新业态由健身俱乐部衍生，主要包括医疗监管范畴之外的运动康复机构，偏向通过特定动作进行物理治疗，如 Relax 运动康复工作室、柠檬运动康复工作室等。

"互联网+"时代改变了大众参与休闲体育的模式，"线上+线下"新模式以及短视频、线上直播等潮流互动方式有利于群众随时随地参与休闲运动，满足群众个性化需求，推动户外休闲运动发展。同时，"体医结合""体育+旅游"等模式成为休闲体育多业态发展的主力军，衍生出许多全新的运动消费场景，多元化发展路径将休闲体育行业推向更广阔的未来。

数字化体验推动体验式与沉浸式人机互动成为热点，主要在智能设备、智能场馆、体感游戏设备等领域应用。智能场馆是体育场馆科技化应用的产物，推进场馆信息化、智能化、数据化。将科技与体育场馆结合，新增了场馆预约、课程预约、场馆无人化管理、设备智能化、场内场外实时互动、无线全场陪伴和健康分析等服务，在提高场馆资源利用率的同时缓解了体育场馆供给不足等问题，为消费者带来更舒适的体验。

休闲体育发展的目的之一是帮助更多人参与其中并享受休闲体育运动带来的快乐。休闲体育的重点并不在体育，而在于休闲。

第一节 休闲体育服务概述

一、休闲体育概述

（一）休闲体育的内涵

休闲体育是近年来出现的一个新名词，发达国家一般用 Leisure Activity（闲暇活动）和 Out-door Recreation（户外运动）表示，体现了现代人对体育运动的一种全新态度以及对社会生活方式的一种选择倾向。随着我国经济社会的发展，人们从追求物质逐渐转移到关注自身发展，"休闲体育"的概念应运而生。休闲体育是"休闲"与"体育"的结合，由于体育的发展受到多方面因素的影响，概念复杂多样，因此学术界尚未对休闲体育有明确定义。休闲体育包含休闲的功能和体育的形式，具有娱乐性、多样性、自主性、灵活性等特点。本书对休闲体育的内涵表述为：人们在自由支配的时间里，以直接或间接的方式参与体育运动，达到身心放松、保持健康、增进交往、全面发展的一种自觉的社会文化活动。

《关于加快发展体育产业促进体育消费的若干意见》《国务院办公厅关于加快发展健身休闲产业的指导意见》《"健康中国 2030"规划纲要》《全民健身计划（2021—2025 年）》等文件的相继出台为休闲体育的发展提供了重要保障，也注入了活力。新发展阶段，人民对美好生活的向往和需求不断增长，休闲体育成为满足人们对美好生活的向往、充实闲暇生活、促进全民健康的重要活动方式。

（二）休闲体育的发展

1. 西方休闲体育的起源与发展

休闲体育的起源与休闲有密不可分的关系，休闲包含体育运动的因素，体育是休闲的一种形式。亚里士多德在西方学界被誉为"休闲学之父"，他认为休闲是一切事物环绕的中心，是人们幸福感的来源，人们通过休闲体育保持内心的愉悦与安宁。原始社会的摔跤比赛、狩猎等活动可以说是休闲体育的雏形；古巴比伦文化中就有休闲活动的存在，其具体形式包括赛马、射箭、摔跤、狩猎等；古罗马时期人们为了备战而注重强身健体，欧洲文艺复兴时期人们崇尚探险，从中也可以看出休闲体育的影子。由此可见，体育在古代已经成为休闲的重要组成部分。

休闲体育作为一种研究最早在美国被提出，早期的休闲体育以学校体育的形式存在。随着社会的发展，许多机构将经营范围延伸至体育领域，为人们提供更加广阔的体育运动空间，社区体育模式开始出现。20 世纪 70 年代中期，休闲体育在世界各国普及并快速发展，学者们对休闲体育的研究不断深入，休闲体育逐渐发展成为一门学科。进入 21 世纪，体育产业迅速发展，体育消费增多，人们的生活方式不断改变，体育活动的参与人数增多，休闲体育发展速度加快。西方国家的休闲体育产业发展主要依靠社会资本和市场进行，休闲体育就业形势可观，众多新兴产业为休闲体育产业发展注入新动能，休闲体育产业发展成为西方国家经济发展的强大动力。

2. 我国休闲体育的兴起与发展

（1）兴起阶段

1949—1978 年，我国实行计划经济体制，群众体育的发展目标是：增强人民体质，为建设和保卫国家服务。我国的社会结构是以政治为基础、以身份为特征的城市、农村"二元"制社会结构，体育服务实行"单位体制"。一切商品的定价由国家制定，包括体育服务在内的事务由国家垄断供给。在此阶段，人们对体育的需求单一，体育社会化程度低，社会体育服务具有"纯福利"性，政府或政府设立的专门机构采用行政方式负责各层次的体育事务。体育服务听从于官僚体制决策，体育服务体系以"政府集权"和"命令体制"为主要特点。

1978年以后，我国实施了经济、政治体制改革，体育服务由单一供给向多元化供给转变，市场经济体制在我国逐步确立和完善。群众体育的发展目标是：不断满足人们日益增长的体育需求，为国家利益服务的功能逐渐淡化。我国的社会结构转为以经济为基础、职业为特征的"多元"制社会结构。在市场经济体制下，社会经济飞速发展，物质极大丰富，人民的生活水平不断提高，体育需求呈现多元化趋势。2000年以来，在国家一系列政策的指导下，体育服务逐步形成了由政府主导、依托社会和个人、服务全体人民、旨在满足不同区域和不同阶层人群体育需求的多层次体系。2008年北京奥运会和2010年广州亚运会极大地激发了人们参与体育的热情，休闲体育迎来空前的发展机遇。从2009年起，为了纪念奥运会的成功举办以及满足广大人民群众日益增长的休闲体育需求，国务院将每年的8月8日定为"全民健身日"。

在我国休闲体育的兴起阶段，体育服务需求低、消费低、项目少。经过社会化和市场化改革，体育服务呈现层次化和多元化趋势，人们的体育服务需求增多，体育服务消费水平逐渐提高。在此阶段，休闲体育消费结构不断优化，从传统的武术、气功、散步、跑步、徒手体操等运动方式发展到网球、高尔夫、保龄球、赛车等时尚运动方式。现如今，登山、攀岩、山地自行车、户外郊游、探险等山地户外项目成为大众青睐的运动项目，这些项目的细分市场正逐渐形成并迅速壮大。

（2）发展阶段

2016年10月，《国务院办公厅关于加快发展健身休闲产业的指导意见》提出，提高健身休闲产业发展质量和效益，培育壮大各类市场主体，丰富产品和服务供给，推动健身休闲产业全面健康可持续发展，不断满足大众多层次多样化的健身休闲需求；完善健身休闲服务体系，保障公共服务供给，引导多方参与；鼓励开发以移动互联网、大数据、云计算技术为支撑的健身休闲服务，推动传统健身休闲企业由销售导向向服务导向转变。党的十八大以来，我国明确将全民健身上升为国家战略，并相继出台了《"健康中国 2030"规划纲要》《全民健身计划（2021—2025 年）》等文件。随着我国经济进入高质量发展阶段，人民群众的需求从"物质文化"升级到"美好生活"，开始追求更高质量的精神文化生活。中国居民体育消费的总量为 1.5 万~1.8 万亿元，目前存在城镇体育消费高于农村、居民收入水平和文化程度与消费水平呈正相关、地区消费水平差异较大等现象，体育消费增长空间巨大。居民对休闲体育的参与意愿、可消费空间、闲暇时间等推动了休闲体育消费的增长，许多娱乐和体育项目受到大众青睐，人们参与休闲体育的形式更加丰富，休闲体育产业快速发展并得到了质的提升。

场景化和数字化是休闲体育在此阶段的发展特色。休闲体育凸显了仪式化、社交化、分众化、碎片化特点，场景艺术化提升和场景技术融合成为趋势。移动互联网、大数据、人工智能、物联网等技术让运动场景感知化、运动体验数据化、运动展示视频化、运动社交情境化，有利于促进休闲体育线上线下融合、叠加与创新，增强休闲体育消费的吸引力。

我国休闲体育的发展呈现出以下特点：① 休闲体育项目以传统项目为主，多种新兴项目逐渐发展，体现出内容多样化特点；② 休闲体育具有健身、娱乐、社交、经济等功能，体现出功能多元化的特点；③ 不同个体在休闲活动项目、场所、内容选择上差异明显，体现出参与人员分层化的特点；④ 户外运动多为水上运动、山地运动、航空运动和冰雪运动等，体现出活动领域自然化的特点。

在此阶段，我国休闲体育发展迅速，国内出现了许多具有代表性和标志性的事件：

① 体育小镇、体育综合体和休闲度假区建立。一是体育小镇建设蓬勃兴起。全民健身热潮为体育产业发展迎来了空前的发展机遇，2016 年 7 月，财政部、中宣部、教育部联合印发的《关于开展特色小镇培育工作的通知》将培育休闲旅游小镇作为主要工作内容。2017 年 8 月，国家体育总局公布了首批体育特色小镇试点名单，同时受理第二批体育特色小镇申报工作，体育特色小镇建设工作进入了快速发展时期。二是城市运动综合体陆续

建设。以体育场、体育馆、室内游泳池等设施为主，配建咖啡厅、快餐店、超市、美容院、电影院等生活配套设施，结合体育、休闲、娱乐等多种服务功能，发挥文化、旅游、商业的主体化、品质化、创意化、场景化等优势，打造体、旅、文、商融合的城市运动综合体。三是休闲度假区成为热门。度假区融合运动项目、主题公园、运动场所等，将运动休闲、旅游度假等功能相结合，打造了一批以"体育+旅游""体育+养生""体育+娱乐"为主的休闲度假区。

②广场舞热潮。《最炫民族风》《小苹果》等歌曲掀起了国内广场舞热潮。国家体育总局牵头组织创编的12套严谨科学、简单易行的广场舞，于2017年6月14日在全国广场舞大赛启动仪式上正式向社会发布。为了实施全民健身国家战略、提高人民健康水平、增强群众的体育健身意识，《全民健身计划（2016—2020年）》提出，大力发展健身跑、健步走、骑行、登山、徒步、游泳、球类、广场舞等群众喜闻乐见的运动项目，并鼓励开发适合不同人群、不同地域和不同行业特点的特色运动项目。目前，广场舞逐渐获得不同年龄段人群的喜爱。作为现代城市广场发展的产物，广场舞不仅是一种文化现象，更是一种值得关注的社会现象。

③电子竞技运动的兴起。暴雪公司发行的《星际争霸》和《反恐精英》游戏掀起了电子竞技发展的第一波浪潮，腾讯公司代理的《地下城与勇士》和《穿越火线》游戏在2009年被正式列入世界电子竞技大赛（WCG）比赛项目。在2010年北京召开的电子竞技运动工作会议上，首个E-CL电子竞技冠军联赛受到国家体育总局的认可，我国电子竞技行业监管也向着良好有序的方向发展。在互联网技术不断进步以及媒体对电竞行业大力宣传的背景下，国内涌现了WE、IG、皇族等知名电竞俱乐部和一批从事游戏研发、职业电竞、平台运营、赛事策划等工作的电竞从业者。2021年，中国电子竞技行业市场规模达到1 673亿元，电竞赛事成为全社会高度关注的商业及文化热点。

④滑雪运动掀起浪潮。2015年7月，北京市联合张家口市获得了第24届冬奥会的主办权，掀起了国内的"冰雪热潮"。《全国冰雪场地设施建设规划（2016—2022年）》《冰雪运动发展规划（2016—2025年）》《群众冬季运动推广普及计划（2016—2020年）》等一系列政策推动我国冰雪产业进入崭新的发展阶段。在冬奥会筹备阶段，我国滑雪场数量激增，2021年

达到 811 家。①为了迎合群众娱乐需求，我国近年来建设了许多大型滑雪旅游度假区和冰雪休闲度假小镇。随着冰雪运动"南展西扩东进"战略的提出，华北、西北、华东地区的滑雪市场蓬勃发展。北京 2022 年冬奥会的成功举办，将滑雪运动在我国的发展推向新的高度，滑雪运动得到跨越式发展。

⑤ 马拉松赛事火热发展。群众赛事的多样化发展和国家政策的支持推动马拉松成为近年来炙手可热的赛事项目。2011 年，绝大多数马拉松赛事的参与人数超过 1 万人。2014 年，部分马拉松赛事一票难求，如北京国际马拉松赛参赛名额在放出后的 13 个小时内即被抢完，上海国际马拉松赛中签率仅为 0.8%。2015 年，国内马拉松赛事呈井喷式增长。根据艾媒咨询数据，2015 年全国马拉松赛事数目突破 100 场，2017 年飙升至 1 000 余场，国内马拉松赛事逐步向中西部地区扩展。到 2018 年年底，国内有 285 个地级城市举办了规模路跑赛事，路跑运动在国内城市的覆盖率达到 85.33%。2019 年全国共举办 1 828 场次规模赛事，赛事数量同比增长 15.6%，覆盖了全国 31 个省（自治区、直辖市），参加人数达 712 万，场均规模 3 898 人，全国范围内共举办认证赛事 357 场，同比增长 5.31%。

二、休闲体育服务

（一）休闲体育服务的概念

休闲体育服务是休闲体育服务机构为人们的休闲体育活动营造场景、提供便利的活动形式与内容，其针对的人群是休闲体育活动的体验者和参与者。休闲体育服务的有形产品通常是休闲体育服务的支持性产品，包括休闲体育场地设施、器材用具等。休闲体育服务的无形产品包括休闲体育组织管理、活动推广、信息咨询、旅游服务、项目策划等。从生产过程看，休闲体育服务是休闲体育服务机构运用其体育场地空间设施、器材用具和服务人员，为体验者提供服务的过程。从消费过程看，体验者置身于特定的服务场景，与休闲体育服务机构的有形服务资源保持广泛接触与体验，顾客接受的服务经历是对休闲体育服务过程与结果的消费。

（二）休闲体育服务业

休闲体育服务业在推动体育产业高质量发展、为休闲体育服务企业发现

---

① 数据来自国家体育总局 2022 年 4 月 29 日发布的《2021 年全国体育场地调查数据》。

市场机会等方面有重要意义。《国务院办公厅关于促进全民健身和体育消费推动体育产业高质量发展的意见》中提到，要大力培育健身休闲、竞赛表演、场馆服务、体育经纪、体育培训等服务业态，创新商业模式，延伸产业链条；加强体育服务业质量监测；支持推出一批体育特色鲜明、服务功能完善、经济效益良好的综合体项目，稳步推进建设一批规划科学、特色突出、产业集聚的运动休闲特色小镇。新形势下，休闲体育服务业发展将促使体育产业成为支柱型产业，是推动我国体育产业高质量发展的有效途径。

参与休闲体育活动、体验休闲生活方式有助于体验者达到锻炼身体、享受闲暇、娱乐身心、释放情绪的目的，感受"畅快"体验，并形成良好的生活方式和人生观。面对现代社会的各种压力，休闲体育服务为人们实践社会规范提供了模拟机会，在参与过程中帮助人们释放生活压力、提升综合素质为更好地服务社会打下良好基础。当前，我国人均体育消费逐年提升，体育消费需求逐渐转向娱乐性和观赏性，马拉松、骑行、露营、攀岩、登山、皮划艇等新兴体育运动消费需求增强，休闲体育服务为人们提供了更加多样化的消费方式，有助于引导并满足人们的深度休闲体育消费需求。

1. 休闲体育服务业的发展

从产业经济角度看，休闲体育服务业是指那些利益相互联系、具有不同分工、由各个相关体育服务行业所组成的业态总称，是休闲体育企业的集合体。近年来，体育服务业在体育产业中的占比逐渐提升，2020年全国体育产业总规模为 27 372 亿元，增加值为 10 735 亿元。从内部构成看，体育服务业增加值为 7 374 亿元，占体育产业增加值的比重为 68.7%，其中，休闲体育服务业占较大比重。

当前，我国正深入推进体育改革并有效开展体育治理体系和治理能力现代化建设，体育产业保持快速增长态势。然而，休闲体育服务业发展仍处在初期阶段，依旧存在供给不足、质量不高、市场偏小等问题。随着休闲体育新业态不断涌现和数字化时代的到来，休闲体育服务业将在数字科技、信息技术、智能智造等时代潮流下发生巨变，逐步展现出智慧科技休闲体育、数字休闲体育、新兴休闲体育服务消费、体旅融合等趋势，发展前景良好。

面对当前国内外复杂的经济形势，休闲体育服务业需依托国内大循环，对外广泛开展国际休闲体育服务合作，畅通国内国际双循环，在优质休闲体育服务"引进来"的同时，推动更多具有中国特色的休闲体育服务"走出去"，向世界展现新时代中国体育的国际形象。

2. 休闲体育服务体系

休闲体育是社会发展与人类文明的象征，休闲体育活动既有利于促进身心健康，又有助于满足精神需求。休闲体育服务是体育产业的重要组成部分，完善休闲体育服务体系具有重要意义。

休闲体育服务体系是保障休闲体育服务水平、质量和数量的生产与供给系统，同时还是组织体系、制度体系和支撑体系的综合体。本书对休闲体育服务体系的理解是：为满足城市社区和居民对休闲体育的需求，保障居民均等参与休闲体育活动的基本权利，为居民提供休闲体育管理、产品和服务运行系统的体系。休闲体育服务体系的核心是以城市社区休闲体育服务为主体，为社区居民参与或组织社区休闲体育活动提供服务内容和方式，并对服务过程进行科学管理与有效实施。

《国务院办公厅关于加快发展健身休闲产业的指导意见》中提到全面完善健身休闲服务体系，核心内容包括：① 积极推广普及日常健身；② 发展冰雪、山地、水上、航空、汽车摩托车等户外运动；③ 发展时尚、民族等特色运动；④ 促进产业互动融合；⑤ 推动"互联网+健身休闲"等内容。这一表述将休闲运动划分得更加清晰化和细致化，同时根据运动类别的发展目标形成了相对独立的服务理念与办法。

休闲体育服务体系为广大居民提供高质量休闲体育服务，有利于居民增强体质、获得身心健康和享受运动快乐。作为政府主导、部门组织、行业合作、社会兴办的多元化体系，休闲体育服务体系的实质是将影响社区休闲体育服务的多种因素融合，实现资源配置最优化、管理工作规范化、服务效益最大化，从而保障社区居民享有基本的休闲体育服务。

3. 休闲体育服务的供给

（1）国外休闲体育服务供给体系

国外休闲体育专业服务机构众多，美国、加拿大、英国、澳大利亚、韩国等国家不仅拥有先进的休闲体育服务理念，还具备完善的休闲体育服务供给体系，服务项目具体而细致。国外休闲体育服务供给体系主要分为以下几类：

① 由政府牵头的公共部门提供的休闲体育服务供给。国外有许多由政府牵头、公共部门供给的休闲体育服务机构，如美国露营协会、英国户外运

动协会、澳大利亚野外救生协会等。国家级政府部门是最主要的政府资金提供者，通过国家休闲体育资源提供户外休闲活动；省级政府部门管理省级休闲体育资源并提供相应的户外活动，通过立法保证国家级政府部门的休闲政策、计划和资金在当地得到最好的利用；地方政府部门是休闲体育服务供给者，负责休闲体育空间规划、服务教育、推广和宣传，提供休闲场所和设施，帮助社区组织休闲体育项目。为满足本国人民休闲体育服务需求，西方国家相继颁布休闲体育发展政策，明确了本国休闲体育服务发展方向，如美国的《健康公民 2030》、澳大利亚的《运动促进人民健康蓝皮书》、德国的《东部黄金计划》、芬兰的《在行动——对身体活动促进健康和幸福2020》、日本的《体育基本计划》等。

②　由市场主导的商业团体提供的休闲体育服务供给。由于休闲体育领域分散，休闲体育服务供给在市场上发展空间广阔，市场主导的商业团体是国外休闲体育服务最主要的提供者。国外商业团体为体验者提供的休闲体育服务的主要内容如表 1-1 所示。

表 1-1　国外商业团体的休闲体育服务供给内容

类别	内容
休闲娱乐活动	西方发达国家体育职业联赛和体育俱乐部发展迅速，各种类型的体育比赛成为大众休闲娱乐的重要内容。马戏团和嘉年华等活动是国外传统节目，各种主题公园、游乐园等场所是休闲活动的主要娱乐场所
户外活动	约 70 万个私人户外服务机构提供户外项目、专业设备、培训指导、向导服务等。内容包括旅游、爬山、滑索、滑雪、野营、观鸟、徒步、打猎、自驾车等山地户外活动；独木舟、钓鱼、冲浪、划船、潜水、游泳等水上活动；热气球、滑翔伞、跳伞、直升机等航空活动

③　非营利组织提供的休闲体育服务供给。当前，休闲体育协会、休闲体育俱乐部、休闲体育基金会等非营利组织十分活跃。长期以来，国外休闲体育服务通常是由民间休闲体育团体和组织提供的有限服务。随着信息时代的到来，人们的休闲体育服务需求逐渐多样化，政府提供的休闲体育服务难以满足群众需求。休闲体育非营利组织形式多样，具有足够的专业性，能够

补充政府在休闲体育服务供给上的不足。

实例1-1

英国休闲体育服务供给机制

英国休闲体育服务供给机制属于复合型供给机制，政府、市场和社会有效合作，整合多种社会资源，满足群众多样化的休闲体育服务需求。休闲体育服务供给主体不仅包括政府和体育行政部门，还包括非政府组织（体育社团、体育基金会、民办非企业体育单位）、企业、个人等。

以英国国家单项体育机构与英格兰体育理事会的合作为例。理事会为单项体育机构投资，要求将单项体育机构花费基金的60%用于促进年轻人形成运动习惯的活动。理事会与46个国家体育管理组织建立4年融资合同，并投入4亿英镑进行相关计划的实施。理事会将投入一半资金给国家单项体育机构，同时与社区体育部门构建混合型模式提供休闲体育服务。例如，理事会与国家信托基金合作，探索利用信托基金发展休闲体育活动。

英国青年体育基金会是带有慈善性质的社会团体，致力于为青少年提供更好的未来，强化素质教育，让青少年在学校有更多机会获得更高品质的体育活动。基金会为具有运动天赋的青少年提供优质体育教学资源，通过有效措施为青少年提供快乐和健康的生活。

（资料来源：曹晶. 英国公共体育服务体系的运行机制研究［D］. 成都：成都体育学院，2015.）

（2）我国休闲体育服务供给体系

我国正积极提升和完善各层次的服务管理水平。借助人口大国的优势，我国休闲体育服务市场发展潜力巨大，需要大量专业后备服务人才。当前，我国休闲体育服务供给体系主要分为以下几类：

① 政府供给。我国政府在休闲体育活动涉及的旅游、文化、传媒、教育、社会福利等方面均产生供给，主导的休闲体育活动规模较大，参与人数较多，如各省市举办的马拉松赛、龙舟赛、少数民族运动会等。

② 体育社会组织供给。目前，体育俱乐部、户外运动协会、青少年体

育服务培训机构等体育社会组织提供的服务增多，逐渐成为休闲体育服务供给的重要力量。如以家庭为主的亲子体育活动、以青少年为主的野外露营活动和定向越野比赛等，参与人群广泛，服务目标具有针对性。该类组织大多由事业单位转变而来，存在行政色彩较浓厚、人员加入门槛较高以及大众参与度受影响等问题。

③ 企业供给。带有经营性质的企业供给模式是市场上常见的休闲体育供给模式之一。然而，我国的经营性休闲娱乐场所居多，公益性设施较少，大众平均休闲体育消费水平不高。大部分工薪阶层和农村居民休闲体育消费能力不足，难以在经营性休闲体育场所形成一定的规模。我国休闲体育产业还未形成规范统一的行业标准，商业性休闲体育服务供给单一，对体验者需求偏好缺乏深入了解和科学分析，无法满足体验者多样化的需求，供需双方矛盾突出。

从休闲体育服务的整体研究来看，休闲体育服务供给的研究对象主要包括政府、企业、非营利组织等。本书主要研究对象为企业或服务机构，其中涉及政府和非营利组织等非企业主体的内容会在相关章节中加以说明。

（三）休闲体育服务的特征

休闲体育服务业作为第三产业的重要组成部分，已成为促进社会精神文明和丰富居民健康生活的重要因素。休闲体育服务包含多个层次，服务过程难以控制和预测。体验者拥有独特的个体需求、经历、价值观和人生态度，难以产生和他人完全相同的体验。休闲体育服务具有以下特征：

（1）服务只能在体验者现场体验时提供，无法提前生产或准备。

（2）服务机构无法演示服务产品，也无法为体验者提供服务样品。

（3）服务价值的评判主要依赖于体验者的个人体验和满意度。

（4）服务质量的保证必须在服务发生之前，而产品质量的保证发生在产品生产之后。

（5）服务传递通常为人际互动，服务提供者和服务接受者以某种方式进行接触，从而达成服务。

（6）服务质量的评判主要依赖于主观感知，体验者在服务开始前的期望对服务结束后的满意度有重要影响。

休闲体育服务是对服务全过程的体验，发生在体验者与服务人员、其他体验者、空间环境、设施用品等接触和互动的过程中。例如，游泳培训主要包括游泳教学活动、洗澡和寄存物品等服务，对服务的体验感知发生在体验者与教练、其他游泳者、游泳馆、其他设施用品的互动中。

休闲体育服务的核心是提供优质服务并满足体验者的主要需求。一个完整的服务产品由核心服务、便利性服务、支持性服务三个层次组成。例如，滑雪运动的核心服务有提供滑雪场地、滑雪用具和滑雪教练指导等，便利性服务有接驳服务、餐饮服务、洗浴和温泉服务等。

第二节 休闲体育服务营销

一、服务营销概述

（一）服务营销的内涵

在服务业不断发展、市场竞争焦点从产品逐步转向服务的背景下，服务营销从市场营销中独立，并成为现代营销的重要手段。在传统有形产品的市场营销活动中，顾客服务属于附加性产品，服务经济的来临推动服务成为营销的核心。服务营销是服务机构为了满足体验者对服务产品所提出的需求、实现机构预定目标而采取整合营销策略，最终达成交易的过程。服务营销的核心理念是通过取得体验者的满意和忠诚达成相互有利的交换，最终实现营销业绩提升和机构成长的目标。服务营销形式多样且复杂，受服务设施、服务过程、服务人员、顾客感受等因素影响，其重点应放在建立顾客服务理念和选择服务营销组合上。

（二）服务营销的产生与发展

20 世纪 60 年代，西方营销界提出有形产品与服务产品的争论，服务营销学由此而生。约翰·拉斯摩（John Rathmall）教授于 1966 年首次将有形产品与无形服务进行区分，提出以非传统方法研究服务的市场营销问题，并于 1974 年撰写了第一本论述服务营销的专著，"服务营销学"正式进入大众视野。70 年代中后期，美国及北欧陆续有市场营销学者开展服务营销学研究，北美学派和北欧学派对该学科的发展起到了重要推进作用。北美学派注重研究的规范性和实证性，北欧学派关注思想性和外部环境的影响，两个学派学者撰写的《服务营销》和《服务营销与管理》影响巨大。80 年代后期，服务营销学获得理论突破，其研究成果为现代服务营销理论的建立奠定了基础。随后，服务营销界提出了"7P营销理论"，人们开始关注与"7P营销理论"相关的内部营销、服务企业文化、全面质量管理等。同时期还出现了许多跨学科研究。

（三）服务营销理论重心的转移

20世纪60年代，随着服务营销学的兴起，人们开始关注服务的定义、服务的相关内容、服务与商品的区别等，认为服务是一种过程。70年代，人们关注的重心从服务转移到服务营销，并提出了服务营销的基本架构、服务整合营销、关系营销等概念。80年代，服务质量受到关注，有学者认为服务接触是服务质量管理的核心，提出了"真诚瞬间"的概念。90年代，服务生产和运营、服务技术、服务人员、内部营销实践和顾客参与成为服务营销的重点，服务机构开始着重考虑盈利问题，关注服务收益和成本，分析服务生产过程中的投入与产出，并提出了"服务生产力"的概念，探索服务要素管理对服务生产力的促进。21世纪初，服务营销开始强调服务价值，服务机构关注从顾客视角分析服务价值，学界重点关注顾客为服务机构带来的价值。现阶段，服务营销强调对顾客价值的管理，在顾客感知服务价值和顾客为服务机构带来价值的共同创造中探索新发展方向，顾客投诉处理、顾客参与、体验营销、服务承诺、服务补救、顾客关系管理等主题日益受到重视。

二、休闲体育服务营销

（一）休闲体育服务营销的内涵

克里斯托弗·洛夫洛克（Christopher Lovelock）认为服务是买卖双方之间的经济活动，市场上买卖双方之间存在价值交换，企业提供给顾客的服务是满足顾客需求的解决方案，而顾客通过金钱、时间、精力和体力来交换所需服务。服务营销是创造和交换服务以满足需求的过程，其目标是和顾客产生并不断加强联系。休闲体育服务营销的内涵是在当前休闲体育行业兴起及服务营销理论发展的背景下，服务机构为满足体验者对休闲体育服务的需求，通过一系列整合营销策略，达成休闲体育服务交易，并维持体验者满意和忠诚的过程。休闲体育服务营销是在市场休闲体育服务需求形势变革下，市场营销模式实现现代化发展的一种形式，是市场营销的发展趋势之一，对服务机构的生存及发展具有重要意义。

（二）休闲体育服务营销的特点

1. 营销方式的直接性

由于生产与消费的相对统一，休闲体育服务营销大多没有中间商介入，营销方式单一且直接，在一定程度上限制了休闲体育服务市场规模的扩大，约束了休闲体育服务营销。

2. 营销对象的多变性

休闲体育服务体验者来自社会各行各业，拥有不同身份和不同年龄，服务机构的营销对象广泛且多变，人们的休闲体育服务需求多样，购买动机和购买目的各不相同。

3. 服务需求弹性大

休闲体育服务体验者受不同环境和条件影响产生不同需求，休闲体育活动举办常受季节、气候等外界因素影响，加之服务和有形产品互相牵制，导致人们对休闲体育服务需求弹性大，这也成为休闲体育服务机构面临的难题。

4. 服务供求的分散性

休闲体育服务营销供给方覆盖第三产业，服务机构分散在不同领域和地域，需求方涉及不同类型的体验者。为达到接近体验者的目的，休闲体育服务机构大多选择占地面积较小且经营灵活方便的地点，服务网点广泛且分散。

（三）服务营销对休闲体育服务业的影响

1. 满足了休闲体育服务需求

《全民健身计划（2021—2025 年）》提出，促进全民健身更高水平发展，更好满足人民群众的健身和健康需求。按照人均 GDP 标准测算，我国正处于 10 000 美元的消费升级阶段，部分城市居民提前步入消费多元化阶段，休闲体育在我国将成为一种刚性需求，我国社会总体上进入全民休闲时代。

随着经济社会的发展，人们的收入不断增加，生活方式发生改变，越来越多人愿意进行服务消费，社会对服务的需求增加，服务业快速发展。在社会发展逐渐多样化和个性化的趋势下，人们的服务需求增多，对服务质量的要求也逐渐提高。目前仍有部分服务机构存在服务人员不专业、服务程序烦琐、服务场所脏乱等问题，体验者对服务质量的体验不佳，满意度不高。服务营销策略有助于服务机构改善服务状况，如通过减少无效供给、提高有效供给满足人们休闲体育服务需求，通过扩大市场获取更多休闲体育服务资源。休闲体育服务营销有利于群众的个性化需求得到不同程度的满足，服务机构在充分了解体验者的基础上，可提高服务供给的灵活性和有效性，调整资源配置方式，做到供需平衡。

2. 壮大了休闲体育服务业

近几年，我国休闲体育服务业有了长足的发展。然而，直播带货、跨界营销、联名产品、节目赞助等市场营销方式多以有形产品为核心，激烈的市场竞争使休闲体育企业和机构意识到服务营销的重要性。服务营销观念不仅是对现有营销观念的补充和强化，也是服务机构实现产品创新和服务创新的有效渠道，更是满足个性化、差异化市场需求的有效方式，对休闲体育服务业持续增长至关重要。例如，刘畊宏的健身视频极大提高了群众参与休闲健身的热情，活跃的健身教练形象给人积极向上的力量，"毽子操"带来的成就感及时满足了人们的休闲健身需求，为人们释放学习、工作、生活压力提供了渠道。人们的休闲健身热情被激发，"刘畊宏女孩/男孩"成为热潮，休闲健身服务业呈现爆发式增长。

当前，在服务营销的影响下，我国休闲体育服务以正面形象被社会接纳，休闲体育服务业发展势头强劲，总体规模不断扩大。新体验者的加入，使得休闲体育服务消费深度持续提升，休闲体育服务市场不断扩充。根据国家统计局、国家体育总局发布的 2020 年全国体育产业总规模与增加值数据显示，2020 年全国体育产业总规模（总产出）为 27 372 亿元，增加值为 10 735 亿元。其中，体育服务业总产出为 14 136 亿元，增加值为 7 374 亿元，占体育产业增加值的比重为 68.7%，比 2019 年提高 1%。在服务营销不断发展的形势下，休闲体育服务业将愈发壮大。

3. 提升了休闲体育服务质量

《国民旅游休闲纲要（2013—2020 年）》《国务院办公厅关于加快发展健身休闲产业的指导意见》《国务院办公厅关于促进全民健身和体育消费推动体育产业高质量发展的意见》等一系列文件的出台，为休闲体育的发展提供了指导。国外经济学家普遍认为，未来社会将进入"休闲时代"。改革开放以来，我国经济迅速发展，居民享受休闲体育服务的经济能力提升，体育休闲服务发展空间巨大。同时，我国正处于产业结构调整期，体育休闲服务业作为第三产业的重要组成部分拥有巨大的发展潜力。

服务营销有利于联结并整合生产和消费过程。科学的服务营销策略是休闲体育服务机构提高经济效益、开拓品牌、提升知名度和获得市场份额的有效手段。服务营销既可以由专职营销人员负责市场研究、制定营销组合，又可以通过互动营销帮助服务机构识别员工、顾客、场景等有形资源，有助于服务机构从顾客的角度实现服务传递，建立长久的顾客关系。

4. 建构了休闲体育服务营销理论

目前，我国在研究队伍、政府支持和体验者需求方面都具备推进休闲体育服务营销理论创新发展的有利条件。在研究队伍方面，20 世纪中后期，我国为研究市场营销学打造了一支强大的服务营销理论研究队伍，并在各院校和服务机构营销活动中充实了市场理论，积累了实践经验，在传播和发展服务营销理论方面具备了坚实理论基础。在政府推进、规范管理和政策支持方面，我国政府在经济宏观管理过程中积极推进服务业发展，为我国服务营销学的发展奠定基础。在政府支持下，服务业地位持续上升。进入新时代，我国休闲体育服务业发展在政府的规范管理下得到持续发展，政府的高度重视为休闲体育服务营销理论的发展指明了方向。在体验者需求方面，随着经济发展和人民消费水平的提升，服务机构不但要注重产品质量，还要关注服务等附加利益的输出。服务将成为众多企业和机构在体验者需求市场竞争的关键，休闲体育服务发展需要吸收国内外先进营销理念，实现服务营销理论创新。

目前，服务业发展迅速且势头强劲，国内服务业竞争激烈，国际服务业挑战严峻，服务机构对发展的诉求日渐提高。服务营销理论成为休闲体育服务重点研究的内容，研究队伍、政府支持和体验者需求条件的充实使我国休闲体育服务营销理论发展日趋成熟，理论创新发展前景广阔。

三、休闲体育服务营销组合

当前，在我国休闲体育产业结构中，休闲体育服务企业及组织借助服务营销手段得到进一步发展。休闲体育企业和机构在服务领域的竞争日趋激烈，以一系列整合的服务营销理论作为营销手段，有助于更好地实现休闲体育服务营销。

（一）服务营销理论：7P 营销理论

1953 年，尼尔·博登（Neil Borden）在美国市场营销学会的就职演说中创造了"市场营销组合"这一术语。美国圣母大学副教授杰尔姆·麦卡锡（Jerome McCarthy）于 1960 年在《基础营销》一书中将营销组合要素概括为 4 类，分别是产品（product）、价格（price）、渠道（place）与促销（promotion），从而形成 4P 营销组合。4P 要素是企业能够控制的要素组合，解决了企业难以控制市场营销环境的问题。1981 年，布姆斯（Booms）和比特纳（Bitner）建议在 4P 营销理论基础上增加三个"服务性的 P"，即人员（people）、有形展示（physical evidence）和过程（process），形成 7P 服务营销组合。7P 营销理论反映了服务机构对体验者感知体验的重视，使得服务营销理论研究得到扩展，形成了 20 世纪 90 年代以来服务市场营销理论发展的新趋势。

1. 产品

服务机构所提供的产品是机构满足体验者需求的"解决方案"，是体验者从服务机构获得的利益。在休闲体育服务营销中，产品主要包括服务机构营造休闲体育活动场景、为体验者提供便利与帮助等行为。例如，亚布力阳光度假村与法国地中海俱乐部合作为体验者提供滑雪度假服务产品，针对滑雪爱好者提供专业的滑雪市场服务，针对滑雪游客提供相关的游客市场服务。

2. 价格

服务价格是服务机构为体验者提供服务的经济回报，是评判服务质量的重要指标。休闲体育服务价格与经济社会发展、劳动力价值变化、地区消费水平、服务质量、服务需求等因素相关。例如，马拉松赛事的定价需要考虑赛事运营成本、体验者服务感知和对价格的接受范围等。近年来，广州马拉松、上海马拉松等赛事报名费用波动幅度小，市场平均价格为 100～200元，市场平均价格与竞争者价格是马拉松赛事组委会在制定报名定价方案时的主要参考因素。

3. 渠道

服务机构的渠道是指为体验者提供服务的途径。在休闲体育服务营销中，把握渠道策略有助于提升服务质量。例如，北京万柳高尔夫俱乐部通过先进的管理软件可查询会员消费记录和习惯，由客服向会员针对性地推荐符合其消费习惯的票卡。另外，俱乐部通过与周边高档宾馆、酒店、旅行社合作，进行交叉营销，实现了俱乐部产品分销，从而为体验者提供了多样化和便利化的消费渠道。

4. 促销

服务机构通过推销、广告、公共关系和营业推广等方式向体验者传递服务有关信息，引发体验者兴趣，激发购买欲望和购买行为，以此实现服务促销。对于休闲体育服务，促销更注重向目标客户传递信息，帮助潜在客户深入了解服务。例如，美国高尔夫球具品牌 Titleist 以赞助职业赛和公开赛为主要促销策略，通过赛事推广和产品质量使球具在各大职业赛场的使用率高居榜首。

5. 人员

人员是指所有参与服务并影响服务结果的人员，包括服务人员、体验者和处于服务环境中的其他人员。服务机构通过加强人员招聘和培训，采用标准化管理、激励等方式提高人员素质，有助于提升服务满意度。在营地活动中，营地教练作为提供服务的核心人员，通常要在组织策划、营地知识传授、人员管理、安全、沟通、突发事件处理等方面提供服务，因此，专业技能、沟通能力、组织能力是评判优秀营地教练服务素质的主要指标。

6. 有形展示

有形展示是服务机构通过展示服务环境、服务人员的资质和仪表、服务设施等，使服务具体化且便于感知，以此推动体验者做出购买行为。例如，奥运会的有形展示包括奥林匹克会徽、主题口号、吉祥物、图标等，是向世界展示举办地文化传统、城市形象和人文精神的载体。

7. 过程

由于服务的同步性，体验者在服务中既消费了服务结果，又消费了服务过程。服务机构在服务过程中需要给体验者提供良好体验，注重与体验者的接触和互动，通过持续推出科学创新、迎合需求的举措创造体验者满意的服务过程。浙江海宁马拉松小镇利用自然地理条件，结合模拟军事对抗元素设立体验活动，体验者在参与过程中既收获了地理信息知识，又学习了军事基本常识。

（二）7P 营销理论和 4P 营销理论的比较

与 4P 营销理论相比，7P 营销理论增加了人员、有形展示和过程三个因素。4P 营销理论适用于早期实物营销的有形产品，7P 营销理论侧重于后期服务营销的无形产品，是服务营销的基础。

从营销过程看，4P 营销理论研究了产品诞生、价格制定、营销渠道和促销手段，整个过程较为宏观；7P 营销理论则在宏观过程中增加了微观考虑，加入了体验者在过程中对人员的要求、体验者在等待时的有形展示和整个营销过程的标准化三个方面的考量。从营销立场看，4P 营销理论从企业角度出发；7P 营销理论则倾向于体验者视角，有助于企业和机构对体验者本身消费需求进行完善补充。从营销对象看，4P 营销理论注重对产品的推销，看重产品销售策略；7P 营销理论关注对服务的营销，倾向对体验者的说服（表 1-2）。

4C 营销理论

表 1-2　7P 营销理论组合与 4P 营销理论组合的比较

营销组合	产品	价格	渠道	促销	人员	有形展示	过程
7P理论	服务范围 服务质量 服务水准 服务品牌 包装 保证	灵活性 区别定价 折扣 认知价值 付款条件	渠道设计 店面位置 可用网络 仓储运输	媒介类型 广告 宣传 公共关系 个性服务 营业推广 人员推销	员工招聘 员工培训 内部营销 顾客参与 顾客教育 顾客行为	员工服装 设施设置 色彩 声音 招牌 招贴画	活动流程 标准化 定制化 员工授权 顾客参与
4P理论	产品线 产品组合 包装 品牌 质量 售后服务	折扣 付款条件 价格变动 贸易折扣	渠道选择 渠道设计 运输 仓储 递送服务	广告 人员推销 媒体选择 公共关系 营业推广			

第三节　休闲体育服务营销的创新发展

"营销"和"创新"是企业的基本职能。进入 21 世纪，随着营销管理理论的发展，现代服务营销向两个方向深化和拓展：一是对于外部顾客的体验营销；二是对于内部顾客的内部营销。休闲体育服务业的发展加剧了市场竞争，创新营销观念和模式是休闲体育服务机构生存与发展的重要途径。服务机构与顾客通过建立、维持和发展关系（关系营销）获取利益回报，成为休闲体育服务机构竞争制胜的有效方式。其中，体验营销、价值共创、场景营销、数据库营销蕴含的营销观念和理论引发了口碑传播，为体验者带来良好的消费体验，形成服务品牌效应，为服务机构实施战略目标提供了有效路径。

一、体验营销

（一）体验营销概述

1970 年，美国著名未来学家阿尔文·托夫勒（Alvin Toffler）在其出版的《未来的冲击》中预言，人类社会的经济发展在经历了农业经济、制造经济、服务经济后，体验经济将成为发展浪潮。20 世纪 80 年代，发达国家的体验经济随着服务经济的快速发展而得到发展契机。体验经济和体验营销始终是学者研究探讨的前沿问题。约瑟夫·派恩（B. Joseph Pine II）和詹姆斯·吉尔摩（James H. Gilmore）发表的《欢迎进入体验经济》、伯德·施米特（Bernd H. Schmitt）的《体验式营销》、马连福的《体验营销：触摸人性的需要》等文章和著作都体现了体验经济和体验营销在学界的重要地位。

体验经济对服务机构的营销观念影响深远，体验营销成为市场营销的重要手段。体验营销从体验者感官、情感、思考、行动和关联 5 个方面定义和设计营销，帮助体验者通过消费衡量心情、记忆、感觉等无形感受。体验营销不仅尊重体验者的个性化和差异化需求，还有助于体验者直接感受产品和服务，体现了参与性和主体性特点。

（二）体验营销对休闲体育服务营销的意义

石岩提出，在产品或服务的功能和质量基本相同时，体验既是决定服务价值的关键因素，又是体验者决定购买与否的主要依据。体验营销的形成和发展改变了体验者的消费观念和消费方式，推动了休闲体育服务营销的迅速发展。

1. 提升服务产品经济效益

从产品经济、商品经济到服务经济、体验经济，经济效益的空间逐渐扩大。一盒高尔夫球在专卖店售卖几十元至上百元，高尔夫教练课程收费

500~800元，而在环境舒适、空气清新、植被充实的开阔场地打一场高尔夫则收费1 000元以上，会员球场收费达2 000~3 000元。体验成为影响消费的重要因素，高质量的服务和舒适的环境有助于提高体验感，提升服务价值。

2. 建立服务机构品牌形象

服务机构形象一般建立在其提供的产品和服务上，而通过产品和服务获得体验者认可需要长期的积累。目前，许多休闲体育服务机构会邀请体验者参与机构活动，既能够让体验者在活动过程中感受身心的愉悦和放松，又有助于体验者对服务机构的品牌价值产生真实感受。

3. 培养体验者情感忠诚

体验营销整合了体验者的情感、感官、行为、思考和关联，有助于体验者在消费过程中对服务机构产生印象，从而引发购买行为。休闲体育服务机构通过提供休闲体育活动，为体验者建立表现和实现自我的途径，帮助体验者在感性表达方面得到充分满足，与服务机构的文化和理念达成共鸣，以此提升品牌形象并培养体验者对品牌的情感忠诚。

（三）体验营销在休闲体育服务营销中的体现

美国心理学家米哈伊·奇克森特米哈伊在1990年发表的《畅：最佳体验的心理学》中提出了"畅"的概念，即"具有适当的挑战性而能让一个人深深沉浸于其中，以至忘记了时间的流逝、意识不到自己存在的体验"。奇克森特米哈伊认为，休闲从根本上说是一种有益于个人健康发展的内心体验，是不需要由外在标准界定的具体活动。休闲体育有助于人们感受"畅"的体验，体验"畅"的能力，帮助人们在工作和闲暇中积极寻求最佳心态和体验。

在服务市场上，人们倾向于购买能个性化参与并得到享受体验的服务。体验营销带有的多样化丰富体验，为休闲体育服务发展提供了路径。在休闲体育服务营销中，体验营销主要体现在娱乐体验、审美体验、教育体验和逃避现实体验4个方面。

1. 娱乐体验

娱乐是通过感觉而被动吸收的最原始、最亲切的体验，其核心在于获得内心体验，它以体验者追求享受、感受乐趣、拓宽视野为中心，以创新形成社会潮流。娱乐体验有助于体验者在参与休闲体育活动或享受休闲体育服务时充分感受其中的畅快愉悦感，从而促进体验者的自我成长和主观幸福。

2. 审美体验

休闲体育服务营销中的审美体验是指人们沉浸在休闲体育中，通过感官接受和传达休闲体育带来的愉快感受。审美体验有互相传递的效果，审美体验有助于体验者在参与休闲体育活动时与同行者在过程中唤起心灵共鸣，通过"源于生活，止于艺术"的体验直达内心并带来愉悦和享受。

3. 教育体验

教育体验要求体验者有较高的主动性，达到增进个人知识或技能的效果。休闲体育服务营销中的教育体验帮助体验者积极使用大脑和身体吸收所体会的经历，体验者在参与休闲体育活动中拓宽视野、增加知识、激发潜能、感受生活的价值，并从中获得学习。

4. 逃避现实体验

现代社会，人们在工作和生活中承受了巨大的社会压力，休闲体育有助于人们在余暇时间放松心情、忘却烦恼、卸下压力。体验者通过参加潜水运动、攀岩活动、乘坐热气球等带有感官刺激的休闲体育活动可以达到释放压力的效果，实现生理和心理的休整，缓解并恢复紧张情绪，以积极的心态面对社会。

实例1-2

南丽湖国家湿地公园举办热气球空中体验活动

2020 年 9 月 30 日，"放飞梦想，相约南丽湖"热气球空中体验活动在定安县南丽湖国家湿地公园启动。活动当天，15 个色彩绚丽的热气球伫立于基地中央。活动现场不但迎来了大量市民和游客，还邀请抗疫医护人员代表和当地脱贫之星代表参与高空体验。

作为定安县国庆中秋假期的主推活动之一，此次热气球高空体验活动将从 9 月 30 日持续至 10 月 8 日。活动集展示、体验、观赏于一体，现场设置了热气球飞行表演、热气球系留飞体验、热气球自由飞体验、夜间系留、光影之夜等活动，并推出黄昏秀、观影之夜、飞行表演等特色项目，让市民和游客近距离感受热气球空中游的独特魅力。

据定安县旅游和文化广电体育局相关负责人介绍，此次活动系定安

"寻味古城'热'游定安"旅游系列活动之一，旨在让广大市民游客在旅行中充分感受定安独特的文化和人文气息，共同推动全县旅游、文化、体育产业的高质量发展。

二、价值共创

（一）价值共创理论概述

传统观点认为，服务机构需要创造价值并向体验者传递价值，体验者只是价值的使用者。21世纪，网络经济与信息技术快速发展，为服务机构感知和传递体验者需求提供了便利，服务营销逐步形成以体验者为核心、由体验者参与价值创造过程的营销方式。为满足日益增长的体验者需求，服务机构既要不断推出新的服务，又要积极与体验者互动，寻求与体验者协作共同创造价值的方式。

价值共创理论有两种重要观点。普拉哈拉德（Prahalad）和拉玛斯威米（Ramaswamy）提出的顾客主导逻辑认为价值产生于与顾客体验相关的个性化创造过程中，服务机构的目标导向由"为顾客提供产品或服务"转变为"顾客如何利用产品或服务实现自己的目的"，服务机构生产经营的重点是顾客的消费实践、消费体验和消费情境。瓦戈（Vargo）和卢斯科（Lusch）提出的服务主导逻辑认为服务是一切经济交换的根本，在价值共创过程中重要的不是货物，而是它们提供的服务，共创价值不是"交换价值"，而是顾客在消费过程中实现的"使用价值"。

（二）价值共创对休闲体育服务营销的意义

1. 丰富营销策略，扩大利润空间

价值共创将体验者视为服务机构的合作伙伴，有利于休闲体育服务机构丰富营销策略和扩大利润空间。例如，许多健身房允许体验者设置个性化课程，寻求体验者的想法和意见，根据反馈和实际效果制定更多符合体验者需求的健身方案，在丰富营销策略的同时也在器材设置、课程制定等方面节约了大量成本。

2. 实现多方交流，明确战略目标

价值共创是体验者与服务机构的互动和适应过程，不但能促进休闲体育服务机构的内部沟通，还能加强服务机构和体验者的外部交流。休闲体育服务价值共创将体验者视为服务机构的"兼职员工"，在沟通交流中实现信息共享和多方共赢，帮助服务机构明确战略目标，制定更加贴近市场、符合体验者需求的营销战略。

3. 加强创新研发，建立品牌认知

价值共创推动休闲体育服务机构和体验者共同参与服务的创新研发。一方面，服务机构在制定服务流程和步骤上能够节省时间和资金，提升研发效率和成功率；另一方面，服务机构能够开发符合体验者需求的服务产品，提高体验者的忠诚度，有助于体验者和服务机构共同推动品牌成长。

（三）价值共创在休闲体育服务营销中的体现

1. 服务和体验互动平台

建设服务和体验互动平台是实现价值共创的有效手段。休闲体育服务机构通过互动平台完善服务内容，利用完备的条件和措施吸引更多体验者参与价值共创。例如，健身俱乐部成立网络平台工作组，对体验者反馈的健身器材、泳池水温、球馆质量等建议进行收集和筛选，邀请体验者参与讨论，共同解决问题。同时，线下设立专门的意见反馈处，并设置公告栏公开体验者反映的实质问题和已解决的事项，邀请更多体验者出谋划策。

2. 休闲体育服务智慧化

智慧旅游、智慧景区是近年来的热门概念。休闲体育服务机构利用云计算、物联网等智慧化技术挖掘和分析游客喜爱的路线和项目，为游客提供个性化服务。例如，深圳东部华侨城"5G智慧度假区"为游客提供远端VR体验、电子沙盘、全息投影解说、无人机航拍直播等充满趣味性和互动性的服务，实现全面转型升级，为游客提供多方位优质的度假服务。

3. 休闲体育服务内容创新

休闲体育服务是"体验品"，价值共创为休闲体育服务挖掘新视角，开辟新体验。对于有教育性质的服务，服务机构需提供既有一定难度又有趣味性的服务内容，提高体验者的情感体验和思考体验；对于有娱乐性质的服务，服务机构需要提供定制化、个性化服务以满足体验者的娱乐需求；对于有审美性质的服务，服务机构需要鼓励体验者参与其中，加强与同行互动以产生共鸣。

实例1-3

发力体育旅游，携程布局泛娱乐领域

2020年1月，携程与长隆集团在长隆欢乐世界举办了"我的活力新主场"新春欢乐篮球季活动开幕仪式，宣布为期39天的CBA活动正式启动，该项活动将为春节期间出行的游客提供全新的景区体验方式。

本次活动，携程全球玩乐平台与长隆欢乐世界打造三大CBA主题区和七大活动打卡项目，园区内CBA主题元素随处可见。CBA篮球艺术装置与CBA文化荣誉墙两个具有潮流与竞技文化的网红打卡点首次结合了知名球员签名球衣展览和互动灯光秀，为国内游客提供崭新内容。

此次活动的举办是携程在"体育旅游"领域的又一重大布局。携程玩乐事业部南方区总经理张灏表示，目前体育旅游市场正在高速发展，未来三年将实现25%~30%的增长。体育旅游也存在不可复制的独特性，体育旅游领域将逐渐走向"菜单式打包产品"的定制化，即游客根据自身喜好挑选附加的体验选项。

随着人们精神生活需求的不断提高，人们逐渐将旅游出行和体育活动视为健康时尚生活方式的重要组成部分，携程在"体育旅游"领域不断加码，并与同景区加深合作，为游客提供更加丰富的内容。除了此次与长隆集团合作，携程还与成都西岭雪山联合打造了"夜间滑雪"玩乐项目，该项目在开发后四年内参与人数超过10万人。

三、场景营销

（一）场景营销概述

美国学者罗伯特·斯考伯（Robert Scoble）与谢尔·伊斯雷尔（Shel Israel）在《即将到来的场景时代》一书中指出大数据、移动设备、社交媒体、传感器、定位系统是构成场景的"五原力"。场景营销不仅是一种空间位置指向，还包含与特定空间或行为相关的环境特征以及人们在此环境中的行为模式和互动模式。21世纪，随着互联网、移动设备和各类智能终端快速普及，研究者开始关注移动互联环境下的场景构建和分析，并将其上升到营销战略高度。

肯尼（Kenny）和马歇尔（Marshall）在 2000 年表明场景营销意味着对消费场景需求的智能化响应，其本质是体验者导向的营销战略。罗（Luo）和赛耶迪安（Seyedian）在 2003 年指出场景营销是通过在需求时点向体验者提供个性化实时信息以获得电子商务平台的竞争优势。本书对场景营销的定义为：场景营销是在移动互联环境下，借助场景信息分析来识别营销机会，并与目标体验者及时沟通，激发体验者的场景感知，从而引导消费行为、创造场景化适配体验的一种全新营销模式。场景营销影响着移动互联时代的服务营销战略和客户体验。

（二）场景营销对休闲体育服务营销的意义

1. 精准预测体验者的行为和需求

体验者对服务的需求逐渐产生分层化、小众化、个性化特点，服务机构必须精准定位目标群体并发现该群体的消费场景。应用场景营销的休闲体育服务机构通过移动设备、定位系统、社交媒体、传感器等技术分析体验者在虚拟场景中的数据，有助于精准预测体验者的行为和需求。

2. 实现数字空间与现实场景对接

场景营销有利于服务机构将流量有效转化为购买率。在场景营销中，服务机构通过互联网、移动设备、定位系统等获取用户位置信息，基于体验者个性化需求推送服务，激发体验者消费欲望，促进线上或线下消费。服务机构利用数字化技术在体验者和服务之间产生连接，在信息服务、移动支付、电商售卖等方面产生联动，实现数字空间和现实场景的对接。

3. 满足服务机构数字化营销需求

随着互联网、大数据等技术的不断发展，服务营销形成了精准定位、高效运营等特点。服务机构的用户数据采集更加方便，服务场景构建更加简单，由此产生的营销成本比使用媒体资源更低。场景营销为许多休闲体育服务机构提供了高效且性价比高的营销选择。

（三）场景营销在休闲体育服务营销中的体现

1. 发现体验者需求

场景营销是一种精准营销方式，拥有将信息推送给准确体验者的效果。休闲体育服务机构通过场景营销挖掘、追踪和分析体验者信息，将体验者数据进行筛选和分类，形成体验者地理位置、购买行为、消费习惯等数据，便于判断体验者行为和洞察体验者需求。

2. 实现场景互动

场景营销活动在体验者进入场景后真正展开，与体验者的互动是此时形成消费的关键。休闲体育服务机构通过模拟体验者购买和使用场景，借助丰富的技术手段，与服务内容相结合，形成有趣的场景营销互动玩法，为体验者提供沉浸式体验，提升转化率，拉近和体验者之间的距离。

3. 实现线上线下一体化

互联网为休闲体育服务市场打造了综合服务平台，使线上营销成为主流，线下营销不断更新，线上线下一体化成为一种全新的营销模式。线下服务场景丰富且复杂，具有提高转化率的潜力；线上服务场景流量大，不受时空与地域限制，有利于采集用户数据；线上线下一体化将两者优势互补，共享资源和数据，打通不同消费场景，提高市场渗透度，有助于服务机构实现精细化和系统化运作。

实例1-4

昆明爱琴海购物公园的场景营销：海洋沙滩文化节

昆明爱琴海购物公园用一场两天聚客 20 万人次、项目销售额达到 800 万元的海洋沙滩文化节，完成了一场标志性的场景营销活动。

昆明爱琴海购物公园根据项目定位结合大数据，将项目运营的核心社群锚定在年轻家庭这一群体。从需求角度出发，年轻家庭体验者的需求是消夏、清凉、度假，爱琴海购物公园的需求是增加体验者停留时间，拉动平日（非周末）客流量，提升用户分享度。通过两者需求相结合，爱琴海购物公园创造了昆明第一次海洋沙滩节。

在场景构建方面，爱琴海购物公园将原本购物中心单一的入口用全新场景替代。为了真正还原碧海蓝天的场景，爱琴海购物公园搭建了近万平方米的大型体验场。以海洋沙滩为平台，爱琴海购物公园打造了儿童游戏泳池、沙滩音乐酒吧、南洋休闲木屋、沙滩足球场等丰富的休闲场景。几乎所有参与本次活动的商户都表现出极大的参与热情，许多商户表示全新的场景增强了品牌与体验者的黏性。通过本次活动，爱琴海购物公园不仅获得了持续提升的经营收益，还收获了逐渐庞大的精准社群。

四、数据库营销

（一）数据库营销概述

"大数据"一词最早由全球知名战略咨询公司麦肯锡在其 2011 年发布的咨询报告中提出。中国传媒大学教授黄升民认为，大数据是指那些大小已超出传统意义尺度，一般的软件工具难以捕捉、存储、管理和分析的数据。营销大师菲利普·科特勒（Philip Kotler）认为，营销者通过建立、维持和利用数据库，以达到和目标客户成交的过程就是数据库营销。王方华和陈洁在《数据库营销》一书中认为，数据库营销是在大量数据的基础上挖掘数据之间关系的工具，有助于服务机构根据客户数据库计算预测未来的销售趋势，尽早制定相应的营销策略。

数据库营销从互联网营销中衍生。服务机构通过采集大数据，利用深度挖掘和分析技术，实现对体验者的精准预测，向体验者推荐个性化服务提供技术基础，提高销售成功率，减少营销费用。数据库营销的关键是将广告在恰当的时间，通过合适的载体，以经济的方式投给需要的人。以现有营销理论为起点的数据库营销将是未来营销方式的主流。

（二）数据库营销对休闲体育服务营销的意义

1. 融入目标群体

休闲体育服务机构对数据库中存在的客户基本信息、购买的服务、购买偏好、服务满意度等数据进行收集和分析，设定客户画像，制定相关营销规则，将潜在客户与会员数据、客服数据相关联，准确发现目标客户。服务机构通过丰富目标客户标签，追踪客户消费需求，融入目标客户群体，达到实施准确营销计划的目的。

2. 降低成本消耗

休闲体育服务机构通过对社交平台进行数据分析，追踪体验者在日常生活和社交行为中产生的热点信息，对体验者行为进行适当的预测，依据体验者需求数据进行服务推广，以此节约寻找目标市场的成本。同时，数据库营销有利于服务机构监测营销方案和市场推广情况，对提高营销精度和降低营销费用起了重要作用。

3. 制定发展策略

数据库营销不仅是为服务机构所作决策提供数据支撑的有效方式，也是服务机构总结规律并产生全新决策的可靠依据。休闲体育服务机构通过对用户信息的研究和分析，了解在不同用户、不同时段等信息中产生的需求，调整服务发展方向，制定新的发展策略。另外，服务机构创造新的服务后，数据库营销为服务试验提供机会，为服务推广提供决策支持。

（三）数据库营销在休闲体育服务营销中的体现

1. 选择合理策略

休闲体育服务机构通过数据分析客户生命周期价值，将客户进行适当的群体区分，对不同客户群体分别设计和采取不同的服务营销策略。例如，许多休闲体育俱乐部将成员划分为高级会员、普通会员、俱乐部新人等，分别采取不同的服务制度，在会员特权、福利、活动、激励措施等方面制定合适的服务策略。

2. 提供个性化服务

服务机构利用数据库访问客户资料，分析客户个性化需求和购买行为，了解客户最近购买或经常购买的服务产品，根据过往行为分析现阶段客户的服务需求，做到"比客户更了解客户自己"，为客户提供个性化休闲体育服务体验，有助于服务机构明晰市场发展方向。

3. 拉近客户距离

服务营销要求服务机构了解"客户需要服务机构做什么"。大数据时代，休闲体育服务机构需要整合互联网资源，捕捉客户消费时所传达的信息，发现客户需求，制定相应发展策略，力争"留住老客户，开发新客户，吸引潜在客户"，以此扩大市场占有率。数据库营销有助于帮助服务机构摆正营销方向发展，在不断满足客户需求的同时拉近客户和服务机构的距离。

问答题

1. 休闲体育服务和休闲体育商品的区别是什么？
2. 休闲体育服务的必要性体现在哪些方面？
3. 服务营销理论如何与休闲体育结合应用？
4. 从休闲体育服务营销案例中你得到了哪些启示？

主要参考文献

［1］蒋宏宇，敬龙军，刘伟. 基于需求导向的公共体育服务精准供给研

究［J］.西安体育学院学报,2019,36（06）:665-671.

［2］汤澍,严伟,张维亚.休闲体育消费者体验对行为意向的影响——以南京奥体中心休闲体育消费者为例［J］.商业经济研究,2017（04）:46-50.

［3］刘全,张勇,王志学.现代休闲体育的特质、发展态势及策略研究［J］.北京体育大学学报,2017,40（11）:22-27.

［4］陈德旭,彭国强.全面建成小康社会进程中休闲体育发展的角色定位［J］.成都体育学院学报,2017,43（01）:8-13.

［5］郝博文.优酷体育的 CBA 营销策略研究［J］.当代体育科技,2020,10（32）:228-230.

［6］钟丽萍,刘建武.体育营销助力中国企业品牌国际化研究——以俄罗斯足球世界杯为例［J］.体育文化导刊,2020（06）:84-91.

［7］余义勇,杨忠.价值共创的内涵及其内在作用机理研究述评［J］.学海,2019（02）:165-172.

［8］于萍.移动互联环境下的场景营销:研究述评与展望［J］.外国经济与管理,2019,41（05）:3-16.

［9］陈琦,凌平,徐佶.休闲体育概论［M］.北京:高等教育出版社,2018.

［10］谭建共,石磊,曹卫.休闲体育项目策划与管理［M］.北京:高等教育出版社,2020.

［11］胡小明,王广进.体育休闲概论［M］.北京:高等教育出版社,2016.

第二章 休闲体育服务顾客关系构建

▶▶▶ 本章导语 ▶▶▶

休闲体育服务企业的生存与发展是以建立企业与顾客平等互利的关系为基础的。休闲体育服务顾客关系的构建具有双重关系。一方面，顾客通过获得企业的休闲体育服务产品满足自身的需要；另一方面，在帮助顾客完成休闲体育服务产品的消费基础上，企业承担了选择目标顾客、进行市场定位、保有顾客等针对顾客关系的全过程控制的任务。本章分为顾客满意、顾客忠诚两个部分，对休闲体育服务顾客关系构建进行了分析，明确顾客关系的构建对企业未来发展顾客关系、创造顾客价值和促进长远发展的重要意义。

▶▶▶ 学习目标 ▶▶▶

1. 了解顾客满意、顾客信任、顾客忠诚的概念
2. 熟悉休闲体育顾客满意度的衡量指标，熟悉测量休闲体育服务顾客忠诚度的内容
3. 熟悉休闲体育服务顾客关系构建的策略

⊕ 案例导入

中国国际服务贸易交易会体育服务精准定位
顾客需求，打造特色服务展示

作为 2021 年中国国际服务贸易交易会体育服务专题展的重要组成部分之一，第六届国际冬季运动（北京）博览会（以下简称"冬博会"）自 9 月 3 日在北京首钢园开幕后，就吸引了众多参观者的目光。展览展示内容也更加贴合冬奥会、冰雪运动，参展商们各展所长，极尽巧思，从服务与顾客需求出发，为观众们带来了多种多样、逼真有趣的冰雪互动体验和游戏。

提前感受冬奥标准冰面

在 VR 滑雪体验机前，等待进入虚拟冰雪世界过一把滑雪瘾的观众排起长队，造雪屋和仿真雪越野滑雪等冰雪体验令观众们兴奋不已，而石景山展区的"天幕"真冰秀场更是令人赞叹。

石景山区展台，近 500 平方米的展区融合了"冰艺术""冰科技"两种设计理念，其中最大的亮点是在展台上方搭建了"天幕"。通过"主屏幕+天幕吊屏"的展示方式，在宣传北京石景山区打造"带动三亿人参与冰雪运动示范区"成果的同时，展现了冰雪般晶莹剔透的视觉效果。"天幕"下方是 230 平方米的真冰场，采用的是国际领先、环保高效的二氧化碳直冷式制冰技术，这也是北京冬奥会期间各冰上项目竞赛场馆使用的制冰技术，观众这次在冬博会上就可以提前感受冬奥会标准的冰面。

专业展示提升参观体验

专业的雪板精修技术人员正在为观众演示怎样将受损的雪板重新修理好。"雪板受损后，会影响技术的发挥，也会带来危险，因此定期保养和维修是非常必要的。"展台工作人员向观众介绍说，"我们这里给大家演示的主要是如何打磨雪板。先要用金刚石锉刀加水进行预磨，然后就是修角，先修板底，再修侧面。最后一项非常重要的工序是用带金刚石的锉刀锉掉打磨过程中留下的痕迹，这样可以增加雪板的转弯能力。"如此专业的解说给围观的群众增加了很多知识，"一直觉得滑雪就是会损伤雪板，甚至还觉得伤痕累累的雪板很酷。现在明白了，原来这不是酷，而是危险。"

除此以外，展会还提供了 AED（自动体外除颤仪）现场急救、体育雕塑诠释奥运文化、高科技应用体验等多种参观者了解意愿较高的体育服务展示。

在服务营销中，多数企业并不以产品交易为中心，传统的营销手段如使用各种销售促进方式和价格折扣来吸引新顾客的方法只会导致营销成本上升而利润减少。休闲体育服务营销企业强调以关系为中心，注重与老顾客建立和发展良好的关系，在长期发展中更加关注顾客，深入了解顾客不断变化的期望与需求，因而能更好地满足顾客需求，使公司获得长期的发展。顾客关系管理成为服务企业战略规划的重要内容。本章将重点介绍顾客关系管理的呈现结果：顾客满意、顾客信任及顾客忠诚。通过实施顾客满意策略、创建顾客忠诚、减少顾客流失、进行服务补救达成休闲体育服务营销企业的关系营销战略。

第一节　顾客满意

随着市场竞争的日趋激烈，保持现有顾客、防止顾客流失，并采取各种措施来维系与顾客之间的长期良好关系是企业管理的重要内容。视顾客为企业最重要的资产，深入研究顾客的潜在需求及需求的动态变化，才能促使休闲体育服务企业获得发展的长久动力。

一、顾客满意

顾客满意是否实现是休闲体育服务类产品能否营销成功的重要因素。顾客的满意能使顾客重复购买行为或推荐购买行为，成为忠诚顾客，还会为企业带来极好的口碑效应。顾客满意虽然不是顾客忠诚唯一的影响因素，却是顾客忠诚的必要前提，顾客满意度对于企业留住顾客有着重要的意义。

当前，一些具有良好发展前景的休闲体育服务企业已经开始将顾客满意战略引进企业的经营中，在战略部署中也将顾客满意作为重要指标，并将顾客满意、顾客忠诚与企业利润、企业竞争力等因素合并考量，试图为企业可持续发展找出可行性路径。休闲体育服务企业对顾客满意度的关注不断增加，以顾客满意度为导向，丰富休闲体育服务产品内容、提升休闲体育服务产品质量，才能更好体现市场导向和以顾客为中心的经营理念，从而提升企业的竞争力和企业价值。

（一）顾客满意的概念

国内外学者关于顾客满意的定义说法各异，至今未有一个统一的定义。正如美国学者彼得森（Peterson）和威尔逊（Wilson）1992 年提出："顾客满意度研究的最大特点可能就在于缺少定义。"目前理论界对顾客满意主要有以下几种主流观点。菲利普·科特勒（Philip Kotler）认为，顾客满意是指一个人通过对一个产品的可感知效果（或结果）与他的期望值相比较后，所形成的愉悦或失望的感觉状态。福内尔（Fornell）认为对顾客满意问题的关注主要是因为顾客满意能够为企业带来较强的市场竞争优势和更高的市场占有率。顾客满意决定顾客重复性购买和顾客忠诚，能够有效防止顾客流失，从而提高企业的利润。在研究中对于顾客满意含义的诠释虽然角度有所差异，但都强调了顾客在实际消费产品时与其消费前的期望的对比关系。休闲体育服务产品具有较高的无形性特征，使得顾客满意度体现出更多的主观性与差异性，主要体现在不同顾客由于其消费经验等原因对于同一休闲体育服务的评价会有不同的评判；即使是同一顾客由于时间、空间、个人主观情绪等因素对于同一产品也可能作出不同的满意评价。

本书结合国内理论界的研究，采用美国西北大学教授菲利普·科特勒的定义，将顾客满意定义为：顾客对一个组织所提供的全部产品，包括服务、活动、情况、过程等的可感知效果与其期望值比较后所形成的感受状态。

顾客满意是一种主观的情感反应，是顾客在接受休闲体育服务后将预期期望与主观感知效果进行对比所获得的对于服务产品的评判。由于休闲体育服务提供服务的主体是服务人员，当顾客拥有良好情绪接受休闲体育服务时，会很容易体谅服务人员的微小过失；当顾客情绪不好时，容易对服务人员产生不良情绪，预期与实际体验的关联度就会降低，顾客满意就难以产生。因此，休闲体育服务顾客满意具有主观情感性的特征。

顾客满意的心理变化体现出层级递进关系（图 2-1），顾客满意是顾客将已有的服务经历与现有服务预期对比后产生的一种主观的顾客感知。顾客感知呈正向或负向将直接影响顾客对服务的满意程度，最终体现在顾客行为上的忠诚或抱怨。由于顾客满意是顾客的主观情感体现，因此，顾客满意的心理分析尤为重要。

图 2-1　顾客满意心理分析

（二）休闲体育服务顾客满意度分析

1. 休闲体育服务顾客满意度的概念

顾客满意度与顾客满意的差异在于指标的表现形式不同，顾客满意是对顾客期望与实际感知之间差异的描述，顾客满意度是用量化指标的方式表示这种描述。休闲体育服务顾客满意度是休闲体育服务购买者对休闲体育服务的预期与其在购买休闲体育服务产品时的体验之间的量化评价，提供休闲体育服务的企业可以用对本企业服务产品及服务质量进行把控，也用以考察顾客对企业产品及服务的情感反应。

2. 休闲体育服务顾客满意度的意义

休闲体育服务顾客满意度是以量化的形式对休闲体育服务产品进行服务质量的评估，采用定性与定量结合的手段获取顾客对产品的满意度、再次购买率等相关指标，以此作为企业提升产品质量、服务水平、扩大客户群体的重要依据。现代经营理念强调以顾客为中心，分析顾客忠诚、顾客保留以及顾客流失的原因，这些都依赖于对顾客满意度调查的结果，从而对方案进行设计改进。企业若想保持并提高利润率，顾客满意度、顾客忠诚是必须要考虑的重要因素，顾客对企业的评价有助于企业寻找与竞争者之间的差距，并明确自身优势劣势，从而制定产品或服务的整体改进方案。

3. 休闲体育服务顾客满意度指标

国外学者对于顾客满意度构建了不同的模型，瑞典是第一个推出满意度指数的国家，满意度指数模型（SCSB）包含 5 个指标，其中有顾客期望、顾客感知、总体顾客满意、顾客忠诚、顾客抱怨。美国满意度指标（ACSI）是福内尔（Fornell）等人在瑞典顾客满意指数模型（SCSB）的基础上创建的顾客满意度指数模型。美国满意度指标（ACSI）是以顾客感知、感知质量、顾客期望为主要指标对顾客总体满意情况的测量。

　　根据目前比较公认的满意度指标结合休闲体育服务顾客满意度的特点，本书对休闲体育服务顾客满意度选取了以下几个指标：

　　（1）顾客期望。期望对于顾客满意的影响最为直接，期望来自顾客的需求以及以往的购买经历，更多关注的是顾客购买服务前的行为。

　　① 对于服务总体的期望（购买前）。

　　② 对于服务个性化需求的期望（购买前）。

　　③ 对于服务可靠性（提供服务的准确度）的期望（购买前）。

　　（2）顾客感知。顾客感知是顾客在体验服务时所产生的一种对服务认可或否定的心理变化，更多关注的是顾客在购买服务后的评价。它对于顾客满意有直接影响。

　　① 对于服务的总体评价（购买后）。

　　② 对于服务个性化程度的评价（购买后）。

　　③ 对于服务可靠性（提供服务的准确度）的评价（购买后）。

　　（3）顾客价值感知。体现为顾客对于支付价格与所感受服务质量之间的评价。在顾客对价值的感知中，顾客总会期望为服务所支付的价格与服务质量之间是呈正相关的。

　　① 顾客支付价格后对于服务的评价——同行业服务水平对比。

　　② 同等服务下顾客对支付价格的评价——产品市场价格竞争力。

　　（4）顾客总体满意度。顾客总体满意度是顾客对于感受服务后的总体评价以及期望与感知之间的差距。

　　① 总体满意度。

　　② 期望差距（感受服务与期望间的差距，高于或低于期望）。

　　（5）顾客抱怨。顾客抱怨可以反映出企业提供服务的附加值，也就是企业在管理顾客抱怨、与顾客有效沟通、处理顾客突发事件的能力。对于顾客抱怨的测定可通过邮件、电话拜访、登门拜访等多种形式实现。

（三）提高休闲体育服务满意度的策略

实现顾客满意是企业战略部署的重要内容，尤其在休闲服务类产品的营销中，从经营理念到员工培训再到日常营销活动中应切实贯彻。

1. 充分了解顾客需求

休闲体育服务产品的特殊性在于顾客通常会根据自己的个人偏好选择产品。顾客在选择这类产品时，一般都会明确自己需要的是什么。充分了解顾客的需求、深入分析顾客偏好及参与目的，就可以有的放矢地提供相应的休闲体育服务产品。另外，休闲体育服务产品的特殊性在于有较高的顾客回购率，这种回购率与服务产品本身和顾客的契合性有着密切的关系。细分顾客群体，充分了解不同类型的顾客偏好，有针对性地提供符合顾客需求的产品，可提高顾客满意度，获得更高的回购率。

实例2-1

设计中体现运动项目差异，满足不同消费需求

广州融创文旅城针对不同顾客群体，在进行场地规划和配套设施建设时，兼顾业余运动爱好者和专业运动爱好者的需求。根据游玩与换装需求，将滑雪建筑分为冷区和暖区；根据不同年龄段顾客的消费需求，将广州融创雪世界分为滑雪区和冰雪游乐区；根据滑雪者的运动水平，将滑雪道分为初学者道（小熊道）、初级道（雪兔道）、中级道（麋鹿道）、高级道（老虎道）。为促进全民健身运动的开展，广州融创体育世界引入了22个运动项目，以满足不同顾客的需求。

（案例来源：国家体育总局体育经济司，国家发展和改革委员会社会发展司. 体育服务综合体典型案例汇编［M］. 北京：电子工业出版社，2021.）

2. 增强员工服务意识，将顾客满意纳入考核内容

休闲体育服务产品与其他产品的差异在于其服务的提供过程中有更多服务提供者与被提供者交互关系的存在，顾客购买行为中不仅要体验休闲活动本身，同时也是在消费中寻求尊重与理解的过程，这时提供服务的员工在双方关系中的积极性与服务意识，很大程度上也影响着顾客满意度的实现。将顾客满意纳入员工考核内容，将有效督促员工提供更好的服务，也有利于在

员工间形成服务竞争意识。

3. 重视提高内部满意度

员工为顾客所提供服务的水平受员工自身对企业满意程度的影响。当员工对企业存在认同感、责任感时，对企业满意度较高，这时员工所提供服务的质量与水平较高；反之，员工服务质量水平会降低。员工满意度与企业利润之间存在明显的相关关系，因此员工的满意度最终反映到顾客对企业提供的服务类产品的满意度上，从而影响企业利润的实现。在休闲体育服务类企业中，存在员工流动性较大的特点，这种流动与内部满意度的不足有着密切关系，这也影响着顾客满意度的实现。

4. 形成持续、整体的服务理念

在休闲体育服务类企业中，经常有产品销售者与产品服务提供者分离的现象，虽然这种分离有利于产品的销售，但是中断了客户服务的连续性，介入的环节越多，提供服务的人越多，那么客户重新评估企业服务的次数就越多，这会直接影响到客户满意度。例如，健身房、滑雪场的销售人员与具体提供服务的人员分别隶属于销售部门和教练部门，他们分别在不同的环节接待顾客。既然在企业营销活动中有相应的分工，那么就要求在服务衔接中有持续的、整体的服务理念，服务衔接部门应理顺流程，做到环环相扣，同时引入现场管理机制，一旦某个服务环节发生问题，就能够及时介入并解决矛盾，从而避免客户满意度的降低。同时顾客参与活动的结束并不意味着满意度调查的结束，例如，Club Med（地中海俱乐部）会与第三方调查公司合作，当体育服务完成后，第三方公司会继续从多渠道获取顾客满意度反馈并形成相应分析报告，按月反馈给企业，为企业监控服务质量提供可靠依据。

二、顾客信任

信任是相对复杂的概念，营销学领域的信任概念主要依靠社会学领域其他学科的研究成果，如心理学、社会学和经济学。心理学中对信任定义影响最深远的是以路特为代表的研究，他将信任看作是个体的人格特征，认为信任是期望、假设或信念；社会学的信任主要从人的社会性出发，更多关注社会交往中社会关系对于人的影响，更多关注信任的功能和作用；经济学领域则更多关注信任的形成机理，沿用了社会学中预期的定义。营销学对于信任的定义主要以社会学其他学科为基础，包括信任的主体与客体、信任的条件、信任的属概念和信任的内容等，但是除了社会学领域基本因素，营销领域的信任必然有其特殊性。莱维茨（Levitz）和朋克（Punk）在1995年也曾经指出，信任是因时、因地制宜的，应该根据具体情景进行深入的研究。

在服务营销领域，顾客信任是指顾客相信服务提供者会满足其需求而不会采取导致负面结果的意外行动的信念。服务中的互动关系是顾客服务的中心环节，对顾客建立信任关系有着重要的意义。迈艾利斯（1995）在顾客信任的研究中，将信任划分为认知信任、情感信任、行为信任。

（一）认知信任

认知信任是一种客观信任，是通过产品或服务本身传递给顾客的信任，是顾客对客观信息分析整理后理性判断的结果，在服务类产品中主要体现在顾客认可服务类企业提供服务的专业能力、服务契约履行能力，从而对服务产生的期望与信心。例如，现阶段大众操舞类服务项目形式多样，从大众健身的广场舞到健身房的团操等，可以满足不同顾客的需求。选择操舞类作为健身方式的顾客较为关注授课者本身技能的专业性以及授课经验，此类企业就需要充分展示其提供此类服务的专业性以获取顾客的信任。

"Top show"是在西安、山西、重庆等多地有连锁机构的舞蹈健身公司，主要是针对成年人开展的舞蹈培训。为了体现授课者的专业性，公司在小程序首页对每位教练的履历做了详细地介绍，这些介绍中包括教练的学习经历、从业时间、所获成绩、授课经历以及教练的舞蹈视频等。这些信息都是在告知顾客，授课者有良好的专业能力、教学能力，能为顾客提供专业的舞蹈授课服务，从而获得顾客对机构的认可以及对教练专业性的信任。另外，部分健身房也会在室内张贴私人教练的获奖经历、培训经历等，从而获取顾客对其专业性的认可。

（二）情感信任

情感信任是一种主观信任，其产生依赖于人与人之间情感的建立，顾客与休闲服务提供者在交流中能够感受到对方对自身利益的维护，体现为顾客因为情感认可而对对方产生的信任，这种信任更倾向于感性。例如，在健身房参与健身的新会员，大多数对于健身知识的获取来自健身教练的帮助与指导，情感信任依赖于服务提供方的沟通能力，健身教练的沟通能力是将普通会员发展为私教会员的重要原因之一，获得会员信任，并能在接触中理解顾客需求是情感信任建立的过程，也是销售成功的关键因素。

（三）行为信任

行为信任的产生是认知信任与情感信任共同作用的结果。当顾客通过理性判断对产品产生较为理性的认知信任后，会产生购买意愿；再通过销售人员的有效沟通，获得较为感性的情感信任，最后才能促成最后消费者的购买行为，顾客的最终购买行为正是行为信任的体现。

只有当企业提供的产品成为顾客不可或缺的需要和享受时，行为信任才会形成，其表现是长期关系的维持和重复购买以及对企业和产品的关注，并且在这种关注中寻找巩固信任的信息或者求证不信任的信息以防受骗。例如，政府的合理引导、社会力量的参与等都有利于强化顾客行为信任。

第二节　顾客忠诚

培育和维护忠诚的顾客是企业应对激烈市场竞争、顾客争夺成本增加的重要策略。体育服务企业在面对市场竞争时，制定合理的顾客忠诚管理策略，着力为顾客提供综合性、特色化服务，按约履行关系承诺，是企业保有顾客、客企保持深度互动关系的重要手段。由此可见，顾客忠诚管理是企业市场营销实践活动中需要解决的基本问题。

一、顾客忠诚

顾客忠诚最初是对消费者行为的测试与研究。研究中发现，顾客忠诚具体行为的显现是高频度的购买。但是单从重复购买研究顾客忠诚的产生、发展与变化却又过于片面，顾客忠诚的形成受约束的条件较多，高重复购买可能是由于顾客的某种偏好，低重复购买也许是由随机因素引起，因此对于顾客忠诚的研究应更多关注顾客的态度，包括对产品认可的态度以及对服务倾向的程度，真正的顾客忠诚应是以较高的认可态度的重复购买行为。

（一）顾客忠诚的概念

目前顾客忠诚理论研究已比较成熟，但对于顾客忠诚的定义在国内外还略有差异。纽曼（Newman）和沃博（Worbo）认为品牌忠诚是指重复购买某一品牌，只考虑该品牌并且不需要收集其他品牌信息的行为（1973）。迪克（Dick）和巴苏（Basu）认为真正的顾客忠诚应是伴随着积极态度取向的高频度重复购买行为（1993）。奥利弗（Oliver）认为顾客忠诚是对偏爱产品和服务的深度承诺，在未来一贯地重复购买并因此产生对同一品牌或同一品牌系列产品和服务的重复购买行为，而不会因市场情景的变化和竞争营销理论的影响产生转移行为。马清学认为顾客忠诚是指消费中对某品牌的产品和服务有一定的依赖性，在感情上有一定的偏爱，重复购买同一品牌的产品和服务，积极为企业做宣传和推荐，并且不易受外界特别是竞争品牌的信息诱惑。根据休闲体育服务的特点，本书认为顾客忠诚是顾客心理上对休闲体育产品与服务的认可，从而产生对产品或服务的信任与依赖，并在此基础上产生的重复购买、主动宣传和推荐的行为。

（二）顾客忠诚影响因素

1. 顾客满意

顾客满意与顾客忠诚呈正相关关系，顾客满意度高低直接影响到其重复购买的次数，在一定程度上也体现了顾客对企业的情感依赖，从而反映了顾客的忠诚度。当顾客满意达到较高水平时，顾客忠诚度迅速增加，只有非常满意的顾客才会呈现出高重复购买率和口碑宣传。但是顾客满意与顾客忠诚并不是线性关系，这就表明顾客满意和顾客忠诚之间还有其他影响因素。

顾客满意和顾客忠诚之间的关系可以划分为三个区域，即背弃区域（zone of defection）、中立区域（zone of indifference）和情感区域（zone of affection）（图 2-2）。在背弃区域，由于顾客满意度较低，因此企业需付出很高的转换成本，以此获得顾客购买，否则顾客会向其他服务企业购买产品

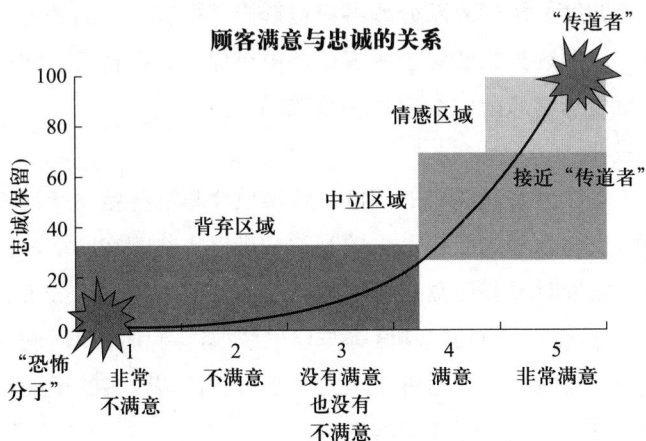

图 2-2 顾客满意与顾客忠诚的关系

或产生更为极端的情况，如顾客成为"恐怖分子"，传播企业坏的口碑，破坏企业形象。在中立区域，顾客满意度中等，如果竞争企业提供更有竞争力的产品，顾客可能随时转换购买对象。在情感区域，顾客满意度较高，顾客是企业忠诚的客户，并会向其他人推荐企业产品。因此，这些顾客也被称为"传道者"。

2. 服务质量

服务质量对顾客忠诚影响显著，不论企业生产何种产品，都必须提供优质的服务，因为即使顾客认可并接受了产品本身，但是如果该产品所提供的服务质量无法达到顾客要求，顾客可能就会放弃该产品的购买，或者会转投其他产品差异不大而服务质量更优的企业。尤其在服务类企业中，服务质量的作用不容忽视。服务质量是休闲体育服务企业产品内容的一部分，直接影响到顾客对于企业服务产品的认可与肯定。服务质量对顾客忠诚有着直接的影响。服务质量的提高有利于提高消费者忠诚度，在服务类企业尤为明显。

3. 品牌形象

社会经济的发展、人们收入水平的提高及顾客品牌意识的提升，使顾客开始青睐于商品品牌的选择。在品牌选择中体现了顾客的个人偏好、企业在顾客心中的形象及顾客对该企业的认可。良好的企业形象为企业产品和服务提供了最有力的支持，在顾客心中更容易将品牌形象与优质产品和良好服务挂钩，赋予产品较高的价值，给顾客精神和心理带来满足感与信任感，从而提高顾客的忠诚度。例如大部分顾客愿意选择规模较大、品牌连锁类休闲体育服务企业，认为这类企业对于顾客权益更有保障，顾客可以在一定程度上规避企业在发生运营风险时给自身带来的损失。

4. 价格高低

价格是大多数顾客最关心的问题，顾客总会将其花费与所得进行对比，并寻找在同样支出水平上获得最大的利益与满足。在顾客所得产品与服务同质的情况下，低价对顾客更具有吸引力。在顾客日益成熟的今天，顾客会将产品质量、服务水平、购物便利度等与自己获得产品所需要付出的价格作对比，与顾客期望值匹配的合理价格是企业获得、保留顾客的重要因素，这时顾客才会重复购买，从而形成顾客忠诚。

实例2-2

乐刻健身镜，低价进入市场竞争

健身镜自问世以来，一直都被贴上"高端消费"的标签，市面上的产品种类繁多，售价在 8 000~10 000 元不等。而 LITTA MIRROR 的定价策略令人眼前一亮。该款健身镜定价 2 499 元，并推出限时限量的 1 999 元秒杀预售，这也是目前国内市场价格非常低的一款智能健身镜。

乐刻创始人兼 CEO 韩伟表示："定价策略关乎怎么看生产健身镜这件事，如果把它理解成销售硬件设备的逻辑，那健身镜理应有更高的利润，但如果把健身镜理解为是居家健身服务的一部分，甚至只是其中一种解决方案中的一环，那么它可能是另外一种逻辑，即不依靠硬件赚钱，靠提供内容、服务赚钱。"

5. 约束因素

顾客消费行为受转换成本、社会规范、个人因素等方面影响，这些都约束了顾客的消费行为，也使顾客的消费行为趋于稳定。其中，转换成本的高低对于维系顾客忠诚度有着直接影响，特色产品或者高品质服务的不可替代性能够增强消费者的忠诚度。尤其对于服务型企业，服务的转换成本要高于产品转换成本，那么企业提供有吸引力的服务产品，多样的营销计划，高品质的附加服务将增加消费者的转换成本，从而提高消费者忠诚度。

二、顾客忠诚的价值

（一）企业顾客购买增加

顾客购买增加分为两个方面：一方面是老顾客在顾客忠诚的驱动下，感受到较低风险所能获得购买感受的高回报，因此会重复购买产品；另一方面是老顾客会因良好的服务体验向身边人群推荐产品，通过口碑传播的方式扩大企业顾客数量。在休闲体育服务购买中，良好的服务体验是顾客购买的重要因素，专业的教练、良好的教授方式、顾客学习后技能的掌握，都会影响顾客购买的增加，从而增加企业利润。

（二）顾客服务成本降低

老顾客对于企业服务流程、服务方式都非常了解，在服务中会较少询问服务人员，并且在发生问题时能自主寻找解决途径，在特定情况下还能帮助其他人寻找解决问题的路径。这个服务过程较为顺畅，服务时间也会缩短，企业有利于降低服务成本。在健身会所的老会员，会通过会员间的沟通解决训练中的问题，也会帮助新会员解决器械使用的疑问，这会一定程度上降低企业的服务费用。

（三）获得溢价利润

企业获得新顾客需要更高的成本，例如运用价格折扣。已建立顾客忠诚的老顾客对于价格敏感度会下降，在一定情况下老顾客更愿意接受溢价的产品。例如，一些健身企业会根据私人健身教练等级进行课程定价，当教练等级升高，其所对应服务产品的价格也会升高，但是对于认可其服务的老顾客来说，仍然愿意支付较高价格继续享受该教练所提供的服务。

三、休闲体育服务顾客忠诚度的测量

（一）顾客重复消费的可能性

顾客重复消费是指在特定时间段内，顾客对于体育休闲服务产品的重复购买次数。购买次数越多，说明顾客忠诚度越高；购买次数越低，说明忠诚度越低。在实际运营中存在服务类企业拥有多种产品的情况，例如，大部分健身房会提供年卡、私教卡、游泳卡等不同卡种，顾客可能会拥有该健身房多种卡产品，这也是顾客忠诚度高的表现。

（二）重复购买的价格容忍

顾客对于喜欢、信任以及依赖的产品，产品价格的变动承受能力较强，价格容忍度高；对于不喜欢、信赖度低的产品，价格变动承受能力较弱，价格容忍度低。但是要注意的是，以此作为衡量标准时需排除产品必需程度、市场供求现状以及市场竞争。休闲体育服务产品应在排除市场竞争因素后，根据顾客重复购买的价格容忍度衡量顾客对于产品的忠诚度。

（三）顾客对竞争产品的态度

顾客对于竞争产品的态度可以从反面印证顾客的忠诚度。当顾客对竞争产品兴趣较高、愿意尝试时说明其对本企业产品忠诚度低；当顾客没有去尝试体验和使用竞争产品时，说明顾客对本企业产品忠诚度较高。休闲体育服务行业竞争较为激烈，不仅存在同质产品的竞争，也存在异质产品的竞争。例如健身服务类企业存在行业内部竞争，但是也会因顾客被舞蹈、游泳、滑雪等其他服务类产品吸引而流失顾客。因此，休闲体育服务类企业顾客忠诚的创建尤为重要。

（四）顾客对服务质量的态度

任何企业都无法保证本企业的产品质量万无一失，尤其服务类产品具有其特殊性，容易使顾客产生不满情绪的因素与环节更多。当顾客忠诚度高时，顾客更容易以较为宽容的态度对待服务中的过失；但当顾客忠诚度较低时，顾客容忍度就会降低，容易使顾客产生不满与失望情绪，并且不再购买此服务。

口碑营销

第三节　休闲体育服务顾客关系构建的策略

休闲体育服务营销的最终目标是在追求客户满意的同时实现企业的经营目标，满意的顾客会将他们的消费感受通过口碑传播给其他顾客，扩大产品的知名度，提高企业的形象，为企业的长远发展不断注入新的动力。因此，顾客对企业所提供产品与服务满意与否是决定企业经营目标能否实现的前提。为此，企业需要通过实现顾客满意、提高顾客忠诚度来构建良好的顾客关系。

服务利润链
理论

一、创建忠诚关系

顾客忠诚给企业带来的影响最直观地体现在企业盈利的增加，但不止于此。顾客忠诚在企业盈利方面的增加体现在新增购买的提升、运营成本的降低、正向口碑的传播、溢价的接受。顾客忠诚增加的同时也有利于企业内部及时地进行鞭策及外部竞争能力的提升，这两点是企业可持续发展的重要因素。

深化顾客关系是创建忠诚关系的重要手段。深化顾客关系的核心是多角度、全方位与顾客产生多层次联系，建立密切的关系。休闲体育服务中选择交叉销售与捆绑销售是较有效的策略。例如，以家庭为单位的休闲体育服务产品销售，滑雪场的亲子滑雪、瑜伽会所的亲子瑜伽等，这类产品能深化与顾客之间的关系，降低顾客转换的概率。

此外，满足特殊人群的个性化需求也有利于深化顾客关系，因为这时顾客能在该企业获得其他企业所无法获得的用户体验，顾客可以充分感受到被重视。因此，休闲体育服务企业可以从顾客特殊需求入手，深化顾客关系，以此获得同类客户群体认可并产生购买行为。

实例2-3

5G 技术为特殊顾客打造个性化产品

诺埃米（Noemi）是一名 27 岁的德国残奥会滑雪运动员，在 15 年前因为一场疾病失去了视力。过去几年在滑雪场上，宝拉（Paula）与诺埃米总是形影不离，一起在雪地驰骋。这次比赛诺埃米的领航员宝拉不在现场，她唯一能依靠的只有这双首次使用的"新眼睛"——她头盔顶部加装的 HUAWEI Mate 20 pro 手机。手机会将她身前的雪道状况通过 5G 网络传递，领航员宝拉根据实时画面预判并提前 1 秒通过无线电给出行进指令。诺埃米头盔顶部的华为手机捕捉着她身前的画面，再通过 5G 网络实时传递给山脚的控制室，这是诺埃米第一次在没有领航员的帮助下完成全部比赛。诺埃米说："从站到起点的那一刻，我就抑制不住内心的兴奋。我原本以为自己再也没有独自滑雪的可能了。感谢你们将不可能变成可能，谢谢你们让我成为第一个拥有这样经历的盲人。"

（一）会员制

建立顾客忠诚的基础是选择正确、有价值的顾客，而不仅仅是追求顾客的数量。休闲体育服务企业大多会采用会员制作为与顾客保持长久关系的重要手段。休闲体育服务企业的会员制就是企业通过发展会员，通过分析客户关系及会员历史消费行为数据，为会员建立用户画像，利用合理的会员积分和等级制度，为会员提供差异化服务关怀和精准营销，提高顾客忠诚度和复购率，增加企业长期利润。实施会员制管理，可以帮助休闲体育服务企业实现从"以商品为中心"到"以客户为中心"的经营理念转变。通过会员制，企业可以把零散的交易转化为稳定的会员关系。顾客可以从会员制中得到额外的利益，而企业可以从中获取顾客的详细资料，根据掌握的丰富信息，了解顾客的需求和偏好，向顾客提供更符合其需求的产品和服务，并对产品和服务作出相应的改进，从而提高顾客满意度，构建起顾客忠诚关系，实现良性循环。例如滑雪、健身企业的会员季卡、年卡等，通过会员制将交易关系稳定化，顾客会在一定时期内持续地消费该类产品，因此会员制也是这类体育服务企业营销的重要手段之一。

另外，对于会员顾客，休闲体育服务企业可以不断丰富和完善会员特权，保持对会员服务提供的增值项目的吸引力，使会员产生重复购买行为。企业可以根据会员等级为会员提供积分返利、购买奖励等以此稳固购买关系。会员制的建立有利于企业充分了解顾客偏好与需求，并持续跟踪会员需求变化与服务反馈，为顾客提供个性化服务的同时减少顾客抱怨，同时稳固顾客忠诚。

虽然会员制是休闲体育服务类企业稳定顾客关系的重要手段，但不是唯一选择。会员制毕竟是间接保有顾客的手段，提高体育服务本身质量，获得顾客认可才是企业获得稳定关系的最直接手段。目前，大部分健身房依旧沿用传统的会员制体系，分为月、季、年、多年卡会员。部分健身企业已经打破了原有年卡模式，采用按次付费、没有推销的模式，例如"超级猩猩"和"乐刻健身"，他们留住顾客的关注点已经不再是传统的会员制和推销，而是打造更好的教练团队、提供更好的体育服务产品，在加快商业化进程的同时兼顾顾客体验和顾客满意。

（二）顾客忠诚计划

顾客忠诚计划是指企业根据顾客的重复购买行为而对顾客进行一定奖励或激励的营销规划，它通过不断鼓励顾客重复购买产品或服务，来培养顾客对企业的忠诚度，为顾客忠诚关系的构建奠定基础，同时也为企业带来更多的收益。奖励可以是经济形式的也可以是非经济形式的，当顾客获得奖励的同时，企业和顾客就联结在了一起，两者之间就建立起了一定的关系。忠诚计划的实施可以使其成为顾客偏爱的品牌或企业，将短期的、零散的交易逐渐转化为长期持久的关系。例如，Keep App 是一款专注于健身的移动健身工具，提供真人视频课程同步训练，用户可以根据兴趣选择课程，高阶健身用户还可以自主定制健身内容。Keep 根据用户对健身的诉求，提供免费科学的健身计划和视频教学课程，辅以多维度数据记录工具，记录用户的训练过程及成果，从而不断培养用户健身的习惯和对产品的黏性。Keep 的忠诚计划体现在"我的成长等级"中，主要分为"场外吉祥物""热身选手""觉醒训练者""活力运动员""全能王牌""超凡

MVP"6 个等级。用户通过完成每日任务来获得成长值以提升等级，解锁"商城券礼包""付费赛事优惠""会员购买折扣""付费计划折扣"等 4 项权益。

对于那些具有大量顾客的休闲体育服务企业来说，采用忠诚计划可以将交易转变为关系。在当前的经营环境下，企业的顾客忠诚计划也面临着更新换代，正在从原来的物质保证及奖赏向社交或感情上的联系，尤其是客户的互动方面转变。任天堂的玩家一向都拥有极高的忠诚度，它的用户忠诚度计划将会根据消费者的忠诚度给予三个等级的奖励。根据注册用户的购买信息反馈，任天堂将会为这些玩家提供新闻、金手指代码以及一些特殊优惠。任天堂不仅为玩家们提供了一个充满个性和情感的玩家社区，也推出了声势浩大的"Who Are You"宣传活动作为执行忠诚计划一部分。玩家积极的反馈信息将被用于研究，进一步确定这些玩家的需求，从而为企业安排未来的市场营销活动、客户服务方向乃至新产品的开发奠定基础。

（三）经济奖励

经济奖励是对顾客较为直接的激励，有形具体的奖励形式能使顾客看到既得利益，从而促进顾客的购买行为，如年卡、月卡的折扣，私教赠课，现金回馈等。不同行业都在尝试各种顾客忠诚计划，企业经营产品的差异使得顾客忠诚计划的内容有所不同。

提高核心产品服务仍是关键。在休闲体育服务类企业中，顾客选择的起点是良好的企业品牌，但最终能留住顾客的是企业所提供的核心服务。经济奖励的作用只是配合或者促进主要服务产品的销售，服务类企业更多应关注服务本身与顾客需求的契合度以及顾客在服务中的诉求，这些才是支撑顾客忠诚的基础。

经济奖励需与顾客需求相契合。用经济奖励促进顾客忠诚时需考虑所提供的经济奖励与顾客需求的契合度。一是奖励的吸引力，在很多休闲体育服务企业体现为折扣的力度，也就是获得同等服务时顾客所付出的成本更低；二是奖励的可选择范围，对于不同需求的顾客设置不同奖励内容能使顾客有更多的选择。例如，部分滑雪场会在冬季和夏季开展不同的活动项目，顾客可以选择夏季"早鸟"折扣价或者购买冬季滑雪赠夏季滑草月卡的优惠。多元化选择有利于促进忠诚计划的实施，另外还需考虑顾客为经济奖励所付出的消费量是否可接受等因素。

经济奖励设计需科学合理。一方面需把握奖励的时效性，也就是顾客可以看到的既得利益，延迟奖励会削弱忠诚计划。另一方面是需要考虑经济奖励这种忠诚计划本身的满意度，因为顾客也会因经济奖励本身的受挫而降低对企业的忠诚度。例如卡的时限不宜过长，三年卡与年卡相比顾客保有率呈下降趋势。虽然当下企业获得了收益，但并不利于顾客的保留。

滑雪场由于其明显的季节性特征，在不同地域能经营的时间有所不同，但在夏季都无法经营室外滑雪类项目，因此夏季会推出"早鸟"价，以顾客提前购买为前提获得相应折扣，这样不仅锁定了客源，同时使得滑雪场在淡季也有收益。与滑雪场不同的是健身服务类企业，这类企业冬季是淡季，在冬季这类企业就会推出折扣价以此吸引更多新顾客，并鼓励老顾客提前办卡享受优惠，从而获得淡季收益。白马是日本有名的滑雪胜地之一，从 2016 年开始，HAKUBA VALLEY 推出了通用 IC 卡，即白马共通券（HAKUBA VALLEY PASS），一张雪票可以通滑白马地区的 10 家滑雪场，更加方便顾客根据天气和心情选择雪场。白马地区官方还推出了季卡早鸟计划，根据购买日期的不同可享受优惠价格，最大有 25% 的折扣优惠。

（四）非经济奖励

非经济奖励是间接的奖励，是除经济利益奖励以外的奖励，例如高级会员专属休息区、专属会员训练区域的设定等，还包括对会员个人的认可，如会员年会、会员友谊赛、会员联谊等。一些忠诚计划为重要顾客提供了等级利益，让这些顾客体验到贵宾体验与特殊对待。这种非经济奖励的形式对于高层次顾客作用较大，更适用于提供休闲体育服务的高端会所，这类会所的顾客更关注服务体验与感知价值，对于被优待与拥有专属健身区域、休息区域更为关注。因此，非经济奖励的适用条件是有一定范围的，休闲体育服务企业要根据具体顾客群体选择适用的奖励方式。

二、减少顾客流失

（一）顾客流失分析与监控

分析与监控顾客流失的原因是减少顾客流失的重要手段。苏珊·基夫尼（Susan Keaveney）对服务中顾客流失的原因进行了调查，调查发现，44% 的顾客对核心服务内容的失误产生不满，34% 的顾客对服务人员的失误感到不满，30% 的顾客对价格不满，21% 顾客对服务时间与地点感到不满，17%

顾客对于服务中失误的处理感到不满。在基夫尼的研究中将顾客流失原因归结于三个方面：服务失误与补救、价值诉求差异、其他因素（图 2-3）。

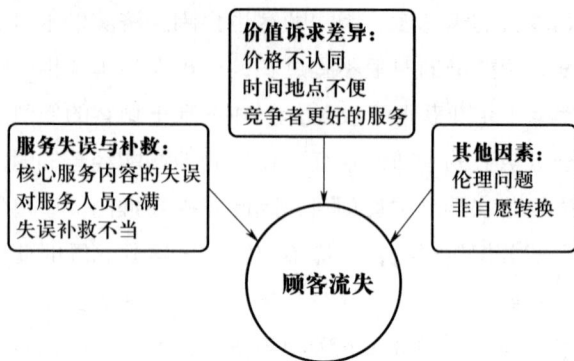

价值诉求差异：
价格不认同
时间地点不便
竞争者更好的服务

服务失误与补救：
核心服务内容的失误
对服务人员不满
失误补救不当

其他因素：
伦理问题
非自愿转换

顾客流失

图 2-3　顾客流失分析与监控

在实际运营中顾客流失有可能是单因素也有可能是多因素引起的，那么就需要根据实际情况进行分析，寻找顾客流失的主要原因，在解决主要原因的基础上优化次要因素，最后达到减少顾客流失的目的。

2020—2022 年，受新冠疫情的影响，大多数体育赛事不得不暂停或严控入场人数，导致比赛所产生的收益递减，如何利用庞大的球迷数量转化成新的收入来源成为行业的新命题。实现共赢的关键因素在于能否生产优质内容吸引球迷，当球迷无法近距离接触到他们最喜欢的球队和球员时，他们对内容的需求必然大大增长。数字营销机构 Fifty Three Six 内容制作主管马库斯·麦克唐纳（Marcus McDonnell）说："疫情加速赛事利益相关者愈发寻求内容制作的机会，以此作为连接球迷的一种方式。如果内容能引起球迷的反响，那就有机会将他们转化为自己的消费者。"

在这样的背景下，越来越多的职业运动队愿意敞开大门，以纪录片的形式让球迷了解更多球队背后的故事。亚马逊公司和托特纳姆热刺俱乐部合作的《孤注一掷：热刺》系列九集纪录片被看作是热刺俱乐部借亚马逊平台打造自身 IP 和建造庞大商业生态体系的计划。亚马逊俱乐部将向热刺俱乐部支付 1 000 万英镑作为拍摄费，这个数额对受疫情影响严重的俱乐部而言是一笔可观的收入。

2020 年新冠疫情暴发之初，迈克尔·乔丹的纪录片《最后一舞》恰好播出并引发各界热议，填补了美国职业篮球联赛（NBA）停摆期球迷对篮球的关注度。内容为王，好的内容永远不缺乏价值。疫情时期，体育赛事经历了一段前所未有的空窗期，让球迷有机会感受到赛场外的原生态体育内容。

（二）实施顾客抱怨管理机制

寻找顾客抱怨的原因。寻找根源才是解决问题的关键，顾客抱怨的原因主要有以下几个方面：对于价格不满产生的抱怨，要求退款或补偿；对于接触服务不满，主要是对于服务人员在服务中的态度与服务方式，使顾客感到不被重视或自尊心受挫；出于帮助企业改进服务品质，顾客主动反馈服务中存在的问题；自我情绪发泄，当顾客在工作或家庭中受挫，容易将不满情绪带到正在体验的服务中。针对上述顾客抱怨行为，企业需要充分了解顾客抱怨的诉求，首先应评估顾客诉求的合理性，在诉求合理性的前提下了解顾客期望，按照服务补救流程进行处理。有关休闲体育服务补救的内容见本书第十章。

实例2-4

吉林白山某滑雪场禁止朋友教滑雪，涉事度假区致歉

一名男子在吉林白山某滑雪场教朋友滑雪时被教练阻拦。教练称，朋友间可以一起滑雪但不能教，学滑雪必须请滑雪助理。此事在网络上迅速发酵，引发了广大网友的关注，并对滑雪场此类行为表示了不满，该滑雪场事后对此事向雪友致歉。涉事度假区回应："已组织专项调查进行情况核实。衷心感谢广大网友的监督与批评！同时也对我区员工工作态度过于僵硬、对雪场规则解读不够清晰，向广大雪友真诚致以歉意！"

问答题

1. 简述顾客满意的意义。
2. 简述顾客忠诚的影响因素。
3. 创建顾客忠诚关系的策略有哪些？
4. 如何减少顾客流失？
5. 概述休闲体育服务顾客关系创建的意义。

主要参考文献

[1] [美] 瓦拉瑞尔·A. 泽丝曼尔，玛丽·乔·比特纳，德韦恩·D. 格兰姆勒. 服务营销 [M]. 7 版. 张金成，白长虹，杜建刚等译. 北京：机械工业出版社，2018.

[2] 李克芳，聂元昆. 服务营销学 [M]. 2 版. 北京：机械工业出版社，2020.

[3] 肖淑红. 体育服务运营管理 [M]. 2 版. 北京：首都经贸大学出版社，2015.

[4] 刘兵. 体育服务营销 [M]. 北京：高等教育出版社，2015.

第三章 休闲体育消费行为分析

本章导语

随着人们生活水平的提高，大众对于休闲体育消费的投入逐步增加。与一般消费相比，休闲体育消费具有自身特点。诸多因素能影响休闲体育消费者的购买行为。休闲体育消费行为分析是休闲体育服务营销的重要环节，把握消费者行为的发展和变化是制定有效营销战略的重中之重。

学习目标

1. 了解休闲体育消费的概念及特征
2. 熟悉休闲体育消费的购买行为
3. 掌握影响休闲体育消费的因素
4. 能够通过休闲体育消费的概念解读休闲体育消费现象
5. 能够运用一定的方法与模型归纳休闲体育消费的影响因素
6. 能够从不同维度对休闲体育消费者购买行为进行分析

案例导入

冰雪旅游持续升温

2018年9月，国家体育总局发布《"带动三亿人参与冰雪运动"实施纲要（2018—2022年)》。随后，中共中央办公厅、国务院办公厅印发了《关于以2022年北京冬奥会为契机大力发展冰雪运动的意见》（以下简称《意见》），明确了在北京冬奥会周期，高质量推动冰雪运动发展的各项目标任务，也为做好群众性冰雪运动的推广普及提供了根本遵循。国家大力发展冰雪运动产业，也提升了越来越多消费者对冰雪运动的兴趣和消费欲，推动了国内冰雪运动产业的发展。

2018—2019年冰雪季，我国冰雪旅游人数首次超过2亿人次，冰雪旅游人数为2.24亿人次，冰雪旅游收入约为3 860亿元，分别比2017—2018年冰雪季增长13.7%、17.1%，冰雪旅游维持快速增长势头，冰雪旅游大众化时代来临。

根据"携程跟团游"和"自由行"的预订数据，2018年11月至2019年4月间，人气最高的传统冰雪旅游目的地排名前十位的分别是哈尔滨、雪乡、长白山、长春、尚志、乌鲁木齐、吉林市、牡丹江、张家口、兰州。哈尔滨成为冰雪旅游人气最高的城市，其冬季平均积雪天数在105天左右，已经打造出冰雪大世界、冰灯游园会、雪雕游园会和国际冰雕节等旅游产品。雪乡经过整改之后重新开园，再度迎来游客高峰。长白山凭借突出的冰雪和温泉资源成为高端游客出行的重要选择。

冰雪旅游更强调游客的参与度、互动度，所以一直受到年轻人的青睐。根据"携程跟团游"和"自由行"预订数据，2018年12月至2019年4月，冰雪旅游的游客中"80后"占比最高，达到26%，"00后"以23%的占比位居其次，年轻人是出行主力。

本案例根据《中国冰雪旅游消费大数据报告（2019)》整理

马拉松赛事衍生出来的参与型休闲体育消费

马拉松原为希腊的一个地名，马拉松运动缘起于古希腊马拉松战役，士兵跑至雅典报捷后死去，为纪念这一历史事件，在1896年举行的现代第一届现代奥林匹克运动会上，顾拜旦采纳了历史学家巴莱尔的建议，比赛中设立了马拉松运动竞技项目。次年，美国举办了波士顿马拉松赛。截止到 2019 年，波士顿马拉松赛成功举行了 123 届，横跨三个世纪，是世界上最古老的马拉松赛事。经过多年的发展，马拉松运动凭借其独特的文化价值理念和运动属性发展为一项在世界范围广受群众喜爱的全民参与性赛事。

2008 年北京奥运会的成功举办，掀起了全民健身的热潮。借着奥运的余热，各种体育运动蓬勃发展，以马拉松为代表的路跑运动也不例外。同时，随着国民经济的快速发展和老百姓收入的普遍提高，老百姓越来越注重对高品质生活和身心健康的需求，而马拉松这种入门门槛低、普及性强的体育运动十分契合老百姓的体育消费需求，这使得城市马拉松赛事数量出现大幅增长。除了以北京、上海、广州为代表的一线城市马拉松赛事举办数进一步增加，越来越多的二三线城市也开始加入举办城市马拉松赛事的队伍中来。据中国田径协会数据统计，2017—2018 年，我国全程马拉松参赛者净增 62 752，其中新增跑者 120 101，半程马拉松参赛者净增加 233 731 人，其中新增跑者 397 160 人。马拉松已成为人们深度休闲的体育项目，越来越多的人参加马拉松赛和马拉松跑，这直接带动了休闲体育消费。第一，马拉松参与者需要购买跑步所需的装备，如跑鞋、服装等；第二，马拉松比赛带动了城市的餐饮消费。很多参加马拉松的选手需要提前来到比赛城市，比赛期间的酒店住宿、餐饮等消费，对城市旅游业发展有一定的促进作用。每场马拉松比赛参赛人数众多，一般都在万人以上，如 2019 年北京国际马拉松参赛人数为 3 万人，上海国际马拉松参赛人数达到 3.8 万人。

第一节 休闲体育消费概述

一、休闲体育消费概念、类型

（一）休闲体育消费的概念

休闲体育消费是人们在参与休闲体育运动的过程中产生的与其相关的各

种消费，是人们在闲暇时间里，根据个体需求和兴趣，以获得身心健康、提高生活质量和追求自我实现为主要目的、使用货币购买休闲体育产品，直接或间接地参与各类休闲体育活动，以获得休闲效用的消费行为。休闲体育消费行为涵盖了人们在休闲时间内参与体育活动和观赏体育竞赛，对体育服务产品、实物产品、精神产品的直接消费以及其他相关活动的间接消费的行为，是以培养生活情趣、提高生活品位、获得身心自由与快乐为主要目的的消费行为。休闲体育消费主要包含三个内容：具有休闲体育消费能力和消费需求的人、休闲体育产品和消费行为。休闲体育消费者主要有参与型和观赏型两大类。参与型休闲体育消费者是指亲身参与、实践休闲体育运动项目的群体。观赏型休闲体育消费者是只需旁观、阅读或者心理参与的群体，主要包括观看各种体育比赛和体育表演的体育迷。

（二）休闲体育消费的本质

休闲体育消费的本质是指人们的休闲体育消费行为，主要有休闲体育消费需求、休闲体育消费水平、休闲体育消费结构、休闲体育消费方式、休闲体育消费环境和休闲体育消费者行为 6 个方面。休闲体育消费需求是消费者愿意而且有能力购买休闲体育产品的数量和休闲体育服务的等级，它与消费者的可支配收入、休闲体育价值观有密切联系。休闲体育消费水平是消费者购买休闲体育消费品的价格和数量，主要受到消费者收入水平、消费意识、休闲体育意识、社会经济发展和社会文化背景的影响。休闲体育消费结构指在一定时期人们在休闲体育消费过程中，对休闲体育物质产品和休闲体育服务产品消费的种类构成和数量比例，是反映休闲体育消费水平的重要指标。休闲体育消费方式则是人们采取什么样的方法、途径和形式去消费休闲体育资料，以满足各种物质和精神的需要，即消费者与休闲体育消费资料结合的方式，它主要考察休闲体育消费的内容、形式、场所等特征。休闲体育消费环境是指在休闲体育消费过程中，消费者直接感受和体验的外部条件或状态，它分为场地设施环境、休闲体育市场环境、制度环境和文化环境等因素。消费环境不仅影响休闲体育消费的效果，还直接影响消费者的身心感受，成为影响休闲体育消费的重要因素。休闲体育消费者行为是消费者购买休闲体育产品的决策过程，即确定购买哪种产品、在哪儿可以买得到、产品性价比怎么样、购买和消费结束后的满意程度。

（三）休闲体育消费的类型

我国休闲体育消费具有消费内容多、消费种类多的特点，主要集中在休闲体育用品的消费、参与休闲体育运动的消费、观赏体育赛事活动消费三方面。很多休闲体育消费者喜欢和愿意购买实物型休闲体育消费物品，例如，喜欢飞盘的人会购买飞盘实物，利用休闲时间与朋友或家人一起玩飞盘。此外，消费者还会购买运动服装、鞋帽、运动饮料、体育报纸、杂志、音像制品等和休闲体育活动相关的各种体育实物资料。参与型休闲体育消费是人们利用闲暇时间参与休闲体育活动，如到河边钓鱼、到球场打球、登山、徒步、露营等。观赏型休闲体育消费是指消费者既不购买休闲体育消费品，又不参加休闲体育活动，而是以通过观看、欣赏各种体育比赛、表演等活动以满足视听享受、放松心情为目的的体育消费行为。

二、休闲体育消费的特征

（一）社会文明进步性

休闲体育消费是人类社会发展到高级阶段的产物，是有利于人类生存和发展的有效手段，也是社会文明程度的重要标志之一。通过休闲体育消费，人们可以提高身心健康水平，提高工作效率和工作热情，有利于舒缓心理压力，调节情绪，促进家庭、单位和社会的和谐。一方面，休闲体育消费受到物质文明发展程度的制约，人们只有先满足衣、食、用等最基本的物质需求，才有可能产生休闲体育消费需求。另一方面，休闲体育是人类独具的创造成果，体现人类文明的进步，更能显示出一个国家的精神风貌，因而比单纯的物质消费具有更深远的意义。

（二）过程体验性

从产生休闲体育消费需求和动机开始，经过休闲体育产品的信息搜索、消费评估和消费决策，再到进行具体的消费行为，直至消费活动结束，整个消费经历是一个从开始到结束、连续的身体和心理融合的完整过程。人们在整个休闲体育消费过程中，获得身体放松、感官快乐、心理愉悦、精神享受等基本的身体感受和心理体验。

休闲体育赋予人们的不仅是放松身心、舒缓压力、促进身体健康等外显功能，也具有精神自由与身心娱乐等内在价值，是人类自在生命的自由体验。休闲体育消费者无论是购买体育用品，还是参与体育运动以及观赏体育赛事或活动，都需要消费者亲自参与到真实的消费活动过程中，在参与过程中，消费结果对消费者身心会产生深刻的影响。因此，休闲体育消费是一种身心满足的感觉和真实的体验，是一种现代人的生活方式。消费者不是仅仅关注消费的结果，更加重视消费行为全过程带给个体的美好体验。人们对休闲体育产品的消费不是简单的物质消费，更是消费一种体验，这种体验的价值就在于消费者身心愉悦的程度。体验成为人们积极从事休闲体育消费的原动力。

（三）关联性

休闲体育消费包含多种实物与服务的消费，涉及多个领域，具有关联性消费的特点。从消费构成上看，休闲体育消费不仅包括对体育服装、运动器材、运动配件等体育实物直接要素的消费，也包括对吃、住、行等多种生活实物和服务的消费。此外，在整个消费过程中，需要休闲体育场地服务人员、服务设施设备、服务机构的辅助与支持。

（四）非迫切性

休闲体育消费主要是满足人们享受和发展需要的消费，而不是生存性消费，人们对是否进行休闲体育消费的决策往往凭借个人的意愿、兴趣和喜好，有时仅仅是由决策时的心情而定。休闲体育消费不涉及消费者的生存问题，而是一种休闲时光的选择。因此，休闲体育消费是一种需求弹性很大的消费，具有明显的非迫切性。

（五）差异多样性

人们对休闲体育消费在品种、数量和质量方面的需求有较大的差别。一方面，消费者的年龄、性别、职业、经济收入、教育程度、兴趣爱好、个人性格等方面的差别，造成其对休闲体育消费产品的品种、数量和质量方面的需求存在一定程度的差别，另一方面，休闲体育消费价值观、个人成长经历、生活和工作环境等社会因素也会直接或间接地影响人们的休闲体育消费行为。

休闲体育产品具有多种类、多层次等特点，不同的人在身体素质、技术水平、心理承受力、精神需求等方面存在差异，因此，人们对休闲体育产品有不同的需求。对一些人而言，选择休闲体育消费不仅仅是为了愉悦心情和锻炼身体，不是简单地考虑身心愉悦和经济费用效用最大化、成本最小化，而是体现了消费者的个性。人们参与一项或多项休闲体育运动，选择实现与客体、集体和他人具有不同的目标，体现了消费者之间不同的个性。

（六）不确定性

与物质实物消费相比，休闲体育消费具有明显的不确定性，这种不确定性是由于休闲体育消费的效果由消费者在经历消费后的体验感决定，具有无形性、难评价等特点。由于个体差异的原因，每个人对休闲体育产品的体验因人而异，即便是相同的休闲体育产品，不同的人会产生不同的体验感。休闲体育消费效果和体验的无形性以及难评价造成休闲体育消费行为具有不确定性的特征。

三、休闲体育消费与休闲消费的异同

本书将休闲体育消费分为参与型休闲体育消费和观赏型休闲体育消费。而这两类消费由于涉入程度不同，对消费条件的要求也不同，因此与一般休闲消费存在差异。本节从涉入程度的角度探讨休闲体育消费与休闲消费的异同。

（一）两者在较低涉入度上存在趋同性

低涉入度休闲体育消费即参与型一般性休闲体育消费，或低层次的休闲体育消费，与一般性休闲消费存在较大程度的趋同性。从休闲本质和动机来看，休闲体育消费和一般性休闲活动都是为满足健康和娱乐需求，达到放松心情、促进身体健康的目标。一般性休闲是一种普通的休闲体验，休闲个体不需要接受特殊的技术培训或身体练习，相对自由地从事非工作的活动，享受休闲活动所带来的快乐和满足感，是一种即时的、内在激励的、相对短暂愉悦的活动，主要目的是为了放松身心和调整状态，或是培养无利害关系的知识和能力，能够使人较快地、较容易地从相对刺激和压力的环境中解脱出来，在一定程度上满足人们的心理需求。

在消费动机上，人们参加一般性休闲活动，大多是为了放松心情，促进身体健康，属于健康动机和娱乐动机，目的仅仅是最基本的健康和娱乐需求。而消费程度较低的休闲体育消费内容多是自娱型消费，这种类型的消费，同样不需要购买大量的、专业的运动器材和服装，也不需要专业的运动场地和场馆，只需要在一个能够满足简单活动目标的场地即可。购买行为多为从众型、随意型和经济型，购买者对运动装备、器材等方面没有太多的了解，仅对个别一些知名品牌有所了解，不了解专业的、高档的运动品牌，在购买行为方面，这类消费者多听从他人的意见，或受相关广告的影响，购买大众普遍知晓的品牌服装和器材。另有一些消费者并不认为需要购买专业的或专门的服装、装备和器材来参与一般性休闲运动，处于较低消费水平。

对于观赏型一般性休闲体育消费者而言，观看比赛仅仅是兴趣的一部分，并没有热衷的休闲运动项目和喜爱的运动队，仅在偶然机会下观看体育赛事，在消费方面，他们也属于经济型消费者，甚至仅仅是通过电视转播等形式观看比赛，较少选择到现场观看比赛，消费水平属于较低水平。他们参与的活动与一般休闲活动也没有明显的边界。

一般性休闲是一种普通的休闲体验，休闲个体不需要接受特殊的技术培训或身体练习，相对自由地享受休闲活动所带来的快乐和满足感，是一种即时的、内在激励的、相对短暂愉悦的活动，主要目的是为了放松身心和调整状态，能够使人较快地、较容易地从相对刺激和压力的环境中解脱出来，在一定程度上满足人们的心理需求。对于生活节奏较快的现代社会的人们而言，面对社会竞争激烈、生活压力大、工作任务重的现状，通过一般性休闲来缓解各方压力和调整身心状态，是提高生活质量、工作效率、心理健康和身体健康的选择。一般性休闲具有自由性、随意性、无计划性和要求低等特点。一般性休闲活动经常是消费者为了放松身心，相对自由和简单地欣赏、感受、体验当下，远离日常工作、学习和生活中的压力或环境，以漫不经心、不慌不忙或舒适放松的方式体验休闲时光。一般性休闲范围较广泛，很多领域、很多活动都可以使人们达到一般性休闲的目的。

（二）两者在较高涉入度上存在显著差异

1. 技术门槛和基础不同

对于参与型一般性休闲体育消费者即浅涉入度群体来说，由于对运动服装、器材、装备、运动环境与条件没有过多要求，只需要满足最基本的运动要求即可，因此，此类消费多属于低档型消费，无论是在时间、精力上，还是在装备、器材上，人们对此休闲方式的花费并不多。而参与型深度休闲体育消费者对一项或一类休闲体育运动产生浓厚的兴趣，并愿意付出时间和精力提高运动技能，通过长时间的钻研运动技术和进行系统的专业训练，在运动技术、专项体能、专项战术、运动心理等方面达到一定的高度。这类群体在消费层次上属于中档型和高档型，消费动机出于发展动机、健康动机和娱乐动机，更大程度上倾向于发展动机，目的是为了提高自身的休闲运动技术水平和专项体能。在消费内容上主要是实物型、指导型和自娱型，在消费结构上，购买专业的休闲体育运动装备以及高质量的体育用品，在运动服装、鞋帽方面，喜欢购买在该休闲运动项目领域具有知名度的服装和器材。此外，为了提高专项运动技术水平，参与型深度休闲体育消费者愿意并积极购买专项运动培训和训练服务以及支付年费加入所属俱乐部，积极参加俱乐部举办的活动，以此结交更多高水平的爱好者和提高运动技术。他们的消费行为属于习惯型、理智型购买行为，集中在认可度高的品牌上，对低认可度品牌物品几乎不会购买。高认可度品牌的商品属于高质量的商品，价格较高，因此，该群体的休闲体育消费水平较高。

深度休闲是人们参与具有相当大的乐趣而非有压力的休闲活动，这些活动于参与者而言十分有趣和充实，并在活动过程中获得及展现特殊的技巧、知识及经验。休闲活动对于深度休闲者而言是一种生活方式，需要个体为某项休闲活动持续投入大量的时间、精力和金钱，对该活动形成认同，并获得一定的成就。相对于一般性休闲，深度休闲对人的心理、身体和精神有更加深刻和积极的影响，有利于促进身心健康，有利于产生充实感、归属感及成就感，有利于促进人际互动，进而大大提升参与者的主观幸福感。根据深度休闲的性质，深度休闲者具有坚持不懈、自我认同等特点。

总之，深度休闲参与者与一般性休闲体育者不同，需要参与者拥有特定的运动技能、知识以及经验，尤其适用于坚持不懈、不断提升运动技能和认真对待体育爱好的人群，被广泛应用于攀岩、冲浪、铁人三项和马拉松等要求深度参与的休闲活动中。

2. 体验感与消费偏好不同

深度休闲消费者主要有参与型深度休闲体育消费者和观赏型深度休闲体育消费者两种类型。

参与型深度休闲体育消费者对一项或一类休闲体育运动易产生浓厚的兴趣，并愿意付出时间和精力提高运动技能，通过长时间钻研运动技术和进行系统的专业训练，在运动技术、专项体能、专项战术、运动心理等方面达到一定的高度。这类群体在消费层次上属于中档型和高档型，消费动机出于发展动机、健康动机和娱乐动机，更大程度上倾向于发展动机，目的是为了提高自身的休闲运动技术水平和专项体能。在消费内容上主要是实物型、指导型和自娱型，在消费结构上，喜欢购买专业的休闲体育运动装备以及高质量的体育用品，在运动服装、鞋帽方面，喜欢购买在该休闲运动项目领域具有知名度的服装和器材。此外，为了提高专项运动技术水平，愿意并积极购买专项运动培训和训练服务以及支付年费加入所属俱乐部，积极参加俱乐部举办的活动，以此结交更多高水平的爱好者和提高运动技术。消费行为属于习惯型、理智型购买行为，集中在认可度高的品牌上，对低认可度品牌物品几乎不会购买。高认可度品牌的商品属于高质量的商品，价格较高，因此，该群体的休闲体育消费水平较高。

观赏型深度休闲体育消费者大多是一项运动的体育迷或一支运动队的忠实拥护者，在大型体育赛事或所支持的运动队有竞技性比赛时，选择到比赛现场观看比赛。在消费方面，愿意购买所拥护运动队的队服以及与球队相关的一系列产品，为了支持和观看球队赛事，愿意支付门票、交通、饮食、住宿等费用，尤其更愿意支付高于市场价的比赛门票。该群体了解和熟知所支持运动队的比赛情况，跟随球队到非常住居住地现场观看比赛，现场观看比赛的意愿程度与赛事等级关联性不大，尽管有些赛事不属于顶级赛事，但是仍会随运动队到现场观赛，并以此作为其休闲生活的重要组成部分。

3. 畅爽体验型休闲体育消费

（1）畅爽体验的表现与特点

畅爽体验是一种高度沉浸的体验，是参与者的身体或心灵在自愿努力完成一些具有困难的、挑战性的或有价值的活动过程中，打破原有的身体、心理、情感的自我平衡，沉浸在活动中而忘记时间、周遭的环境和自我意识，体验到一种美好的感觉和极佳的感受。畅爽体验提供个体幸福感和积极心理，成为参与者最值得回忆和体验的经历，并在很长一段时间后，都会对此经历印象深刻，在脑海中存留下美好的回忆。畅爽体验是幸福感的最重要来源，有助于增强幸福感，可满足人们放松、自我改善、自信等心理需求。此外，畅爽体验与生活满意度呈显著正相关，是决定人们生活满意度的重要因素之一。

在休闲领域，人们认为畅爽体验是个体在一种专注、自由及愉悦的心理状态下进行休闲活动时产生一种最佳心理体验，是个体在高心理卷入和同化的状态下完全投入到某种休闲活动时的整体感觉。个体在从事某一项休闲活动中深度浸入，完全被所做的事情吸引，感受到的一种极度兴奋的喜悦之情，心情愉快并获得的一种贯穿全身的感觉，参与活动的身体动作能自发而为，无须个体有意识地控制，能给人带来极高的充实感、兴奋感及幸福感。在这种状态下，参与者全情投入到休闲活动中，注意力高度集中，将所有的意识都集中于休闲活动本身，从而在潜意识中过滤掉与休闲活动毫无关系的因素，积极专注于休闲活动中的目标，主导休闲活动的环境，使参与者忘记了时间的流逝、自我的存在，达到了物我两相忘的境界，产生强烈的愉悦感。畅爽体验强调休闲主体自我价值的实现，即人们在休闲活动前或休闲活动中，面临活动本身的挑战性和自身能力约束下所具有的一种心理状态。畅爽体验休闲活动要求参与者不仅要具备一定的活动技巧，而且休闲活动本身要具有一定的难度，只有两者达到平衡，参与者才会有畅爽的体验。当参与者个体心中的目标及休闲活动的难度保持一致时，参与者与目标之间的距离在自己可见的范围内，那么，挑战的意义在参与者心中悄然而生，使得参与者的个人行为跟环境形成共鸣。此时，休闲活动的参与者注意力高度集中，没有心思注意与此事无关的事，也不考虑别的问题，自我意识消失，甚至意识不到时间的存在，这时，参与者产生畅爽体验。

畅爽体验通常与休闲体育活动相关，户外运动、游戏活动和情境是畅爽体验的来源，尤其是个体在各式各样的户外休闲体育活动中所寻求的深入参与的体验。受到户外休闲体育活动的冒险性、挑战性和探险刺激的作用，参与者注意力高度集中，会暂时忘却周围的事物，并在活动中高度兴奋、愉悦。此外，观看高水平、竞争激烈的体育赛事的过程中，观看者高度沉浸在比赛节奏中，被紧张刺激的比赛进程、热烈激情的比赛环境、悬而未决的比赛结果深度吸引，同样也能够带给观看者以畅爽体验。

总之，畅爽体验具有条件性、技能储备性、不稳定性、行动与知觉融合性等特点。

（2）畅爽体验型休闲体育消费者的消费形式

对于参与型休闲体育消费者来说，要达到畅爽体验，其休闲体育运动技术需要达到一定的高度，能够很好地从事休闲体育活动，并能够体验到该运动项目对心理带来的强烈冲击感，并坚持不懈地追求更加强烈的冲击，以期带来更深刻的体验。为达到畅爽体验，休闲体育消费者对环境和条件要求较高，会进行前期市场调研和分析，根据自己的兴趣爱好，对比各场地提供服务的质量和全面性，着重选择设施设备齐全、体验环境好、服务质量高的运动场所。畅爽体验参与型休闲体育消费属于中档型和高档型消费，消费者出于探异求新动机、冒险刺激动机、娱乐动机、享受动机，消费内容方面属于实物型，有自己所喜爱的运动装备品牌，品牌具有较高知名度和品牌价值，且所选器材与设备属于该品牌高品质、高等级系列，愿意购买运动项目所需的整套运动装备或服饰，以达到体验的最佳化。畅爽体验参与型休闲体育消费者具有一定的运动技术水平，并且从事的运动具有一定的挑战性，这种挑战性带来的刺激感，使参与者能够体验到心理和身体的畅爽感觉。挑战性强意味着具有一定的风险性，消费者在活动过程中存在一定的危险，高品质、高等级的器材与设备，不仅能够带给消费者较好的使用感或穿着舒适感以高效发挥其运动技术，同时也能够降低运动风险，使消费者有更多的安全保证。在运动场所选择方面，消费者更偏好于能够提供更多运动体验、选择种类或多级别的场地或场所，以体验不同环境带来的刺激感。由于该群体购买的运动装备与器材及服务属于全面型，因此，该类型的休闲体育消费水平较高。

对于观赏型畅爽体验休闲体育消费者而言，为了观看喜欢的体育赛事和支持其喜爱的球队以及感受比赛现场的激情和热烈的气氛，大多数人会选择到比赛现场观看比赛。这类群体在观看比赛体验方面追求完美和极致，选择观看高等级、高水平、高规格的体育赛事，如奥运会、世界杯、世锦赛等，在观众席上追求最佳视角，愿意花费更多金钱购买最佳观赏比赛位置的门票，在观赏型消费上，他们愿意购买各类赛事观看的服务，尤其是到非常住居住地观看比赛，不惜花费更多金钱以得到全方位的服务，偏爱出行有接送、品尝当地美食、居住有特色或距离比赛现场较近的高级酒店，属于理智型购买行为，休闲体育消费水平较高。

第二节　影响休闲体育消费的因素

一、影响休闲体育消费的内在因素

（一）个人因素

1. 健康状况

个体健康状况是影响休闲体育消费选择的重要因素。一方面，消费者健康状况良好与否，或者消费者存在某些特定疾病，会影响其运动能力，甚至带来较大运动风险。平衡能力较差的人士不适宜直接参与平衡木、艺术体操等运动；视力残障人士经常进行的运动项目排名前四位的分别是跑步、散步、游泳、跳绳，而橄榄球、冰球等具有一定危险性、需要视觉定位的激烈对抗项目参与程度较低。另一方面，运动具有改善特定健康问题的作用，这是人们进行休闲体育运动的重要动机之一。适当的休闲运动可以减少心血管疾病的发生率；八段锦等民族传统体育运动可以有效改善人体血脂代谢水平。

2. 闲暇时间

闲暇时间是指顾客是否拥有足够的闲暇时间进行休闲体育活动，工作繁忙、家务繁多等都可能影响其闲暇时间，闲暇时间的多少，决定了参与者休闲体育活动时间的安排和利用特征。以青岛市为例，公休假日居民参与体育锻炼活动的人数频次较高，体育活动频率平均每两天 1.82 次，其中每天都参与体育活动的居民人数比例达到 69.4%。在法定节假日，居民参与体育活动的频次少于公休假日体育活动的频次，为每两三天参与 1 次，能够保证每天都参加体育活动的人数仅占比 14.7%。

3. 经济条件

经济条件是指参与者可支配收入、储蓄、资产和信贷的能力，经济条件是影响休闲体育服务购买行为的首要因素，决定着消费者能否发生购买行为及发生何种规模的购买行为，决定着购买服务的种类和档次。2019 年，我国城镇居民人均可支配收入为 4 235 元，由此看出，我国休闲体育消费的发展具备一定的经济基础。但从实际情况来看，目前我国城市休闲体育消费占日常消费的比重还处于较低水平，休闲体育消费能力明显不足，同时，东、中、西部地区存在较大差异。与发达国家相比，我国居民在休闲体育消费能力和水平上还存在较大差距。例如，发达国家体育消费者在国家娱乐消费中的比重为 30%~40%；美国居民普遍把收入的 1/3 用在休闲上；英国休闲体育消费早在 2000 年时就达到 115 亿元，占居民消费总额的 2.8%，即便在我国上海等较为发达的一线城市，居民人均休闲体育消费仅占消费总额的 3.74%。

4. 个性

个性是个体所具有的独特且稳定的心理特征的总和，如热情或孤僻、外向或内向、创意或保守、主动或被动等。不同个性的消费者，在行为感知的广度、深度和速度上有很大的差别。一般来说，性格内向的消费者偏爱安静、安全的活动项目，如垂钓、下棋等活动；性格外向的消费者更偏爱参与性强、具有一定冒险性的活动项目，如漂流、攀岩、蹦极等。了解运动项目和个性之间的关系，有利于帮助休闲体育经营者建立营销战略规划。

5. 其他人口因素

（1）性别。男性和女性在形态与生理机能上具有明显的差别，运动能力也不相同。因此，不同性别的消费者对于休闲体育运动的偏好和选择存在差异。例如，户外运动由于具有冒险、挑战、征服等特点，更多地被赋予男性色彩；中国 CBA 球迷以青年男性居多，占比达 74.5%；而瑜伽运动的消费者则以女性占绝对优势，占比高达 94.9%，我国一二线城市 80 后、90 后的女性是习练瑜伽的主力群体。

（2）年龄。随着年龄的增长，人的一生中会出现诸多改变生活的事件，例如就业、结婚、生育、购房、搬家、退休等都可能导致个人消费特征的改变，从而不断变换对休闲体育消费的产品和服务需求。不同年龄段的群体有着不同的购买习惯。通过对年龄的划分形成的细分市场，为休闲体育内各行业的市场营销者提供了有力的营销工具，从而来寻找、理解和吸引消费者。

（3）国籍/居住地。人们生活的惯常环境在一定程度上决定了人们日常休闲体育活动项目的选择。例如，位于我国东北地区的黑龙江省冬季寒冷漫长，冰雪资源丰富，滑冰是在黑龙江省普及度最广的一项冬季运动，在备战北京 2022 年冬奥会的过程中，黑龙江省在国家队训练人数共 255 人，涵盖冬奥会全部 7 大项 15 个分项，运动员人数居全国首位。另外，消费者居住地所处的位置与休闲体育活动场所的位置，两者的距离是影响消费者购买休闲体育服务的重要影响因素，消费者往往倾向于选择离自己住所较近的体育活动场所。与之相对，不少消费者渴望离开日常居住的环境，到外面的世界看看。在海边的人们渴望在苍茫无垠的沙漠中驱车奔腾，身居山区的人们向往在广阔坦荡的草原上骑马奔腾。也就是说，居住地的休闲体育消费环境与目的地之间的差异越大，对消费者的吸引也就越大。

（4）职业。个人的职业会影响其所购买的休闲体育商品和服务。在社会分层理论中，一般职工的日常休闲运动主要包括篮球、足球、骑车、钓鱼、田径、羽毛球、乒乓球、游泳等；企业中的高级管理人员会乐意学习高尔夫、滑雪、骑马、游艇、帆船帆板等运动。职业对休闲体育消费行为的影响还体现在不同职业的人进行休闲体育消费的时间差异上。通常来说，一些非常忙碌、需要经常加班的职业，难以保证每天都有时间进行休闲运动，这部分人群往往选择在周末或者小长假集中进行休闲体育消费。

（二）心理因素

1. 动机

动机是引发和维持个体行为，并导向一定目标的内部动力。动机是行为的原因，是刺激和促发行为反应并为这种反应指明具体方向的内在力量，动机是个体为什么会做某件事的原因。对一个体育爱好者来说，一个人想要获得良好的身体素质，需要通过跑步、骑车等行为来实现这一目标。

动机具有三大功能：

激发功能：动机能激发机体产生某种活动，带着某种动机的机体对某些刺激，特别对那些和动机和关的刺激反应特别敏感，从而激发机体去从事某种活动。

指向功能：动机是针对一定目标（或诱因）的，是受目标引导的。

维持和调整功能：当个体的某种活动产生以后，动机维持这种活动针对一定目标，并调节着活动的强度和持续时间。

休闲体育动机指的是引发、维持个体的休闲体育行为的心理动力，是推动人们进行某种休闲体育行为的内在心理动因。消费者进行休闲体育活动的目的包括强身健体、放松心情、缓解身心疲劳、治疗和预防疾病、社会交际等。以渭南市一项调查为例，渭南市区居民体育消费动机主要集中在强身健体、休闲娱乐、放松身心、塑造形体等方面，其中以强身健体为目的的人占到 43.2%，休闲娱乐占到 26.1%，缓解压力占 15.6%，提高技能占到 10.2%，塑造形体占到 4.9%，可以看出，人们选择体育消费的首要目的是获得健康，其次为休闲娱乐和缓解压力，选择提高技能和塑造形体需求的人群并不是很多。

马斯洛需求层次理论

2. 感知

感知是认知世界的基础，是人们通过收集、整理并解释信息，形成有意义的世界观的过程，感知也是获得感性知识与直接经验的主要形式。心理学将人的感知分为两个不同的心理阶段，即感觉和知觉。感觉是人脑对直接作用于感觉器官的客观事物的个别属性的反应。知觉则是人脑对直接作用于感

觉器官的客观事物的整体反应。二者联系紧密，感觉是知觉产生的基础，知觉以感觉为前提，没有反映客观事物个别属性的感觉，就不可能有反映整体的知觉；知觉是感觉的深入和发展，是高于感觉的心理活动。

感知过程贯穿于休闲体育消费者行为的始终。人们每天都要接收各种来自外部的信息刺激。例如，人们平均每天会接触 3 000~5 000 条广告信息，其中不乏关于休闲体育产业的相关信息。人们不可能关注所有的刺激信息，只有一小部分信息可以被人们有意识地接收到，这是选择性关注。即便这些刺激因素被人们注意到了，它们也不一定产生预期作用，因为人们总是按既有的思维模式处理接收到的信息，选择性曲解说明人们倾向于以符合自己意愿的方式理解信息。选择性记忆意味着消费者会忘记自己接触过的大多数事情，而常常只记住那些符合自己态度和信念的事情。由于存在选择性关注、选择性曲解和选择性记忆，休闲体育产品的营销者必须努力使营销信息直达消费者，让他们正确接收并牢牢记住。

3. 学习

学习是一种人的重要心理特征和行为。有学者认为，学习是由经验产生的行为中相对持续不断的变化。在心理学中，学习被认为是人在生活过程中因经验而产生的行为或行为潜能比较持久的变化。学习是人类非常复杂的行为，从上述定义可以看出，学习包括以下三个方面的特征：第一，学习是因经验而产生的；第二，学习伴有行为或行为潜能的改变；第三，学习所引起的行为或行为潜能的变化是相对持久的。

目前关于学习的理论可以分为两个学派，即认知学派和行为学派，认知学派把学习看作问题的解决，着重研究学习所带来的个体心理状态的变化；行为学派研究的是个体接触到刺激后所产生的变化。

对休闲体育消费者来说，运动项目的掌握、体育消费动机的产生、消费态度的形成、消费风险和购买体育产品后疑虑的避免或减少，都需要经过学习这个过程。比如人的地位本不是先天就有的，当他学习到社会地位和职业地位能带给他威望并有助于其树立自我形象时，他就有产生地位的动机，这种后天习得的感知在很大程度上影响了其选择休闲运动项目、运动地点、运动装备等方面的决策。学习休闲体育消费行为的途径包括获取经验和取得信息两个重要方面。在休闲体育活动中，休闲体育消费者的运动专业经验越丰富，他对所消费休闲体育产品感知的内容就越全面、越深刻，休闲体育消费感知体验效果也越好。此外，消费者往往受到以往消费经验的影响，如果消费者以前体验过某一户外俱乐部的徒步产品，对其印象深刻，那么他未来很有可能再次参与该俱乐部的其他徒步线路。通过信息学习是指并非亲身经历，而是通过收集处理外部信息进行替代性学习。休闲体育消费者所需要的信息主要源于两个渠道，即商业环境和社交环境。商业环境是由休闲体育经营主体向消费者发出的各种信息，包括媒体宣传、人员推销、商业促销等。社交环境主要包括家人、亲友、同事等，这种信息被认为是更加可靠的一手资料，因此对休闲体育消费者和潜在消费者动机的影响最大。

4. 态度

什么是态度？态度作为一种心理现象，通常被理解为关于一个特定对象的一种相对稳定的评价性判断，它可能是有利的、不利的或者中性的，继而导致人们喜欢或不喜欢某种事物。当一个人根据过去的经验或其他信息，对某些休闲体育产品或服务形成了肯定或否定的态度时，购买决策过程就可大大加快。滑雪爱好者可能会持有以下态度"我要去最著名的滑雪胜地""我要体验最好的滑雪场"，那么，欧洲阿尔卑斯地区就正好符合滑雪爱好者的这种态度。

态度一旦形成就很难改变。人们的态度形成一种固定的模式，要改变态度就需要调整其他许多相关因素。因此，绝大部分休闲体育相关企业会使其产品或服务适合既有的态度，而不是试图改变人们的态度。

▷ 二、影响休闲体育消费的外部因素

（一）政治环境

政策是指相关职能部门为了引导某一行业或领域的发展而提出的法律法规、规章制度等的总和，往往包含要实现的目标和达到目标的手段。政府通过制定和出台各种政策，以引导、调控、促进规范市场，其目的是促进经济的繁荣和发展。与其他市场一样，休闲体育市场的发展变化与国家的政策息息相关。

政府制定政策通过两方面对休闲体育产品和服务形成影响：一是直接影响，二是间接影响。直接影响包括抑制休闲体育产品价格、对休闲体育经营活动作出严格规定等。间接影响表现在政府对休闲体育行业持有鼓励或抑制态度，国家出台的《国务院办公厅关于加快发展体育产业的指导意见》《关

于加快发展体育产业促进体育消费的若干意见》《全民健身计划（2021—2025 年）》《"健康中国 2030"规划纲要》等一系列政策，大力推动了休闲体育产业的发展，进而显著提升了人民群众的体育参与度。

部门规章是指由国务院所属各部门、委员会等根据法律和行政法规制定的规范性文件。例如，国家体育总局发布《带动三亿人参与冰雪运动"实施纲要（2018—2022 年）》后，我国每年参与冰雪旅游人数不断上涨，2018 年至 2019 年冰雪季冰雪旅游人均消费达 1 734 元，是国内旅游人均消费的 1.87 倍。冰雪旅游已经成为老百姓一种生活方式，冰雪旅游消费成为常态化的消费选项化消费选项。

（二）经济环境

经济环境是指由社会生产力发展水平所决定的总体经济水平以及与生产力水平相适应的社会生产关系。经济环境从总体上制约着休闲体育消费者行为的具体范围。

如果一个国家或地区的整体经济水平较低，休闲体育产品供给能力有限，休闲体育消费者对产品或服务的选择会由于缺乏物质基础而被抑制。在不同的经济发展水平基础上会形成不同的生活环境，而不同的生活环境也会影响或催生不同的休闲体育消费行为。只有经济繁荣发展，政府才有大量财力对体育公共设施建设进行全方位投入，人们才有机会享受到休闲体育活动的内容。在全球遭遇金融危机时，那些属于高端消费的休闲体育项目，如滑雪、高尔夫、游艇等行业也惨遭波及，消费市场明显收缩。

一个国家的 GDP 总量是休闲体育市场发展的重要基础。有研究证明，一个城市的人均 GDP 与该市的休闲体育消费额呈显著正相关关系。经济发达国家的休闲体育消费高于发展中国家，我国经济发达地区的休闲体育消费明显高于经济欠发达地区。可见，经济环境对休闲体育消费者行为影响非常明显。

（三）社会环境

休闲体育消费者行为受到社会因素的影响，这些社会因素包括消费者所处的群体、家庭以及社会角色等。

1. 群体

群体主要指参照群体，是能够直接和间接影响他人看法行为和价值观的群体。参照群体对休闲体育消费者的影响主要体现在三个方面：

（1）认同影响。是指个体自觉遵循或内化参照群体所具有的信念和价值观，从而在行为上与之保持一致。

（2）规范影响。规范影响即明文规定或约定俗成的标准，是指由于群体规范的作用而对休闲体育消费者的行为产生影响。规范影响之所以发生和起作用，是由于奖励和惩罚的存在，为了获得赞赏和避免惩罚，个体会按照群体的期待行事。

（3）信息影响。参照群体成员的行为、观念、态度、意见，个体会将其作为有用的信息予以参考，由此在其行为上产生影响。群体在这一方面对个体的影响取决于被影响者与群体成员的相似性以及施加影响的群体成员的专长性。

在参照群体中经常包含一些构成信息和影响的重要来源，例如会强烈左右其他人态度倾向的少数人被称为意见领袖。意见领袖不一定是有职位的正式领袖，有可能是我们生活中所熟悉的、值得信赖的人，他们的意见和观点因此更有说服力。意见领袖并不集中于特定的群体或阶层，而是均匀地分布于社会上任何群体和阶层中。

2. 家庭

家庭是社会结构的基本组成单位，它对成员的休闲体育消费有着极其重要的影响。家庭消费与个体消费有着巨大差别，很多休闲体育消费行为的产生都与家庭因素有关。例如，在一个家庭中，往往由母亲决定孩子的课余休闲体育活动消费支出。市场营销者对丈夫、妻子和孩子在不同休闲体育产品和服务的选择和购买上所扮演的角色很感兴趣。

3. 社会角色

每个人在不同群体中的处境角色和地位是不同的。一个人在各种群体中的各种角色都会影响其购买行为，人们常常选购体现某些地位标志的休闲体育产品或服务来表明他们的社会地位。在各种健身会所、俱乐部中，个人在这些群体中的位置和角色，将变成他们对同一类产品的消费程度、消费高度的主要考虑因素。为此，每个市场营销人员都必须弄清哪些休闲体育产品有变成地位标志的可能性，从而采取相应的市场营销策略。

（四）文化环境

文化是引起个人愿望和行为的最根本原因。不论哪个时代和哪个民族的人，都生活在一定的文化模式之中。

1. 文化

广义的文化是指人类社会在发展过程中所创造的物质财富和精神财富的总称。狭义的文化是指人类社会历史发展过程中逐渐形成、经过演变和丰富的风俗习惯、价值观念、行为准则、道德观念以及伦理标准等非法律政治的社会共识，也是一种观念形态的文化。

文化对休闲体育消费者行为的影响是多方面的。从直接影响来看，文化规定人们的消费习惯，决定人们消费需要的内容和满足消费需要的方式。从间接影响来看，文化通过调剂人们的生活方式、价值观念、审美情绪等方面的内容，对人们的休闲体育消费行为产生制约。

文化对休闲体育消费者行为的影响是潜移默化的。一个人从出生之日开始，就接受他所处的文化圈层的熏陶，包括父母的教育、学校的培养、媒体的宣传等。休闲体育消费者在不知不觉中接受着社会文化所确立的准则，这种准则的作用更多地取决于休闲体育消费者本身的道德操守，或者说是对所处文化的认同态度。

文化对休闲体育消费者行为的影响是双向的。一方面某种休闲体育产品或服务和消费者所处的文化越是相近，越可能被休闲体育消费者所接受，另一方面，如果一种文化不能满足人们的需要，人们就会修正这种文化并创造出新的文化来代替它。

2. 亚文化

每种文化都包含更小的亚文化。亚文化是因相同的生活经历和背景而具有共同价值体系的人群。亚文化包括民族、宗教、种族和地域等，许多亚文化形成了重要的细分市场，市场营销者常常根据他们的需要设计休闲体育产品，并制定营销计划。

3. 社会阶层

人类社会有不同的社会阶层。每一阶层的成员都具有类似的行为兴趣和价值观。不同社会阶层的人，无论在购买行为还是购买种类上都具有明显的差异性。休闲体育市场营销人员可以借助这一因素的研究成果，采取相应的市场营销策略。高教育程度、高收入水平的休闲体育消费者生活较为自信，消费观念较为理性，比较关注生活的品质，追求卓越舒适的物质条件，受价格变动的影响不大，高档健身俱乐部等是他们青睐的休闲体育产品。低教育程度、高收入水平的休闲体育消费者，财力较为雄厚，注重物质消费，讲究奢华的生活条件，喜欢与他人攀比和炫耀，喜欢通过高价格的物资消费水平来显示自己的身份和地位，受价格变动的影响不大。高教育程度、低收入水平的休闲体育消费者的消费观念比较理性化，在追求高品质的精神消费的同时关注价格的变化，希望参与性价比高的体育休闲、娱乐和健身活动，如徒步、越野。低教育程度、低收入水平的休闲体育消费者参与体育是为了降低生活压力，放松心情，喜欢参与社区等免费开放的休闲体育公共设施场所活动。

消费主义与休闲体育消费

（五）自然环境

自然环境中意想不到的事件如气候变化、自然灾害都可能影响休闲体育产业发展，尤其对高度依赖自然环境的户外体育项目来说，自然环境更加会影响人们对休闲体育目的地的选择。例如，国家公园内一般拥有众多山峰、林地、草地、河流、湖泊等自然资源，对户外爱好者来说具有强大的吸引力，但是如果国家公园周边地区发生地震、泥石流、洪水等自然灾害时，户外爱好者出于安全考虑，就不会选择到该国家公园进行户外体验；天气因素是影响消费者购买户外运动及露天休闲体育场所所提供的服务的重要因素。当天气条件较差时，消费者往往倾向于购买室内运动及室内体育休闲体育场所所提供的服务。

第三节　休闲体育消费者的购买行为分析

一、休闲体育消费者的人口分布分析

（一）地区与休闲体育

根据《中国群众体育发展报告》，我国体育参与程度可以分为 4 个梯队（表 3-1）。总体而言，我国体育参与程度较低，北京地区的体育参与度仅为 50%，体育参与的程度有待进一步提升。另一方面，我国体育参与的潜力巨大。通过对比发现，美国体育人口占总人口的 70%，其他发达国家平均体育人口占总人口比例在 45%~50%，而我国体育人口占总人口比例为 34%。在 2018 年全球休闲体育活动参与排名中，中国排名第 30 位，排名第一的澳大利亚的群众休闲体育活动参与率高达 84.10%。

表 3-1 我国体育参与程度

第一梯队		第二梯队		第三梯队		第四梯队	
省份	体育参与度	省份	体育参与度	省份	体育参与度	省份	体育参与度
北京	50%	四川	39%	河北	34%	青海	29%
山东	47%	内蒙古	39%	山西	34%	西藏	27%
重庆	44%	广东	37%	湖北	33%	新疆	25%
辽宁	41%	江苏	35%	海南	33%	宁夏	25%
上海	41%	浙江	35%	江西	33%		
天津	40%	广西	35%	黑龙江	33%		
		福建	35%	湖南	32%		
		陕西	35%	安徽	32%		
				甘肃	32%		
				吉林	32%		
				云南	32%		
				河南	31%		
				贵州	30%		

不同地区休闲体育活动的受欢迎程度不同。根据大数据，不同休闲体育项目的受欢迎程度如表 3-2 所示。北京由于具有较高的体育参与度，许多休闲项目在群众中流行。总体而言，城市经济水平发展较好，休闲体育活动开展较好，这与休闲体育活动所需要的"有钱有闲"特质密切相关。此外，像滑雪这样的休闲体育运动存在明显的地区性，滑雪运动较为流行的排名前五的城市皆为北方城市，多拥有较浓厚的冰雪文化：北京作为 2022 年冬奥会的举办地；乌鲁木齐作为现代滑雪的发源地，举办了 13 届全国冬季运动会等赛事；哈尔滨、长春和沈阳皆位于东北地区，冰雪资源丰富，是我国著名的滑雪胜地。

（二）性别、年龄与休闲体育

根据大数据，体育消费多以男性为主，占比约为 70%。但是，女性消费空间潜力巨大，2017 年"双十一"数据显示，女性体育消费占体育消费总额的比例为 33%，2018 年女性体育消费占比为 43%。近两年，女性消费者在马拉松赛事上的消费比重逐步增加，且女性在健身塑形方面需求旺盛。男性与女性参与休闲体育运动的第一目标都是增强体质、保持健康；男女参与休闲运动的第二目标存在差异，大部分男性选择休闲体育运动的第二目标为个人兴趣或爱好，大部分女性进行休闲体育运动的原因为减肥塑形。根据艾媒咨询的体育产业消费报告，体育消费的人群主要集中在 25~35 岁，中生代成为休闲体育消费的主力军。该人群拥有较为稳定的事业和家庭，拥有支配财富的能力，具有一定的消费能力。近几年，老年人的运动休闲需求也激增。根据第七次全国人口普查公报显示，我国大陆 31 个省、自治区、直辖市 60 岁及以上人口约为 2.64 亿，占总人口的 18.7%。该指标已经远超过老龄化社会 7% 老龄人口的衡量标准。诸如垂钓、太极拳、踢毽子、广场舞等老年人喜闻乐见的休闲体育将进一步发展，同时应引导老年人实现从"养老"到"健老"的转变。

二、休闲体育消费者的社会心理分析

根据消费能力，休闲运动项目可分为一般大众休闲体育运动和高端小众休闲体育运动。所谓高端小众休闲体育运动，一般指那些受众范围相对小的运动类型，如高尔夫、帆船、马术、射击、滑雪等。

（一）一般大众休闲体育运动：以马拉松为例

《2019 年中国马拉松大数据分析报告》表明，中国大陆地区举办马拉松及其相关赛事的数量达到 1 828 场次，参赛人次高达 712.56 万人次。马拉松已经成为群众喜闻乐见的休闲运动项目。根据 Hallmann 和 Wicker 对马拉松消费群体的画像描述：大约 40 岁；以男性为主；跑步者拥有较好的教育背景；收入水平较高；女性选手通常为中年人，时间较为自由并具有较好的经济能力。马拉松消费者可以被分为三种群体：资深马拉松追求者、普通马拉松爱好者和马拉松社交者。资深马拉松追求者的消费集中在住宿、交通和饮食等必要的马拉松活动消费中，其次他们对跑步装备和运动服饰的花费较多。同时，资深马拉松追求者对于训练康复也同样重视。总体而言，资深马拉松追求者消费能力较强。普通马拉松爱好者主要由青年群体组成，在校大学生和企事业单位职员是这一群体的主力军。普通马拉松爱好者的消费也集中在住宿、交通和饮食等方面，但整体消费能力低于资深马拉松追求者。马拉松社交者以初级跑者为主，跑龄通常在 3 年以内，且女性占比较高。该群体注重赛事的参与性和娱乐性，在消费中重视对运动装备的购买，在实物消费中具有较大潜力。

根据参与动机研究，社会动机与生命动机是我国马拉松消费群体最重要的两大动机。社会动机包括认可和社会友好两个维度，生命动机表现为各种人们热爱生活的指标。马拉松消费者希望通过这类消费得到他人认可，以提升自我感受。马拉松作为一种特殊的跑步形式，跑者能够通过马拉松旅游、马拉松比赛成绩等具体事项得到自我与他人的肯定，同时，消费者通过该运动能够传递并接收社会友好。马拉松消费者通过社会动机能够提升社会资本，使得社会各成员之间能够相互支持。生命动机具体包括摆脱无聊的生活、对抗病魔、在社交媒体展现自我等。参与马拉松运动的消费者，希望通过马拉松这一载体追求美好生活。以马拉松为代表的大众休闲体育运动很好地诠释了阳光积极的人生态度。

（二）高端小众休闲体育运动：以高尔夫为例

对于以高尔夫为代表的高端小众休闲体育运动，通常消费者在消费过程中存在炫耀性消费心理。1899 年，凡勃伦在《有闲阶级论》中对"炫耀性消费"进行了阐述，即对于人们商品购买的目的不仅仅为了获得商品带来的物质性满足，更是为了获得心理层面的满足。在英国高尔夫运动的发展得益于工业革命，中产阶级有更多的时间和收入效仿贵族进行这项运动。在我国，一座高尔夫球场的投资成本约为 1 亿元，高尔夫的相关设备还需要数额巨大的配套建设，外加巨额的养护费和人员费用。因此，高尔夫的消费群体定位较高。

以高尔夫为代表的高端休闲体育消费群体，通常有以下消费心理：第一，追求身份认同。根据亨利·塔菲尔的社会认同理论，社会认同由类化、认同和比较三个基本过程组成。消费者通过高尔夫运动将自身的身份进行界定，形成身份认同。高尔夫消费群体也凭借这一共同爱好进行商务谈判、业务交流等。被冠以高雅、精英之名的高尔夫运动，成为消费者对自身和他人身份认同的重要标志。第二，自我价值的显现。从运动特性来看，高尔夫运动属于技术型为主、力量型为辅的运动，从事这项运动，消费者通过打磨自身技术，不断挑战自我，凸显自身的价值。高尔夫球场分类众多，如山地球场、海滨球场、森林球场、河川球场、平原球场、丘陵球场和沙漠球场，可以说，没有完全相同的两块高尔夫球场地，高尔夫运动参与者需要随机应变。这也促使高尔夫旅游成为热门的体育旅游产品，消费者通过体验不同场地，获得征服感，感受自身的价值。

三、休闲体育服务购买行为分析

（一）休闲体育服务购买行为的类型

1. 按购买内容划分

按购买内容划分，休闲体育购买行为可分为观赏型和参与型两类。观赏型休闲体育服务购买是指消费者通过购买比赛门票或展览门票，在指定时间到达指定地点，体验赛事主办方或展览主办方所提供的各种体育比赛、表演、展览等演出服务以及相关周边服务，以满足视听享受为主要目的的体育消费行为。以消费者观赏一场大型体育赛事为例，消费者在购买门票时，购买的不仅仅是高质量的赛事演出内容，同时也包括主办方在赛前和赛后对消费者的关怀服务，例如在赛前及时向消费者传递赛事当天的天气、到达比赛场馆的出行方式、进场入座的线路指引等信息，志愿者及赛场工作人员在赛中提供帮助服务，赛后安排车辆统一接送消费者离场等。参与型休闲体育服务购买是指消费者在进行某项体育运动时，接受社会体育指导员或运动培训机构从业人员的培训、指导及咨询等服务，或是在健身场所学习健身教练讲授的相关课程以及在健身教练的指导下进行健身锻炼，从而达到更好的体育锻炼效果的体育消费行为。

2. 按消费方式划分

按消费方式划分，休闲体育服务购买行为可分为观赏型、指导型和自娱型三类。这里所指的观赏型体育服务购买和指导型体育服务购买与上述按购买内容划分的观赏型体育服务购买和参与型体育服务购买相似，而自娱型休闲体育服务消费则是指消费者租借某一时段内体育消费场所提供的各种体育场地设施以及相关配套服务，自己进行体育活动的体育消费行为。指导型体育服务购买和自娱型体育服务购买的区别在于指导型以劳务或服务消费为主，而自娱型以场地设施服务消费为主，但实际上二者往往互有交叉。

（二）休闲体育服务购买行为的特征

1. 时空特征

休闲体育服务购买行为的时空特征包括时间特征和空间特征。

时间特征包括休闲体育服务购买行为的频次、时间、时段。频次是指某一时间段内消费者购买休闲体育服务的次数。界定频次的时间段标准一般为一周，根据每周的频次，可以对休闲体育服务购买行为进行等级划分：每周1~2次为"少量"，每周3~4次为"中量"，每周5次以上为"多量"。时间是指消费者每次体验休闲体育服务的时间。时段是指消费者体验休闲体育服务的时间段。休闲体育服务购买行为的时间特征直接反映出人们对休闲体育服务的需求。以咸阳市为例，调查显示，咸阳市居民参与休闲体育的频次"少量"的占28.4%，"中量"的占50.5%，"大量"的占21.1%，整体居民参与休闲体育的频次为每人3.5次/周，咸阳市居民休闲体育活动主要以"中量"为主。对咸阳市居民一天中参加体育活动的时段进行调查发现，早上6：30—8：00和19：00—21：30是居民参加活动的高峰时段，频度分别为45.98%和62.06%，其他时间段频度占比不高。通过对咸阳市居民参与休闲体育活动时长方面的调研统计发现，多数体育参与者的运动时长为0.5~1.5小时。

　　空间特征包括空间偏好和圈层特征。体育服务购买行为的活动场所主要为经营性体育场馆和健身会所。以青岛市为例，调查发现，无论居民在任何一级的体育活动场所进行体育活动，都更倾向于专业化体育场地，因此，休闲体育服务购买行为的空间偏好以专业化体育场地为主。根据圈层理论，可以将居民场所活动范围划分为：居住区活动圈、社区活动圈、城市活动圈、郊区活动圈4个圈层，其中休闲体育服务购买行为主要发生在城市活动圈和郊区活动圈。城市活动圈具体指城市内大型的体育活动场所和空间，如综合性体育馆、市民运动馆、大型游泳馆、网球馆、羽毛球馆等。进行这类体育活动的目的是为了身心愉悦，但这类活动对场地和设施的要求比较高，只有在具备一定条件的基础上才能进行相关运动。以绍兴市为例，数据显示，城市活动圈休闲体育行为具有明显的广域性特征，距离衰退趋势不强，市中心1.5~5千米内集中了85%以上的绍兴市居民进行休闲体育活动，3千米之后距离衰弱的趋势逐渐增加，5千米以外很少出现居民进行体育活动。城市活动圈休闲体育行为的广域性特征与体育设施的需求与供给关系有着很强的关联性，一方面居民对体育设施的需求很高，另一方面，高质量、环境佳的体育设施供给相对集中，使得进行此类休闲体育活动的居民对空间距离成本的关注度下降。与居住区活动圈和社区活动圈休闲体育活动相比，城市活动圈休闲体育活动除了提供基本的健身需求，更多的是为体验者提供优质的环境与氛围享受。进行城市活动圈休闲体育活动的主体一般为消费水平较高的中青年商务人士，这类人群的活动地多为工作地点。5千米以上至10千米甚至更远的距离为休闲体育活动郊区活动圈，这类休闲体育场所多是在城市郊区，利用现有的自然环境条件建立的休闲体育空间设施，多以户外休闲、运动体验为主要目的的新兴休闲体育项目类型，由于距离较远，消费较高，参与人数较少。

2. 项目需求多元化

如今，消费者的休闲体育服务需求呈现多样化：沙滩排球、潜水、高尔夫、网球、露营、帆船、马术、冰雪等优质体育休闲产品及服务的需求都呈上升趋势。休闲体育服务形成了体育健身、体育旅游、体育保健、民族传统体育文化体验等多元维度。

3. 消费内容个性化

随着经济的快速发展，现代社会中人们的生活方式、行为模式和精神状态都发生了很大的变化，自主意识、竞争意识等现代观念逐渐形成。追求个性成了现代人生活的一大特征。生活中，人们往往可以通过自主选择参与各种休闲体育活动来达到自我满足的目标。这一个性化特征验证了美国心理学家马斯洛的"需要层次"理论，即人类最终是为了追求自我实现的需要。从世界范围来看，休闲生活与大众的联系越来越紧密，突出地表现在休闲体育方式的选择方面，个性特征起的作用越来越大。以浙江省杭州市、宁波市、温州市三地居民的调查结果为例，不仅不同年龄段人群对休闲体育项目的选择不同，同一年龄段人群的选择也有差异。16～25岁的人较喜欢集体项目和时尚类运动项目，如羽毛球、足球、篮球、乒乓球等，因为这些项目可以满足年轻人进行人际交往的愿望和展示其热情奔放的性格。26～45岁的人将塑造形体作为参与休闲体育的主要目的，在内容选择上，他们主要集中在健身操、跑步、舞蹈等与健美和减肥相关的项目上。46～55岁和55岁以上群体选择的项目以轻巧、锻炼量易调节为主要特点，其中跑步、快走、太极拳位列前三位。同一年龄段中，人们选择项目的集中度也并不高。16～25岁的人选择集中度最高的项目是羽毛球，占调查人群的43.8%；其次是大球类项目，也只占23.4%；26～45岁的人群中选择健身操的比例为32.4%，其中女性占大多数，这一年龄段的男性选择项目集中度最高的是跑步，也只占了19.8%。46岁及以上人群中，选择集中度最高的项目是跑步，占29.6%，其余依次为快走、太极拳和游泳,分别占 24.7%、19.2% 和 9.6%。从消费项目看,大众化的标准产品日渐失势,人们对个性化产品和服务的需求越来越高。现代社会,信息技术的发展日新月异,市场需求发生了巨大变化,人们越来越追求那些能够促成自己个性化形象形成、彰显自己与众不同的产品或服务。尤其是现在的年轻体育消费者,他们求新、求奇的心理与日俱增。

(三) 影响休闲体育服务购买行为的因素

影响顾客休闲体育服务购买行为的因素可分为主观因素和客观因素。

1. 主观因素

主观因素包括经济条件、参与动机、闲暇时间。经济条件是指顾客可支配收入、储蓄、资产和信贷的能力,经济条件是影响休闲体育服务购买行为的首要因素,决定着消费者能否发生购买行为及发生何种规模的购买行为,决定着购买服务的种类和档次。2019 年,我国城镇居民人均可支配收入为42 359 元,由此看出,我国休闲体育消费的发展具备一定的经济基础。但从实际情况来看,目前我国城市休闲体育消费占日常消费的比重还处于较低水平,休闲体育消费能力明显不足,同时,东、中、西部地区存在较大差异。与发达国家相比,我国居民在休闲体育消费能力和水平上还存在较大差距。例如,发达国家大众的体育消费在其娱乐消费中的比重为 30%~40%,美国居民普遍把时间、收入的 1/3 用在休闲上。英国休闲体育消费早在 2000 年时就达到 115 亿元,占居民消费总额的 2.8%。即便在我国上海等较为发达的一线城市,居民人均休闲体育消费仅占消费总额的 3.74%。参与动机指的是顾客进行休闲体育活动的目的,例如强身健体、放松心情、缓解疲劳、治疗和预防疾病、社会交际等。以渭南市为例,调查显示,渭南市区居民的体育消费动机主要集中在强身健体、休闲娱乐、缓解压力、提高技能、塑造形体等几方面,其中强身健体占到 43.2%,休闲娱乐占到 26.1%,缓解压力占15.6%,提高技能占到 10.2%,塑造形体占到 4.9%。可以看出,人们选择体育消费的首要目的是获得健康,其次为休闲娱乐和缓解压力,为了提高技能和塑造形体需求的人群并不是很多。闲暇时间因素是指顾客是否拥有足够的闲暇时间进行休闲体育活动,工作繁忙、家务繁多等都可能影响其闲暇时间,以青岛市为例,公休假日居民参与体育锻炼活动的人数频次较高,体育活动频率平均每两天 1.82 次,其中每天都参与体育活动的居民人数比例达到 69.4%。在法定节假日,居民参与体育活动的频次为每两三天参与 1 次,能够保证每天都参加体育活动的人数占比 14.7%。

2. 客观因素

客观因素包括地理位置、交通便利程度、服务质量、天气因素。地理位置既包括消费者居住地所处的位置，又包括休闲体育活动场所的位置，两者的距离是影响消费者购买其休闲体育服务的重要影响因素，消费者往往倾向于选择离自己住所较近的体育活动场所，此外，体育活动场所的硬件设施条件以及周围配套设施的完善程度，都会影响消费者的购买行为。交通便利程度指的是消费者往返其居所和休闲体育活动场所时，公共交通是否方便，自驾出行道路是否通畅，交通便捷的休闲体育场所往往能吸引更多消费者。休闲体育服务质量的优劣也是影响顾客购买行为的重要因素，良好的服务质量有助于吸引更多消费者购买其休闲体育服务。天气因素是影响消费者购买户外运动及露天休闲体育场所的服务的重要因素。

线上健身方兴
未艾

四、休闲体育购买行为决策过程分析

消费者购买休闲体育服务的决策过程可分为购前阶段、消费阶段和购后评价。

（一）购前阶段

购前阶段是指从消费者意识到某种休闲体育服务的需求开始至消费者购买休闲体育服务之前的一系列活动。在这一阶段，消费者着手准备购买休闲体育服务，于是开始从各种渠道收集有关信息，从而确定最佳的购买方案。购前阶段大致可分为以下三个分段：问题的出现、信息的收集、选择的评估。

1. 问题的出现

消费者对于休闲体育服务的购买源于顾客自身的生理和心理需要。当某种需要未得到满足时，满意状态与缺乏状态之间的差异构成一种刺激，促使消费者发现需求所在，即问题的出现。消费者的体育服务购买行为就是从对某一问题或需要的认识开始的。例如，张三想利用周末的空闲时间学打羽毛球锻炼身体，他要选择一家羽毛球培训机构，由此也就产生了动机。

2. 信息的收集

动机强化了需求，人们就会自觉地收集能满足其需求的各种服务的相关信息，包括服务质量、方式、收费等内容，这就是信息的收集。信息的来源有很多，如以往的经验、曾经使用过该服务的朋友的评价、服务提供者的沟通宣传、在线客服咨询等，其中，人与人之间的信息来源被认为是服务消费中较为可靠的一种信息来源。从各种渠道收集的服务信息越充分，消费者就越能做出有效的购买决策。

3. 选择的评估

针对消费者的某一休闲体育服务需求，可能会同时出现多个可供选择的方案，这就要求消费者对可供选择的方案进行评估、比较，然后再抉择，这就是选择的评估。一般来说，消费者通常根据自己以往的经验和知识，从有限的几种服务方案中进行筛选。事实上，在购买休闲体育服务时，可供消费者选择的因素也比较少，如价格和品牌信任度、场地硬件设施的展示等，因此，面对一种服务，消费者的注意力往往集中在为数不多的几种方案上。

（二）消费阶段

消费阶段是指经过购买前的一系列准备，消费者的休闲体育服务购买过程进入实际购买和消费阶段。由于服务具有生产和消费同时进行的特点，消费者购买休闲体育服务的过程也就是其消费服务的过程。在这一过程中，消费者不是同其消费客体打交道，而是同服务提供人员及其设备相互作用。

服务生产与消费同时进行的特征意味着服务企业（或人员）在消费者享用服务的过程中将起主导作用。离开服务提供者，服务的消费过程是无法进行的。消费者是服务过程的主体，其需求、个人素质、爱好甚至情感因素，都会对服务过程、服务质量产生影响。例如，一个衣着严谨、举止端庄、说话严肃的人会给人以一种"爱挑剔"的感觉，这会给服务人员以压力感。又如，服务人员为了赢得顾客的好感，往往会为顾客提供更加周到的服务，甚至不惜延长服务时间。各种服务设施也不容忽视，这些设施是服务人员向顾客提供服务的工具，它们给消费者的印象甚至会直接影响消费者对服务质量的判断。许多服务项目或产品对服务的硬件设施的依赖性越来越强。事实上，消费者在同服务人员及有关设备打交道的过程中，已经开始对服务进行评价。从服务提供方的角度看来，服务消费过程的这种特点为顾客对产品的判断提供了便利，而这对有形产品的生产者来说是不大可能的。

（三）购后评价

购后评价是指顾客在体验服务提供方提供的休闲体育服务后对其服务质量进行的评价。顾客对服务质量的判断取决于休闲体育服务的体验质量与预期质量的对比，而预期质量受市场沟通、服务提供方形象、顾客自身需求、其他顾客口碑的影响，此外，社会和环境方面的因素也会影响到顾客的评价。购后评价阶段是一个比较复杂的过程，它在顾客作出购买决策的一瞬间就开始了，并延续至整个消费过程。

消费者在体验完服务后，往往会主动和其他人交换意见，重新评价自己的购买决策是否正确、明智，是否理想、满意，这就是购后感受。购后感受会导致一定的购后行为，如果消费者感到满意，他会向亲朋好友、同事介绍他的满意体验，同时会产生重复的购买行为。如果不满意，他会在其他人面前做出抱怨的表示；当不满意程度较高时，或产品缺陷造成了消费者健康、精神方面的损害，消费者将会向有关部门投诉，甚至会通过法律手段解决问题。营销人员应尽早、尽快地采取必要措施来消除和减轻消费者的不良体验，努力给消费者呈现"讲信誉、讲质量、为消费者着想、使消费者满意"的形象。

让消费者满意是服务营销过程的最终目的，而消费者的满意度来自他们对服务质量的评价。服务的消费过程与有形产品的消费过程有着明显的差异。有形产品的消费过程一般包括购买、使用和处理三个环节，而且这三个环节是按一定的顺序发生并有明确界线的。比如，消费者购买了一瓶洗涤剂用来洗衣服，当洗涤剂用完后就会把空瓶子扔进垃圾箱，而服务的消费过程则不同。一方面，在服务交易过程中并不涉及产品所有权的转移，因此，服务的消费过程也就没有明显的环节区分，这些所谓的环节都融合在顾客与服务人员互动的过程之中；另一方面，服务不可感知的特点，使得废物处理过程同整个消费过程没有关系。

案例分析

澳大利亚的体育文化

澳大利亚是一个四面环海、国土面积为 769.2 万平方千米的国家。澳大利亚仅有 2 500 多万人口，但却是一个体育强国，国家制定了大量的体育法规，拥有诸多体育赛事和职业体育联盟，形成了完善的现代体育竞赛、组织和消费体系，竞技体育成绩在国际赛场上也表现不俗。澳大利亚有着悠久的体育传统与文化，体育既可以是竞赛，又是一种生活方式，当地人视体育为民族认同的一部分，经常称自己来自一个为"体育而疯狂的国家"，甚至有不少人认为"体育存在于澳大利亚人的基因之中"。

体育在澳大利亚人业余生活中占据重要的地位。板球、网球、足球、橄榄球、篮球、棒球、高尔夫球、轮滑、游泳、冲浪、帆船帆板、潜水、赛艇、登山等，都是澳大利亚人民十分热爱的项目，体育俱乐部则是很多人社交生活的重要场所。另外，澳大利亚社区体育十分发达，几乎各个社区都能找到板球场和足球场或篮球场。

澳大利亚人喜欢户外运动，漫长的海岸线为开展各类水上运动提供了得天独厚的条件。悉尼海滩附近经常人满为患，在海滩可以看到冲浪爱好者与海浪共舞，也可以看到沙滩排球爱好者精彩的扣球，自行车骑行者、跑步爱好者也比比皆是。

每年，在澳大利亚举办的体育赛事应接不暇。以在墨尔本举办的一年一度的澳大利亚足球联赛（AFL）为例，赛季的每场比赛都有成千上万的球迷涌入球场观看，总决赛的前一天甚至还被列为正式的公众假期。2017 年的总决赛更是吸引了超过 10 万名观众现场助阵。

澳大利亚政府对青少年体育教育非常重视，出台了耗资 1 亿美元的"体育学校项目"计划，旨在让更多的孩子参加体育活动。一般来说，澳大利亚的儿童在 3~5 岁便开始接受体育教育，培养他们对体育的积极性和兴趣。而暑期运动夏令营则为澳大利亚青少年培养更浓厚的体育兴趣打下了基础。

（资料来源：［澳］约翰·诺瑞德. 国际体育产业发展报告［M］. 北京：社会科学文献出版社，2017.）

问答题

1. 简要说明深度休闲体育消费具有哪些特点？
2. 影响休闲体育消费行为的因素有哪些？
3. 举例说明影响休闲体育服务购买行为的因素。

主要参考文献

[1] 陈华. 休闲体育消费的特征与功能 [J]. 武汉体育学院学报，2008（03）：38-41.

[2] 尹世杰. 消费经济学 [M]. 长沙：湖南出版社，1999：112-143.

[3] [美] 克里斯多夫·爱丁顿. 休闲：一种转变的力量 [M]. 陈彼得，李一，译. 杭州：浙江大学出版社，2009.

[4] [美] 杰弗瑞·戈比. 你生命中的休闲 [M]. 康筝，译. 昆明：云南人民出版社，2000.

[5] 胡小明，王广进. 体育休闲概论 [M]. 北京：高等教育出版社，2016.

[6] [美] 道格拉斯·克雷伯，[加] 戈登·沃克，[加] 罗杰·曼内尔. 休闲社会心理学 [M]. 陈美爱，译. 杭州：浙江大学出版社，2014.

[7] 张贵敏. 体育市场营销学 [M]. 2版. 上海：复旦大学出版社，2015.

[8] 李志飞. 旅游消费者行为 [M]. 2版. 武汉：华中科技大学出版社，2019.

第四章 休闲体育服务产品

>>> **本章导语** >>>

休闲体育服务产品在休闲体育服务营销中居于核心和基础地位。休闲体育服务产品包括核心服务产品和附加服务产品，附加服务对核心服务起到支撑和强化作用。本章在对休闲体育服务产品内涵和分类阐述的基础上，对休闲体育服务品牌和休闲体育服务开发进行了探讨，特别是把新休闲体育服务与服务生命周期理论联系起来，突出新休闲体育服务的开发意义。

>>> **学习目标** >>>

1. 掌握休闲体育服务产品的内涵、特征、类型
2. 学会分析休闲体育服务产品的核心服务和附加服务
3. 了解休闲体育服务品牌策略
4. 熟悉新休闲体育服务开发的方式、路径、流程

⊕ 案例导入

休闲体育服务，从"红海"向"蓝海"进发

2022年5月，"抖音"平台发布了首份体育数据报告。报告显示，抖音平台获赞排名前十的运动中，篮球、足球、游泳、田径等体育项目占比超过一半；冲浪、赛艇、橄榄球、马术等小众项目2021年播放量增长最多；雪地拔河、悬挂滑翔、水球等民族传统休闲体育项目也备受关注。目前已有600多名专业运动员入驻抖音。在视频发布数量上，不同城市的人热衷的运动各有不同，例如广州人爱打篮球、北京人爱踢足球、深圳人最爱冲浪。此外数据显示，钓鱼也成为抖音平台最受欢迎的休闲运动之一，相关视频的全年播放量超过779亿次，例如中国钓鱼运动协会技术推广总教练入驻抖音不到两年就累积了2 000万粉丝，获赞超8 500万。抖音的体育数据报告在一定程度上显示了当前人们因生活理念、休闲方式、消费模式、技术应用、传播方式等营销环境因素变革带来的休闲体育消费模式的变化。其中，最重要的变化体现在休闲体育消费内容的多样化形成及发展性上。

从微观层面看，休闲体育服务企业可根据休闲体育消费的多样性进行更精准的市场细分，以追求目标市场的高满意度来实现企业的长久发展。当前，休闲体育消费者不仅仅热衷于观赏、参与足球、篮球等主流热门体育项目，也更加关注并尝试适合自己的休闲体育项目。截止到2020年12月，中国健身俱乐部门店数量约44 305家（不含香港、澳门、台湾地区，不含所有类型的工作室）；中国整个健身行业的健身会员数约为7 029万（不含香港、澳门、台湾地区），在总人口基数下，中国的健身人口渗透率为5.02%，环比增幅3.19%，从发展趋势来看，我国同美国、欧洲的差距在逐渐缩小。《2021年中国瑜伽行业发展趋势研究报告》显示，随着收入的提高，女性消费者越来越注重生活品质的提升，女性消费力正在不断崛起，"她经济"时代来临。2020年，超六成的女性健身爱好者参与过瑜伽练习。新冠疫情暴发以来，居家健身逐渐成为常态化的健身行为。2020年春节期间，京东跳绳成交额同比增长56%，哑铃成交额同比增长60%，拉力器成交额同比增长109%，划船机成交额同比

增长134%，自营瑜伽垫成交额同比增长高达150%。

一些曾经被称为"小众"的休闲运动项目受到追捧。户外运动种类繁多，兼具体育运动与旅游休闲双重属性，深受当代人喜爱，逐渐从小众走向大众。徒步、潜水、摄影、登山、滑雪、越野自驾等主题颇受欢迎。其中，因参与门槛低，5千米左右的徒步、骑行等轻户外运动颇受人们的青睐。我国曾经是"自行车王国"，但骑行运动起步较晚，骑行项目的人数以及运动自行车爱好者占总人口的比例远低于其他国家。2018年，我国骑行运动人数仅有600万左右，运动自行车的年产值在162亿元左右，占自行车总销售比例的6%，相较于其他国家50%以上的占比，未来我国运动自行车市场仍有较大的发展空间。近年来，在政府和企业的积极推广下，我国骑行运动项目迅猛发展，目前全国有近100个地级市设置了公共自行车站点，绿道累计铺设超过2万千米，有超过3 000家自行车俱乐部，每年约有3 000场的自行车主题活动和赛事，累计参与人数达到数亿人。

与此同时，随着消费者户外意识和专业度的提高以及更多年轻客群的加入，滑雪、滑翔伞、冲浪、无人区探险等专业性运动也快速融入户外游中，越玩越专业成为趋势。体育旅游、户外旅游等新兴旅游产业模式和形态大量涌现，以观看奥运会、世界杯足球赛等为主要内容的体育旅游也正成为旅游行业新的增长点。2019年携程全球玩乐平台体育赛事预订数据显示，体育赛事旅游预订增长迅猛，同比2018年增长72%；澳大利亚网球公开赛、泰拳比赛、西班牙足球甲级联赛、英格兰足球超级联赛、新加坡女子职业网球赛是最受欢迎的五大体育赛事。

信息服务平台也成为休闲体育服务未来发展的"蓝海"。2019年，浙江省户外运动智能信息服务平台上线，这是全国首个省级层面的全域化、智能化、规范化的户外运动信息系统，在手机上就能实现全省户外运动项目、线路的浏览查询，为户外爱好者提供了极大的便利。

从体育产业战略布局的角度来看，我国将"大力发展健身休闲消费"及"积极引导竞赛观赏消费"；"重点支持消费引领性强的健身休闲项目发展，推动水上运动、山地户外、航空运动、汽摩运动、马拉松、自行车、击剑等运动项目产业发展规划的细化落实，形成新的体育消费热点"

"支持社会力量举办各级各类赛事活动，打造一批有影响力、高质量的品牌赛事。加快足球、篮球等职业赛事改革进程，发挥其作为体育消费龙头的带动作用。丰富节假日体育赛事供给，将更多赛事向二三线城市拓展，满足群众的观赛需求。鼓励各地因地制宜，充分发挥自身资源禀赋优势和民族传统体育文化优势，培育地方特色赛事活动。研究推动体育赛事电视转播市场化运作和新媒体传播技术发展"。

如果说传统的体育市场具有"红海"属性，那么休闲体育服务市场更宜于"蓝海"战略。"蓝海"不是一个没有竞争的领域，而是一个通过差异化手段得到的崭新的市场领域，企业只有凭借其创新能力才能获得更快的增长和更高的利润。

上海体育学院黄海燕教授对我国"十四五"时期体育的重点领域发展任务进行了分析及预测。未来，推动健康关口前移、建立运动促进健康新模式、推广居家健身和全民健身网络赛事活动、打造数字化全民健身服务平台以及竞赛场馆的技术创新、全民健身场馆的智能化将成为重点发展领域；我国在培育居民体育消费习惯、深化体育消费试点、完善体育消费等方面的政策倾向将为休闲体育服务企业带来市场机会；深化体旅融合及产教融合、推动体育与生态融合、促进体卫融合将在供给侧产生驱动，为休闲体育服务的高质量供给开拓广阔的前景。

第一节 休闲体育服务产品概述

休闲体育服务能为人们带来健康的体魄、愉悦的精神，是体育消费的主要内容，也是当代社会休闲方式的重要组成部分。从营销学视角看，休闲体育服务给予人们的不仅仅是在闲暇时间为了达成满足自身发展、培养自身生活情趣、获取身心自由与快乐而积极主动地选择各种体育活动的消费内容及方式，而是一个包括休闲服务的目标、主体（服务提供者）、客体（服务接受者）、具体内容、消耗的资源、应该达到的标准、具体行为以及服务发生的场景的交互过程。这个过程涉及的组织、资源及其交互关系构成了一个完整的系统。主要的代表理论为格罗鲁斯（Gronroos）的"服务包"理论及美国著名服务营销学者克里斯托弗·洛夫洛克（Christopher Lovelock）的"服务之花"理论。

一、服务产品的整体概念

现代产品的概念包括有形商品、无形服务、体验、事件、人物、地点、财产权、组织、信息、观念等，是一个泛化的概念。根据格罗鲁斯的"服务包"理论，服务产品是指企业向顾客提供的有形与无形要素的结合体，即服务产品是指以提供某种形式的服务为核心利益的整体产品，通常称为服务产品的整体概念。

服务产品的整体概念由许多服务要素组成，从管理的角度看，一个完整的服务产品由核心服务、便利服务、支持服务三个层次所组成。

（一）核心服务

核心服务是指向顾客提供的基本利益。例如，航空公司的核心服务是运输，酒店的核心服务是住宿，健身俱乐部的核心服务是健身。核心服务体现了服务的主要功能，满足了顾客的基本需求，是服务在市场上存在的原因。一家企业可以提供一种核心服务，也可以提供多种核心服务，如航空公司既能提供旅客运输服务，又能提供货物运输服务。

（二）便利服务

便利服务是方便顾客使用或消费核心服务的活动，如航空公司的订票业务、餐馆的结账服务。便利服务作为一种附加服务，其作用是让顾客对核心服务的使用更加便利。便利服务是不可或缺的，它有助于顾客对核心服务的消费。如果没有便利服务，顾客就没有办法消费。

（三）支持服务

支持服务是指能增加本企业或组织服务的价值并使其服务与竞争者的服务区分开来的活动。例如，酒店提供的点餐服务、短途航班的餐饮服务。其作用在于增加服务的价值，将本企业的服务与竞争者的服务相区别。随着竞争日趋激烈，企业会更加重视支持服务，通过不断增加更多的附加要素，以获取竞争优势。因此，企业可以对支持服务进行合理的设计以获得差异化的竞争优势。

对于企业来说，便利服务是必需的、不可或缺的，而支持服务能为顾客带来额外的价值，它主要用于增强企业服务产品的竞争力，支持服务的缺失会降低服务产品的吸引力与竞争力。同时，便利服务与支持服务之间的区别并不十分明显，有的服务在某种场合是便利服务，而在另一些场合则会成为支持服务。

对休闲体育服务企业而言，树立服务产品的整体概念具有如下启示：

首先，满足消费者所追求的核心利益是十分重要的，也是最基本的要求。

其次，企业可以围绕核心服务适度扩大服务的范围，拓展便利性服务，以突出自身服务的差异性，利于与对手展开竞争。

最后，服务产品的整体概念可以督促企业在多个层次上展开竞争，尤其是通过增加附加服务（支持服务）来创造差异，提高价值，赢得服务竞争优势。

二、服务之花

附加服务有很多种，克里斯托弗·洛夫洛克将服务产品的附加服务分为8种类型，称其为"服务之花"的8个花瓣，分别为信息服务、咨询服务、订单处理服务、接待服务、账单服务、保管服务、付款服务和额外服务，并分别对应便利服务和支持服务（表4-1）。

表4-1 构成附加服务的8种类型

便利服务	支持服务
信息服务	咨询服务
订单处理服务	接待服务
账单服务	保管服务
付款服务	额外服务

这种附加服务像花瓣一样围绕在核心服务周围，形成一朵"服务之花"，如图4-1所示。"服务之花"可以说明服务产品的整体内涵，它从服务产品的角度出发，把核心服务和支持服务的关系比喻为一朵花的花蕊与花瓣，可以使我们更好地了解服务产品的内涵。"服务之花"启示我们：附加服务可以为企业增强核心服务提供多种选择，也可以为企业设计新服务提供参考依据。

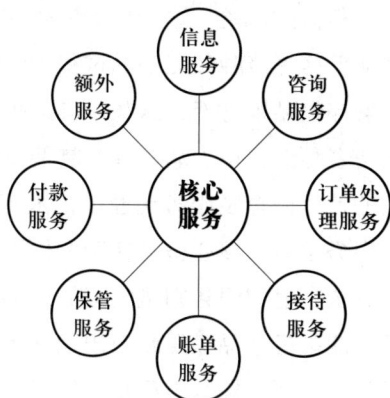

图 4-1 "服务之花"

（资料来源：［美］克里斯托弗·洛夫洛克,约亨·沃茨.服务营销［M］.7 版.韦福祥,等译.北京:机械工业出版社,2013:75.）

三、休闲体育服务产品

（一）休闲体育服务产品的内涵

休闲体育服务是为人们休闲体育活动营造场景、提供便利与帮助,用于满足其休闲体育需求的各种服务的总和。休闲体育服务产品就是休闲体育服务本身,其生产往往在有形的服务资源（有形产品）的支持下进行。体育公园服务、休闲体育俱乐部服务、家庭休闲体育服务、社区休闲体育服务、户外运动休闲服务、航空运动休闲服务、休闲体育旅游服务等均是休闲体育服务。提供休闲体育服务的组织便是休闲体育服务组织,包括政府、企业和社会团体。

从生产过程看,休闲体育服务是休闲体育组织将其场地设施、器材用品及服务资源转化为服务产品的过程。体育场地空间设施、器材用品等有形服务资源既是构造和营造服务场景的道具,又是进行服务转化的资源物质。

从休闲体育服务消费过程看,顾客置身于特定的场景中,自始至终与休闲服务组织的有形服务资源进行广泛的接触与体验,顾客接受的服务经历是对休闲体育服务过程与结果的消费。

从休闲体育服务的体验看,服务组织通过转化服务资源提供休闲体育服务,顾客消费的不仅仅是休闲体育服务的结果,更是体验服务的过程,说明休闲体育服务是一个整体。

　　休闲体育服务是一种整体的体验，这种体验发生在顾客与服务人员、其他客人、空间环境、设施用品等接触和互动的过程中。例如，游泳培训的服务主要包括游泳活动、寄存物品等方面，这些内容发生在消费者与教练、消费者与其他游泳者、消费者与游泳馆、消费者与其他设施用品的互动中。

　　根据前述服务产品的整体概念及服务包理论，休闲体育服务是包含核心服务与附加服务的一套服务组合。核心服务在于提供服务过程中最核心的内容，满足消费者的主要需求，附加服务则是配套的产品、服务和体验，目的是支持和补充核心服务，使服务产品满足或超出消费者的心理预期，起到锦上添花的作用。以滑雪服务举例，核心服务是提供滑雪场地、滑雪用具、滑雪教练的指导，附加服务有接驳服务、餐饮服务、洗浴和温泉服务等。

（二）休闲体育服务产品的特征

　　休闲体育服务是一种无形的产品。顾客购买的不是休闲体育设施、活动，而是休闲体育利益的预期，人们期望和要求提供高质量和物有所值的服务。休闲体育服务与其他服务相比，既具有一般服务产品的共性特征，又有自身的个性特征，具体表现在以下几个方面：

　　1. 休闲体育服务的无形性

　　休闲体育服务不是有形的商品，无法触摸，这也是一般服务产品的共同特征。休闲体育是一种体验，由服务提供者和消费者共同创造，使消费者获得一种精神的愉悦和满足，如观赏体育赛事、参加休闲健身活动、体育旅游等。

　　2. 休闲体育服务生产与消费的同时性

　　休闲体育服务不能提前生产出来，因为服务和消费行为是同时发生的，具有不可分割性，这也是一般服务产品的特征。但是休闲体育服务的产生必须依靠顾客的直接参与，否则休闲体育服务无法生产完成。可见，休闲体育服务具有即刻发生性，在其发生之前顾客是无法体验到的。

　　3. 休闲体育服务过程与结果的平衡性

　　对于物质产品和一般的服务产品来说，顾客主要关注的是"结果"而非"过程"。而休闲体育服务的生产与消费的"过程"与"结果"是密不可分的，顾客、消费者既关注"结果"，又关注"过程"。休闲体育服务涉及人与人之间的交流，如工作人员通过提供指导、解释、辅导或其他形式的交流，直接与顾客接触。

4. 休闲体育服务消费与投资的耦合性

休闲体育服务是满足顾客精神文化需求的产品。顾客通过消费，不仅满足了自身的休闲体育消费需求，而且可以促进身心健康水平的提升，进而提高人的素质和人力资本的水平，因而休闲体育服务具有消费与投资的耦合性。

5. 休闲体育服务的生产必须顾客到场

休闲体育体验是个人的体验，顾客必须亲自到场才能够享受到服务。而且休闲体育服务需要人与人之间的相互接触，这意味着休闲体育服务的成功完全取决于服务对象。

休闲体育服务作为服务产品，包括三大要素：一是顾客所体验到的核心服务和利益；二是区别于竞争对手的附加特性或增加的额外服务；三是传递过程，如顾客在体验过程中所扮演的角色等。

四、休闲体育服务产品的类型

分类是认识客观事物的一种最基本的方法，在不同的分类标准下，会出现不同的类型。由于休闲体育服务需求的多元化，服务产品和方式也多种多样，因而其分类也呈现出多样性。如根据消费者需求，可将休闲体育服务划分为参与型休闲体育服务、观赏型休闲体育服务和设施服务型休闲体育服务。本书主要从横向和纵向两个维度对休闲体育服务产品进行分类。横向维度上，按照休闲体育服务依托的环境和空间进行划分；纵向的维度则是根据休闲体育服务产品内容进行划分。

（一）按服务依托的环境和空间进行分类

目前比较常见的休闲体育活动分类是以自然环境和运动的空间为依据，主要分为水类、陆地类和空中类休闲体育活动（图4-2）。

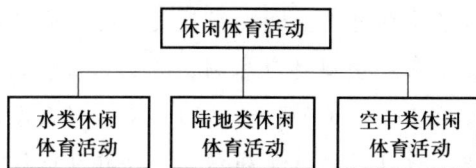

图 4-2　休闲体育活动分类

同样按照休闲体育服务依托的环境和空间进行划分，可以将休闲体育服务分为水类休闲体育服务、陆地类休闲体育服务和空中类休闲体育服务。

1. 水类休闲体育服务

水类休闲体育服务是指在各种与水有关的休闲体育活动中所提供服务的统称。水域中的休闲体育活动有游泳、潜水、水球、水中芭蕾、水下曲棍球、水下橄榄球、跳水、冲浪、独木舟、水上摩托车、帆船、游艇、钓鱼等。有些运动是在自然水域中进行的,有些是在人造水域中进行的。

2. 陆地类休闲体育服务

陆地类休闲体育服务是指在地面上进行的休闲体育活动中所提供服务的统称。陆地类休闲体育项目包括冰雪休闲体育项目、山地休闲体育项目、沙地休闲体育项目、草地休闲体育项目、公路休闲体育项目等,具体如滑冰、滑雪、雪橇、登山、攀岩、越野、丛林探险、沙滩排球、沙滩足球、滑沙、骑马、叼羊、滑草、公路自行车、摩托车、马拉松、竞走等项目以及篮球、足球、排球、乒乓球、羽毛球、网球、武术、瑜伽、飞镖、射箭等依托人造场地开展的场地休闲体育项目。陆地类休闲体育项目数量众多,也是群众参与度最高的一类休闲体育项目,受众最多。

实例4-1

观澜湖高尔夫球会

观澜湖高尔夫球会成立于 1992 年 12 月 18 日,是以高尔夫为核心,集网球、壁球、桌球、排球、羽毛球等场馆,健身中心,餐厅,儿童游乐场,度假村等为一体的大型综合体育休闲产业群。它具备 216 洞 12 大球场的规模,被认定为世界第一大高尔夫球会,并取得连续 12 年高尔夫世界杯的主办权。

深圳观澜湖自 1995 年开业以来,不断推出娱乐、餐饮和优质的高尔夫服务设施,是目前中国乃至亚洲规模最大、设施最齐全的私人高尔夫度假胜地。球会设有三个全码练习球洞,分别为 3 杆洞、4 杆洞和 5 杆洞,并有两个长度为 300 码(1 码≈0.914 4 米)的真草练习场。好望角球场和俊岭球场中均设 9 洞的灯光高尔夫,开放至凌晨 2 点,将打球时间延长至 20 小时,令会员和嘉宾们尽享高尔夫球之乐。

占地约 3.33 万平方米的会所是亚洲最大的高尔夫会所,内设游泳池、桌球厅、壁球厅、乒乓球厅、儿童游乐区以及一个可举行篮球、排球、羽毛球和5人足球赛的标准室内体育中心，健身房全部采用最新设备，一天的运动之后，会员们还可在康体中心洗去一身疲惫，享受这里的足部按摩和美容护理等。

除了迷人的风景和完备的休闲娱乐设施，会所内还设有多间餐厅，为客人提供中西各异的风味美食。宽敞的会议室和宴会厅还可以举行大规模的商务会议和各类活动。

作为一个"环保球会"，深圳观澜湖高尔夫球会是亚洲首家获得ISO 14001环境管理体系认证的球会。深圳观澜湖高尔夫球会现已成为粤、港、澳各界高尔夫球爱好者娱乐休闲、社交聚会和举行商务活动的绝佳选择。

3. 空中类休闲体育服务

空中类休闲体育服务是指在大气层以内借助飞行器离开地面或水面在空中进行的各种休闲体育活动中所提供服务的统称。空中类休闲体育项目如滑翔伞、跳伞、蹦极、热气球、动力滑翔、航空模型运动等。由于这类运动危险性大，对器材要求高，参加此类休闲项目的体育爱好者一般具有较高的技能和专业素养。空中类休闲体育作为一种新兴的运动受到人们关注，其休闲价值与发展前景潜力无限。

实例4-2

世界三大滑翔伞圣地

尼泊尔博卡拉：领略喜马拉雅山的壮美

博卡拉海拔827米，坐落于加德满都峡谷的西部，历来以"尼泊尔的历险中心"闻名。它不仅是尼泊尔著名的旅游胜地，也是许多徒步线路的起始点。静静流淌的湖边，喜马拉雅山拔地而起，构成了一幅时而静谧、时而动感十足的壮丽画面。这是个接触大自然的理想之地，博卡拉也因此吸引了众多的背包客来此登山、漂流以及进行滑翔伞运动。

> **墨西哥阿卡普尔科：滑翔伞的海畔圣地**
>
> 　　阿卡普尔科是墨西哥著名的海滨旅游城市之一。这里旅游设施齐全，海边矗立着一座座风格各异的旅馆，还有各色餐馆、酒吧、歌舞厅等。在空中翱翔，俯瞰全城及岛屿的壮观景色是不能错过的旅行体验。
>
> **阿尔卑斯山勃朗峰：翱翔"大自然的宫殿"**
>
> 　　1984年，法国登山家菲隆（Roter Fillon）从阿尔卑斯山脉的勃朗峰上一跃而出，使滑翔伞运动声名大振，迅速在世界各地风行起来。至此，勃朗峰成为世界滑翔伞爱好者的朝圣之地。勃朗峰被世人称为"大自然的宫殿"和"真正的地貌陈列馆"，这里不仅有美丽的风光，还是冰雪运动、登山运动、高空滑翔伞运动的"圣地"。

（二）按服务产品的内容进行分类

　　根据休闲体育服务产品内容进行划分，可以将休闲体育服务划分为空间场地设施服务、信息咨询与技术指导服务和体育旅游服务。

　　1. 空间场地设施服务

　　空间是物质存在的一种客观形式，可以区分为自然空间和人为空间。从休闲体育开展所需的空间来看，登山、徒步、攀岩、漂流、冲浪、野外探险、滑雪、滑沙、滑草等户外运动所依托的空间主要是自然空间；在室内进行的项目所依托的空间主要是人工空间。而室外的篮球场、足球场、高尔夫场等可以被称为半人工空间。

　　空间（包括运动场地）是休闲体育活动开展的一项基础服务资源，同时不少项目还必须借助休闲体育设施、装备、器材等才能进行。基于此，以空间和有形服务资源为平台，为顾客体育体验提供支持与便利从而实现顾客价值的活动，就是空间场地设施服务。休闲体育的空间场地设施，既是提供服务的基础设施，又是最基本的体育服务内容。体育运动场地及设施为消费者提供的租赁服务就是空间设施服务。空间设施服务是休闲体育服务最基本的服务产品。体育场地规模水平、设施档次等会影响顾客对服务质量的感知、体验与判断。但要提升休闲体育服务质量仅依靠提升体育场地设施档次是不够的，更需要关注顾客的体验过程。

实例4-3

金融街巽寮湾国际游艇会

金融街巽寮湾国际游艇会位于国家 AAAA 级度假区巽寮湾，总占地面积 25 万平方米，由全球历史最悠久的码头设计管理公司进行规划设计，共规划建造了 581 个水上泊位，最大可停靠 66.7 米的超级游艇。

游艇会已建成 3 000 平方米的码头综合办公楼、1 500 平方米的游艇通航口岸大厅、公用型保税仓库、90 个干船舱、维修服务平台、直升机停机坪，沿岸拥有 1 千米的天然白金沙滩供会员私密尊享。未来还将建设包括会所、酒店、公寓、商业街在内的游艇小镇、拥有门前私家泊位的游艇别墅等。

游艇会致力于推广阳光海洋生活方式，为会员提供私密度假、特色餐饮、保税储运、名品购物、游艇维修保养、游艇托管、租赁、海钓、潜水、帆船赛事、高端商务会议、海洋生活方式展览等设施服务，致力于打造真正的游艇生活圈。

2. 信息咨询与技术指导服务

信息咨询与技术指导服务是指为顾客休闲体育活动提供咨询、教练、陪练，为其活动过程与结果信息进行收集、加工、反馈并制定具有针对性的体育活动方案（运动处方）所提供的服务。我国休闲体育信息咨询与技术指导服务的发展与休闲体育的快速发展密切相关。首先，休闲时代的来临和休闲体育的迅速发展，使得休闲体育信息咨询与技术指导服务的需求增多，这反映了我国经济社会发展中人民日益增长的消费需求导向；其次，政策环境和技术条件上出现了有利于休闲体育信息咨询与技术指导服务生长的空间；最后，休闲体育信息咨询与技术指导具备了一定的物质基础和人力资源条件，使得休闲体育信息咨询与技术指导成为一个蓬勃发展的领域。休闲体育信息咨询与技术指导服务具体包括咨询服务（教练及陪练服务、专业知识服务、裁判知识与技能服务）、身体测试服务（身体形态、机能与素质测量测试服务）、健身休闲指导服务（技术指导、编制系统计划、运动处方）、知识培训服务、训练督导服务等内容。

3. 体育旅游服务

体育旅游是指以观看、欣赏和参与各种体育活动为目的的旅行游览和体验活动，是体育与文化旅游相结合的一种健身运动方式，具有参与性、观赏性、娱乐性等特点。体育旅游服务是以体育运动资源和一定体育运动设施为条件，通过体育运动休闲体验、体育建筑场馆观光及赛事观赏、体育旅游商品等形式，为体育旅游消费者在旅行游览和运动健身过程中提供的相关服务。

根据体育旅游的组织形式和参与形式，可以将其分为观赏型体育旅游和参与型体育旅游两大类。观赏型体育旅游是指旅行者前往目的地以观看或欣赏体育活动以及体育赛事为核心内容的旅游方式，如观赏赛马比赛、航空飞行特技表演、大型竞技体育赛事（奥运会、世界杯）等。参与型体育旅游是指旅行者前往目的地，以参与体育活动和各种体育赛事为核心内容的旅游方式，如登山、徒步、攀岩、漂流、冲浪、野外探险、滑雪、滑沙、滑草等户外体育旅游。

体育与旅游相关产业的融合，不仅为体育的发展激发了新的活力，也对旅游产业的创新转型提供了新方向。面对体育旅游产业良好的发展前景，许多企业不断增加休闲体育旅游服务，例如中弘控股携手 IMG，助力长白山冰雪休闲体育旅游；智美集团推出首个垂直服务的体育旅游服务产品；甘肃省举办"丝绸之路"国际汽车集结赛推动了旅游产业升温；青海省的环青海湖自行车赛吸引了一大批自行车爱好者参与其中；重庆市武隆区推出的国际山地户外运动公开赛以及众多马拉松赛事都开展得如火如荼。

目前，以运动休闲和娱乐为主题的体育旅游服务产品已经成为"体育+旅游"融合发展的新"蓝海"。依"体"促"旅"，推出体育旅游精品项目成为一种新的服务理念。当前，国内的体育旅游服务产品集中于以山体、水系等自然景观观赏类旅游为主，凸显地域性及文化性的民俗体育旅游产品开发不够成熟，如蹦极、攀岩、滑行等受年轻人喜爱的较刺激的体育旅游服务产品开发更是不足。应以现有的多类型体育项目为基础，拓展体育旅游产品，打造体验型体育旅游。同时通过体旅融合，打造体育旅游全产业链。在"休闲体育+旅游"的基础上，加强与文化、农业、水利、林业等行业的合作，培育复合型体育旅游服务产品，不断创新体育服务的新形态。从事体育旅游服务供给主体的企业必须从消费者的需求出发，不断开发和提供具有便捷性、精细化、个性化和差异化的服务，提升现有服务的质量与效益。

第二节 休闲体育服务品牌

强大的休闲体育服务品牌能够使顾客更形象地认识休闲体育服务公司的实力，可以增强顾客对复杂休闲体育服务的感知。顾客在购买休闲体育服务产品之前很难评估服务中的货币、安全、风险等因素。休闲体育服务公司的品牌知名度、信誉度就是对顾客很好的保障。

几乎所有的休闲体育服务企业都可以在公司层面和产品层面品牌化，在经营状况较好的企业中，企业品牌不仅容易辨识，而且对顾客有特殊的意义，能够代表一种特定的服务模式。它能够在顾客的脑海中建立特有的休闲体育服务记忆图像，也可以阐明企业价值主张的本质。休闲体育服务品牌化可以实现休闲体育产品的差异化。

一、休闲体育服务品牌的概念及内涵

（一）休闲体育服务品牌概念

现代营销学之父菲利普·科特勒（Philip Kotler）在《市场营销学》中对品牌的定义是：品牌是销售者向购买者长期提供的一组特定的特点、利益和服务。

21 世纪已进入品牌国际化的竞争时代，以品牌来建立产品在市场中的地位，树立企业形象，是企业有效的市场竞争手段，也成为企业市场竞争战略的重要组成部分，品牌将成为企业成功与否的标志。美国市场营销协会（AMA）给品牌下的定义是：品牌是一个名称、术语、标记、符号或图案设计，或者是它们的不同组合，用以识别某个或某群销售者的产品或劳务，使之与竞争对手的产品和劳务相区别。品牌是一个完整的概念，它包括品牌名称和品牌标志。而品牌的广义理解应该是企业品牌，而不仅仅是产品。也就是说，品牌应该包括企业的产品、产品的商标和企业的文化。品牌的含义分为 6 个层次：属性、利益、价值、文化、个性、用户。品牌最持久的含义是其价值、文化和个性，包括视觉、情感、理念，它们构成品牌的实质。

休闲体育服务品牌是指休闲体育服务组织在为消费者提供服务性产品

的过程中建立起来的休闲体育服务长期的、特定的服务特点、利益等。休闲体育服务品牌及其包含的商标、质量标准、管理体系是一套完整的体系，它确保了使用这一品牌的服务必然产出的是高质量服务，为开拓市场带来好处。休闲体育服务品牌不仅是一种休闲体育服务产品的象征，更是休闲体育服务企业、产品、社会文化形态的综合反映和体现。品牌不仅仅是企业的一项产权和消费者对企业的认识，更是企业、产品与消费者之间关系的载体。

休闲体育服务品牌是一种集体商标。集体商标是指由工商业团体、协会或集体组织的成员所使用的商品商标或服务商标，用以表明商品的经营者或者服务的提供者属于同一组织。

（二）休闲体育服务品牌的内涵

休闲体育服务品牌包括两类要素：一类是展现在顾客面前、看得见摸得着的表层要素，如品牌名称、品牌标志等；另一类是在休闲体育服务品牌表层要素中蕴含的该品牌独特的内层要素，如品牌的利益认知、情感属性、文化传统和个性形象等。因此，休闲体育服务品牌是服务形象和服务文化的象征。一个具有丰富文化内涵的服务品牌才具有持久的生命力。

休闲体育服务品牌的文化定位是通过建立一种清晰的品牌定位，在此基础上，利用各种内外部传播途径形成受众对品牌在精神上的高度认同，从而形成一种文化氛围，通过这种文化氛围形成很强的客户忠诚度。品牌文化定位不仅可以提高品牌的品位，而且可以使品牌形象独具特色。通过传达诸如文化价值观、道德修养、文学艺术、科技含量等，启发顾客联想，形成美感，使品牌成为某一层次消费者文化品位的象征，从而得到消费者认可，使他们获得情感和理性的满足。如"好家庭公司"提出要成为"大众运动健身服务商"；"乔波冰雪世界"的口号是"家门口的极限运动，四季滑雪"；体育服装品牌"李宁"的口号是"李宁，一切皆有可能"。

（三）休闲体育服务品牌的效应

品牌效应是企业因满足社会需要而获得的经济效果，是品牌的信誉、声望产生的影响力。休闲体育服务品牌效应不但能够显示消费者的偏好，也无形中提高了商家的品位，让更多的高层次消费者认识品牌，增加品牌的知名度和关注度。品牌效应是品牌在产品上的体现，为品牌使用者带来效益和影响。

1. 磁场效应

休闲体育服务企业所创造的优势品牌具有很高的知名度、美誉度，必然会在顾客的心目中建立起较高的品牌忠诚度，使他们对该服务反复购买并形成习惯，不容易再转向其他企业。此外，使用同类服务的其他顾客也会被该品牌的名声、信誉所吸引，转而购买该企业的服务。总之，休闲体育服务品牌对顾客的强大吸引力会使服务销量增加，市场覆盖率扩大，市场占有率提高，最终使该服务企业的地位更加稳固。

2. 扩散效应

休闲体育服务企业的某种服务具有品牌优势而成为招牌服务，则会赢得顾客及社会对该服务及企业的信任和好感。如果企业通过巧妙的宣传，将这种信任和好感提升到品牌或企业整体层面，就可以充分利用顾客的信任推出同品牌的其他服务或进入其他经营领域。如果策略得当，就能利用服务品牌的扩散效应，将人们对该品牌原有的信任和好感逐步延伸到新的服务上，以有效实现服务品牌的延伸。

3. 聚合效应

知名品牌不仅可以使企业获得较高的经济效益，而且可以利用品牌资本使企业不断发展壮大。名牌企业或产品在资源方面会获得较多的支持，社会资本、人才、管理经验甚至政策都会对品牌有一定的倾向。名牌企业应稳固产品质量，并通过资本运营聚合社会资源使企业进一步扩大，加强与供应商等客户的联系，进而产生规模效益。

增强休闲体育服务品牌效应，让顾客愿意购买服务，企业应专注于顾客、提供更好的顾客体验，并且与顾客进行更好的情感交流。增强品牌效应体现在 6 个方面，如图 4-3 所示：

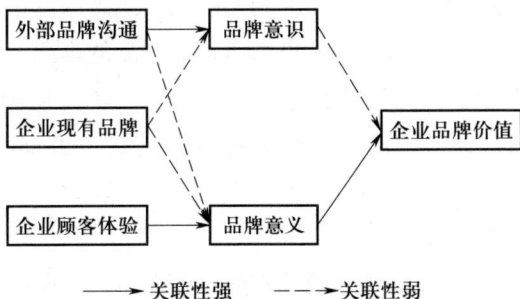

图 4-3　服务品牌模型

品牌资产

（1）外部品牌沟通：产品口碑与公众评价。

（2）企业现有品牌：主要通过广告、服务、人员来提升。

（3）企业顾客体验：顾客在光顾企业时经历的体验。

（4）品牌意识：当提供一个提示时，顾客可以认出或回想起该品牌。

（5）品牌意义：当某个品牌被提起时，顾客脑海中产生的记忆。

（6）企业品牌价值：某个品牌优于同行业竞争者的竞争优势。

二、休闲体育服务品牌策略

（一）休闲体育服务品牌塑造

休闲体育服务品牌塑造是一项复杂的系统性工程，它是企业内部各个团队共同协作的结果。成功的品牌塑造主要体现在 4 个方面：第一，突破陈规：敢于打破传统，通过实现有效的差异化，在顾客心目中表现得与众不同；第二，创造价值：服务顾客，不断为顾客创造更大的价值，形成口碑，树立品牌声望；第三，建立信任：一切为顾客着想，与顾客建立感情纽带；第四，内部营销：形成顾客服务体验的服务接触是由公司员工提供的，因此，将品牌内部化，实施内部营销也相当关键。鲜明的品牌个性是形成差异化、维系顾客情感的"利器"。

1. 休闲体育服务品牌定位

休闲体育服务品牌定位和品牌文化一旦确立，就应持之以恒地贯彻下去。在品牌定位的设计过程中，要充分考虑受众的品牌感知，在用户体验设计中将品牌力渗透到服务产品的各个环节，让用户在认识休闲体育服务品牌的同时，享受到品牌效应所带来的服务品质的保障，从而提高品牌的认知度和忠诚度。

在品牌定位的过程中，一定要深刻理解企业品牌的真正含义，根据休闲体育服务企业的产品技术水平、人员素质以及产品的类型（核心服务或是辅助服务）、企业的客户、竞争对手等多方面因素，定位休闲体育服务企业的品牌。例如，"好家庭"的品牌定位是：打造"好家庭健身器材连锁"和"好家庭运动城"两大渠道品牌。

2. 休闲体育服务品牌的命名

品牌命名是品牌建设的重要组成部分，命名时，要根据品牌要素提出很明确的目标，然后制定实现目标的措施。对于一个已经成立很多年的企业，要先对这个企业的品牌进行诊断，找出品牌建设中的问题，总结优势和缺陷。休闲体育服务品牌的命名是品牌建设的前期阶段，在企业建设过程中，休闲体育服务企业品牌的命名步骤包括：

（1）深入认识和研究品牌的目标市场和客户群体；

（2）清楚认识品牌内涵、作用、价值；

（3）研究分析品牌的名称、象征性的图像/商标及品牌策略；

（4）设定休闲体育服务产品的范围；

（5）明确品牌定位，突出本产品的服务特色；

（6）注册商标，保护品牌独特性及其他知识产权。

（二）品牌建立组合化

休闲体育服务是无形的，顾客在购买前缺乏有形展示，缺乏直观的感受，无法进行客观的评价。因此，休闲体育服务企业的综合实力、对外形象、业界口碑等往往成为影响顾客购买决策和消费后评价的重要依据。顾客在购买休闲体育服务产品时，不仅关心服务的具体内容，还看重提供服务的企业，顾客会根据服务的提供者来决定是否购买服务产品。企业品牌的组合化应成为休闲体育服务企业品牌建设的重点。

（三）品牌要素增强化

休闲体育服务品牌的无形性对品牌要素的选择有重要意义。由于服务决策和执行安排多是在服务现场之外作出的，因此品牌回忆成为重要的因素。作为品牌核心要素的品牌名称应易于记忆和发音，相应的文字、标识等刺激物要仔细策划；休闲体育服务的"外观"，如场地环境设计、接待区、服务人员着装、附属装饰材料等对形成顾客的品牌认知也有影响；其他品牌要素，如文字和图形标识、企业领导及专家、企业的服务口号等，均可以用来辅助品牌名称，向顾客展示品牌，建立品牌认知和品牌形象。使用这些品牌要素的目的是能够使服务和其中的关键利益更为有形、具体和真实。

（四）品牌的内部化

休闲体育服务企业的员工是品牌传递的重要媒介，可以为品牌注入生机和活力。通过员工的行为，可以将文字或视觉图像转化为品牌的实际感知。因此，实现品牌的内部化显得尤为重要，即通过员工的行为，将文字—视觉图像转化为文字—服务品牌—行动。品牌内部化涉及向员工解释和宣传品牌含义，与员工分享品牌的理念和主张，培训和强化与品牌宗旨一致的行为。

通过参与活动，让员工关心和培育休闲体育服务企业品牌。服务品牌内部化的另一个重要方面是要加强顾客"服务体验"的管理。由于大多数休闲体育服务过程是由员工与顾客的接触来完成的，而每次接触都可能成为顾客的一次"服务体验"，因而员工必须在"服务体验"中将品牌承诺作为自己行动的准则，给顾客提供美好的"服务体验"。通过加强品牌的内部化，激励员工不断提升业务能力，提高服务质量，不断升级客户的"服务体验"。

（五）品牌危机管理

预见品牌危机的价值在于预防、避免，为化解危机必要的准备。做好品牌危机管理包括 5 个方面：

（1）建立一个专业素养较高的品牌危机管理小组，制定和审核品牌危机处理方案，一旦发现品牌危机及时予以遏制，减少危机对品牌乃至整个企业的危害。

（2）建立灵敏、准确的信息监测系统，及时收集相关信息并加以分析、研究和处理，查漏补缺，全面清晰地预测各种品牌危机情况，及早发现和捕捉危机征兆，为处理潜在危机制定对策方案，尽可能确保危机不再发生。

（3）建立品牌自我诊断制度，从不同层面、不同角度进行检查、剖析和评价，找出薄弱环节，及时采取必要措施予以纠正，从根本上减少乃至消除发生品牌危机的诱因。

（4）开展员工品牌危机管理教育和培训，增强全体员工品牌危机管理的意识和技能，一旦发生品牌危机，员工应具备较强的心理承受能力和应变能力。

（5）强化休闲体育服务企业的服务标准，提升专业服务能力，根据实际情况，不断提升休闲体育服务的水平。

服务品牌战略——品牌屋

第三节　休闲体育服务开发

休闲体育服务是休闲体育服务公司向客户提供的产品，休闲体育服务公司应在遵守法律和企业规章制度、保障安全、保护环境的前提下，设计出不同的休闲体育服务产品，从而满足不同客户的需求。

一、休闲体育服务产品开发

（一）休闲体育服务产品开发的概念

开发新的服务产品是休闲体育企业创新的需要，是企业实现差异化营销策略的根本途径。休闲体育服务产品开发是休闲体育服务的创新过程，是以新的设想、新的技术手段转变成新的服务方式，使顾客获得不同于以往的全新体验，从而获取新的利益。创新后的休闲体育服务突破了原有的限制，实现了新的服务形式。具体包括 4 个方面：

新服务产品：即休闲体育服务供应商以什么概念吸引新老客户。

新客户接口：即休闲体育服务供应商与客户端形成什么样的交互平台。

新服务传递：即休闲体育服务供应商和客户间所共创或获取的价值途径。

新技术选择：即休闲体育服务供应商如何开发新技术并应用于服务系统中，从而建立更有效的传递系统。

（二）休闲体育服务开发

1. 休闲体育服务开发的意义

（1）有利于休闲体育服务体系建设

休闲体育服务企业的战略定位从休闲体育服务产品开发中体现，是一种未雨绸缪的创新策略。要使顾客满意，企业必须建立售前、售中、售后的服务体系，并不断更新服务项目，不断提升服务品质。只有将售前的咨询、售中的指导、售后的培训等内容不断标准化，形成休闲体育服务体系，休闲体育服务行业才会越走越远，企业才会越做越强。

（2）提升企业竞争力

休闲体育服务企业要在竞争中取胜，仅仅做到"有求必应"是不够的，应不断地创新服务，由被动适应变为主动关心、探求顾客的期望。随着 5G 时代的到来，休闲体育服务企业如何能够结合 5G 技术，为顾客提供高质量的休闲体育服务值得深思。同时提升企业竞争力还应加强企业内部文化建设，扩大休闲体育服务的种类、提高服务效率。如一些企业开发了线上马拉松赛事服务，在线下的赛事活动中增加了实时数据报告等。

（3）解决顾客需求

在竞争激烈市场中，企业一方面应该把注意力集中在对顾客需求的把握上，认真听取顾客的反馈及建议，一般 80% 的服务概念来源于顾客需求。另一方面，应多关注顾客的抱怨，对待顾客的抱怨，应立即妥善处理，设法改善。以耐心、关爱来巧妙解决顾客的问题，这是服务创新的基本策略。

（4）引导顾客消费

服务是靠顾客推动的，休闲体育服务的供应商通过开发更多的服务产品，能够引导顾客的消费。休闲体育服务企业要积极研究政策，提供超前性的休闲体育服务产品。顾客消费需求的多样化、个性化能够带动休闲体育服务不断升级。

（5）提升企业员工综合素质

通常，顾客对服务品质好坏的评价是根据他们同服务人员打交道的经验来判断。不断提升休闲体育服务的品质，开发出更好的休闲体育服务产品，让顾客更加满意，还可以提升休闲体育服务企业员工的综合素养。

2. 休闲体育服务开发策略

（1）完全创新策略

休闲体育服务企业追求服务领先，应该坚定对新产品的持续开发。产品领先有助于企业运营流程加快，提升休闲体育服务企业的竞争壁垒，有助于增强休闲体育服务企业的活力。

（2）进入新市场战略

休闲体育服务企业服务产品的开发，要遵循不断升级的理念。以休闲体育服务产品的品质提高为基础。提高产品品质的关键是企业要在技术上形成核心竞争力，真正做到"人无我有，人有我精，人精我新"。对于休闲体育服务企业来说，使企业形成具有自主知识产权的技术优势是最为关键的，要通过与现代科技相结合，通过申请技术专利，形成属于休闲体育服务企业的技术壁垒。例如，好家庭企业建立了"室外智能健身房4.0"，运用数字化转型助力新时代全民健身。

（3）服务扩展策略

休闲体育服务企业要不断研发新的服务产品。新的服务产品推向市场的第一步就是要使消费者意识到该产品的存在。尤其是在市场竞争日趋激烈、产品丰富的情况下，新产品要抓住消费群体的差异化需求，建立起不同的系列产品。例如，张家界独特的地理环境优势，带动了户外运动的发展。通过从营销学和旅游学角度提出景区与户外运动融合发展的合理性思路和策略，为张家界景区旅游可持续发展提供了参考和借鉴。

（4）服务改善策略

从"跟随战略"到"同质化战略"再到"差异化战略"，休闲体育服务公司在服务开发的设计理念上，应借鉴同质化企业的服务特点，将普通的休闲体育服务做精、做细，不断改善和提升服务品质。

二、休闲体育服务开发流程

休闲体育服务开发是一种创新性的活动过程，它建立在对顾客期望、市场需求和竞争环境进行综合评定的基础之上。在开发流程上，休闲体育服务的开发与制造业开发新产品的流程有相似之处，不过鉴于服务本身的特性，休闲体育服务的开发步骤需要进一步调整，基本流程如图4-4所示：

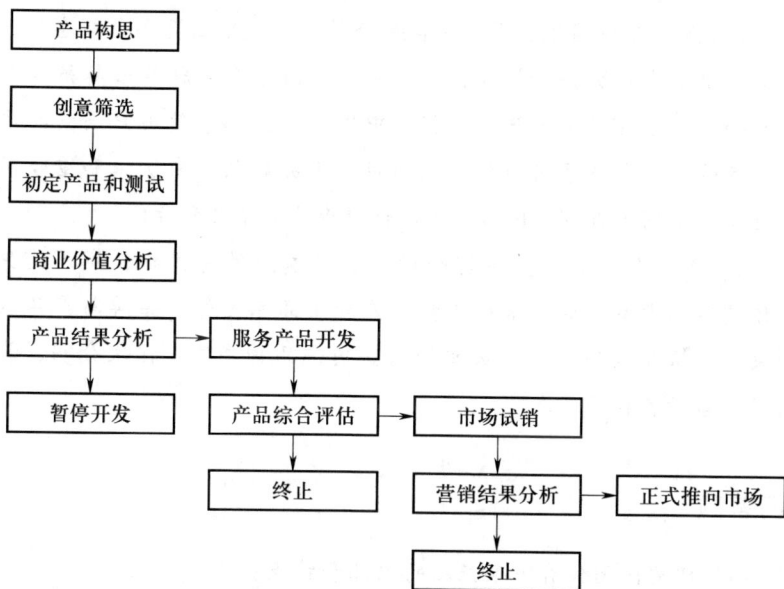

图4-4　休闲体育服务开发流程图

实例4-4

深圳市好家庭品牌策略

深圳市好家庭实业有限公司（简称"好家庭"）成立于1994年，旗下拥有"好家庭健身器材连锁"（GF-FITNESS）"好家庭运动城"（GF-

SPORTS+）两个渠道品牌及多个知名的健身器材与体育用品品牌，"好家庭"定位为"大众运动健身服务商"，一直秉承"为健康谋略"的企业使命，以"传播健康理念，倡导健康生活方式，最大限度满足民众对健康生活的需求"为宗旨，是专业从事健身器材、体质监测、体育用品经营与生产的大规模连锁型企业。多年来，"好家庭"不断采用最新科技成果，自主研发贴近民众的体质监测、运动休闲产品，依靠领先的技术水平、雄厚的整体实力、高效完善的管理体制，一跃成为国内康体产业极富创新能力、知名度高、经济实力强的企业之一。"好家庭"追求"诚信、卓越、健康、服务"的经营理念，注重研发、市场和品牌拓展，注重和国内外优秀企业合作，整合资源，不断探索先进的经营和管理模式。

"好家庭"是中国体育用品联合会会员单位，中国奥委会标志特许企业，国际健康体育协会会员单位。近年来，好家庭品牌越来越被广大消费者熟知，先后获得中国驰名商标、中国市场产品质量用户满意品质卓越第一品牌、广东省著名商标、深圳市知名品牌的权威认证和重合同守信用企业、深圳市百万市民心目中的诚信企业等荣誉称号。

"好家庭"的产品体系丰富全面，包括家用健身器材、商用健身器材、体质监测设备、健身路径工程、户外用品系列等，品牌与产品从专业到康体，从高端到大众，从室外到室内，品种丰富，梯次分明，能满足消费者各种各样的需求。

问答题

1. 如何理解休闲体育服务产品的内涵和特点？
2. 休闲体育服务产品的分类有哪些？
3. 休闲体育服务品牌的构成因素有哪些？
4. 概述休闲体育服务开发的意义。
5. 概述休闲体育开发的流程。

主要参考文献

[1] 李相如，凌平，卢锋. 休闲体育概论 [M]. 2 版. 北京：高等教育出版社，2016.

［2］陈琦，凌平，徐佶. 休闲体育概论［M］. 北京：高等教育出版社，2018.

［3］石岩. 健身休闲俱乐部经营管理［M］. 北京：高等教育出版社，2015.

［4］凌平. 休闲体育概论［M］. 北京：人民体育出版社，2018.

［5］李克芳，聂元昆. 服务营销学［M］. 北京：机械工业出版社，2020.

［6］［美］约亨·沃茨，克里斯托弗·洛夫洛克. 服务营销［M］. 8版. 韦福祥，等译. 北京：中国人民大学出版社，2018.

［7］韦福祥. 服务营销［M］. 2版. 北京：中国人民大学出版社，2016.

［8］郭国庆. 服务营销［M］. 4版. 北京：中国人民大学出版社，2017.

第五章　休闲体育服务定价

>>> **本章导语** >>>

休闲体育服务定价和其他营销策略密切相关：定价基于服务成本，同时也预示服务质量的高低，支撑服务产品定位，因此与产品策略相关；折扣定价、尾数定价、渗透定价、互补定价等是销售促进的重要方式，因此定价与促销策略相关；定价策略的实施依赖于批发商、零售商的配合，渠道商之间可能存在博弈，需要休闲体育服务企业综合协调平衡，实现收益最大化，因此定价与渠道策略相关。顾客价值感知对休闲体育服务定价尤为重要，本章从顾客感知价值出发，运用服务定价基本理论，分析休闲体育服务定价的特点、目标、方法和策略，并讨论收益管理在休闲体育服务供给中的应用。

>>> **学习目标** >>>

1. 了解休闲体育服务定价的特点
2. 掌握休闲体育服务定价的目标、方法和策略
3. 理解收益管理在休闲体育服务中的应用

案例导入

2021—2022赛季英格兰足球超级联赛俱乐部季票价格

作为全球最具商业价值的职业足球联赛，英格兰足球超级联赛对当地经济社会的影响不可小觑。2019—2020赛季英格兰足球超级联赛全球观赛人数达到31.6亿，海外转播收入14亿英镑，而欧洲其他四大联赛的海外转播收入相加仅为12亿英镑；联赛为英格兰创造了76亿英镑的总产值，贡献了约36亿英镑的税收。

除了电视转播，比赛门票是俱乐部的主要收入来源，和其他职业联赛俱乐部营销类似，英格兰足球超级联赛俱乐部门票定价受所在地收入水平、球队成绩、管理层理念、市场竞争等多重因素影响。阿森纳俱乐部曾以891英镑名列"2021—2022年英格兰足球超级联赛俱乐部季票价格榜单"首位，其他排名前八的球队依次为托特纳姆（807英镑）、利物浦（685英镑）、切尔西（595英镑）、伍尔弗汉普顿流浪者（549英镑）、布莱顿（545英镑）、曼联（532英镑）、诺维奇（499英镑）。虽然近年来曼城俱乐部成绩不错，2020—2021赛季排名第一，但一直沿袭了亲民的定价策略，季票价格在联赛20家俱乐部中倒数第二低，仅为325英镑。曼城俱乐部高层表示俱乐部致力于帮助更多球迷有能力到现场观赛，较低的票价以及优异的成绩一方面可以大大提高球迷对曼城俱乐部的忠诚度，也可以吸引更多的新球迷。

与此类似，西汉姆联队虽然上赛季成绩排在联盟第六，季票价格却是联盟最低的。西汉姆联位于伦敦的纽汉区，虽然在2012年伦敦奥运会之后大量体育产业搬迁到纽汉区，但该地区的整体收入在伦敦相对较低。这也使得西汉姆联队的季票是伦敦区所有英格兰足球超级联赛球队中最便宜的（阿森纳、托特纳姆热刺、切尔西、西汉姆联、水晶宫、布伦特福德、沃特福德均位于伦敦区）。除了所在地区的收入水平，球队所在的场馆也会影响球票价格。托特纳姆热刺队于2019年入驻造价10亿英镑、可容纳62 062名观众的新球场，这是俱乐部球票涨价的原因之一。据《独立报》消息，新球场在建设中工期被延长，带来了2.37亿英镑的附加借贷，之前球队的球场负债已经达到3.66亿英镑，导致球队的总负债达到 6.03 亿英镑,这也最终导致俱乐部季票涨价,仅低于阿森纳俱乐部。这两家俱乐部之所以把季票价格定得很高的另一个原因是北伦敦地区居民收入水平相对较高,球迷有能力购买高价格的球队季票。然而,较高的季票价格也导致两家俱乐部老板的支持率在联赛中排名倒数。

当然,票价高并不代表门票收入就高,上座率也是影响门票收入的重要因素。据英国媒体对 2021—2022 赛季联赛平均上座率的调查,托特纳姆热刺队是本赛季主场比赛门票收入损失最多的球队,平均每场有 8 000 多个空座,潜在门票损失超过 16 万英镑(根据最低票价计算);其次是切尔西俱乐部,平均每场空座超过 3 000 个,潜在门票损失超过 15 万英镑(根据最低票价计算)。曼彻斯特联队在赛季初迎来了克里斯蒂亚诺·罗纳尔多的回归,球队成绩虽然不理想,但球星的高人气依然使曼联的球市异常火爆,场均损失仅为 5.54 万镑(根据最低票价计算)。

莱斯特城是这个赛季潜在门票损失最低的球队,尽管受到疫情影响,该队主场比赛却极少出现空座,场均仅有 251 个空位,门票损失仅为 6 526 英镑(根据最低票价计算)。莱斯特城队的主场可以容纳 32 312 人,远不是联赛中最小的球场。可见,莱斯特城队相对较低的定价(季票价格联赛排名第 17)、中等偏上的成绩排名(2020—2021 赛季成绩排名第五)、容量适中的球场、稳定的球市都为球队实现门票收入最大化作出贡献。从收益管理的角度来看,理想的休闲体育服务定价旨在以适合的价格吸引足量的需求,充分利用服务供给能力实现收益最大化。

第一节 休闲体育服务定价的特点

休闲体育服务定价的目标与一般营销定价的目标相类似,包括收益利润目标、顾客关系目标、企业战略目标等。然而,正如导入案例所示,休闲体育服务定价受到多重复杂因素影响,和有形产品的定价存在差异。综合而言,这种差异源于服务的特殊属性、非货币成本的作用以及顾客对服务质量的感知。

▷ 一、与有形休闲体育产品的差异

休闲体育服务以非实物形态向社会提供，无形的服务组合变化灵活，无法像有形产品那样按照品牌、规格、功能进行陈列标价。顾客需求的不同、服务提供主体的差异、消费时间和空间的变化、服务的无形性、差异性、不可储存性等特点都会影响休闲体育服务的定价机制。2019 年发布的《中国路跑运动报告》显示，路跑运动在我国城市的覆盖率达到 85.33%。以马拉松为代表的路跑运动，已成为中产阶级人群最为普及的健身方式。马拉松旅游是跑步消费的主要内容，旅游参赛跑者的消费支出受到赛事服务质量、举办城市发展水平、参赛便利程度等多重因素的影响，支出水平差异巨大，赛事参与的支出金额从几百元到上万元不等。此外，休闲体育服务消费往往与运动装备、营养补给等有形产品消费相关。相关调查显示，2019 年，中国跑者人均跑步总消费中 40% 为跑步相关的服务支出，其他 60% 是跑步相关的有形产品支出。

▷ 二、非货币成本的作用

顾客购买休闲体育服务的成本既包括实实在在支付给商家的价钱（货币成本），又包括顾客寻找、购买和使用休闲体育服务付出的时间成本、精力成本、机会成本等，也就是非货币成本。非货币成本是影响顾客满意度及再次购买的重要因素，甚至可能成为顾客购买决策的决定性因素。非货币成本一般包括时间成本、搜寻成本、便利成本、精神成本等。[1]

（一）时间成本

时间成本指顾客在获得休闲体育服务的过程中，为接受服务所付出的时间代价和损失，包括顾客的等候时间和使用服务的时间。一方面，在快节奏的现代生活中，人们的闲暇时间非常有限，不愿意在无法令其愉悦、无价值的活动上浪费自己的时间。另一方面，休闲体育服务的场所容量和供给能力相对固定，服务企业很难控制特定时段的顾客数量，每位顾客使用服务的时

---

[1]　[美]瓦拉瑞尔·A. 泽丝曼尔，玛丽·乔·比特纳，德韦恩·D. 格兰姆勒. 服务营销[M]. 7 版. 张金成，白长虹，杜建刚，等译. 北京：机械工业出版社，2018.

间同样存在不确定性，可能导致等候时间过长，影响顾客体验。

通过降低等候时间提升体验质量是优秀的休闲娱乐企业必须要考虑的。例如，迪士尼进园安检、各个游乐项目的排队需要花费很长时间。为避免出现"排队两小时，游园两分钟"现象，提升游客的游园体验，迪士尼为游客提供了景区、住宿、交通等全方位的旅游攻略。此外，游客通过 App 客户端开通线上"迪士尼快速通行入口"，扫描手机或乐园门票上的二维码，验证成功后可以快速进入景点。游客还可以根据迪士尼 App 平台查看各个项目的实时排队时间，据此调整游园行程，这些措施很大程度上减少了游客的时间成本。此外，缜密的时间管理服务也能够为企业带来额外收入。与迪士尼类似，环球影城每天为游客提供一定数量的免排队游园"优速通"。虽然"优速通"的定价高于平日门票价，但为了避免排长队，游客也愿意选择花钱买时间，致使每天的"优速通"供不应求。

（二）搜寻成本

搜寻成本是顾客在确定和选择休闲体育服务上所付出的努力。服务无法像有形产品一样清晰标注和呈现型号、质地、款式等产品信息，因此对于习惯通过全面评估比较然后选择服务的顾客而言，搜寻成本会成倍放大。当今世界优秀的马拉松跑者基普乔格曾这样描述自己的教练："帕特里克对于我，远不止是一名教练，他是我的精神导师，更是一个父亲般的角色。他将托举我去摘取各类比赛的桂冠，并创下世界纪录，达到一个我从未敢想象的高度。"吉普乔格能够成为马拉松项目跑进两小时的"世界第一人"，和其教练的指导激励密切相关，可见一名好的教练对运动员的重要性。但是找到一个适合的好教练非常不易，这也从一个侧面体现了休闲体育服务选择的难点和不确定性。

（三）便利成本

便利成本指在休闲体育服务过程中因不便利因素而付出的额外代价。跑者去异地参加一场马拉松比赛，由于距离较远需要至少提前一天到达举办地，由此产生的住宿、交通费用就是因为不便利而产生的额外支出。选址是零售业成功最关键的因素之一，这在体育培训、健身行业尤其重要。试想一家健身俱乐部拥有一流的设施和服务，价格物超所值，但地理位置却在目标客群工作生活圈两小时之外，在这种情况下，俱乐部是很难招徕顾客的。交通成本是顾客选择健身房、培训服务的重要考虑因素，在健身场地稀缺的北京市区，一家少儿篮球培训机构能够签下热门地段篮球场地的长租协议，基本也就意味着获得了方圆 5 千米内的篮球生源。

（四）精神成本

精神成本包括感官性成本和心理成本，往往会成为顾客接受服务时一种"最为痛苦"的非货币成本。感官性成本指服务使用过程中给使用者感官带来的不愉快感受。这些成本可能包括因为不良的服务环境而需要忍受的噪声、难闻的气味、不良的通风条件、过热或过冷、不舒适的座位和令人不悦的视觉环境等，也包括一些休闲爱好者在参加蹦极等危险系数较高的项目时感到的不适与害怕，恐高的游客登山时对玻璃栈道的恐惧等。

心理成本包括担心被拒绝或欺骗、担心不被尊重或得不到物有所值的服务等。例如，针对女性群体中广泛存在的减重塑形需求，传统健身俱乐部纷纷推出减重服务套餐，但是效果并不理想。2020 年初，新冠疫情暴发，线上健身培训广受欢迎，线上减脂营也迅速成长。年轻女性群体减肥意愿强烈、专业知识不足，她们在公众场合锻炼往往会有较大的心理负担。相比于传统健身房的年卡或私教模式，线上减脂营在一定程度上降低了年轻女性的心理成本。这类减脂营培训不仅周期短、总价低，而且目的性强，平台在提供"教练+营养师"的同时为用户提供专业咨询、外力督导和心理抚慰，起到"1+1>2"的效果。当然，从品牌成长的角度考虑，线上减脂营和线下培训相结合、固定优势、形成核心竞争力是减脂营发展的必经之路。

综上，企业可以组合产品策略和定价策略对上述非货币成本进行管理，如通过增值服务增加服务便利性，进而降低顾客的时间成本，实现顾客的支付成本最小化，构建竞争优势。具体而言，休闲体育服务企业可以针对"花时间省钱""花钱省时间"两种不同的细分市场，对时间敏感型顾客提供服务到家的套餐模式，对价格敏感型顾客提供价格更优惠的服务。例如，国外马拉松赛事组委会通常会选择与赛事赞助商、体育中介机构、旅行社等合作，为这些机构提供专门的参赛名额，共同推出旅行参赛的套餐服务，相较于自助游，这种旅行社提供的一站式旅行参赛服务内容齐全，甚至能够帮助跑者办理烦琐的出境（关）手续。以 2019 年台北马拉松提供的四天三晚的"跑马旅行团"套餐为例，该套餐为大陆跑者专享，四天台湾的行程安排不仅包括台北马拉松参赛名额、往返行程机票、酒店住宿餐饮、台北故宫博物院、九份山城、西门町等景点参观，还能够协助办理往来台湾的通行证和签注。就马拉松参赛而言，非货币成本还包括比赛日当天抵离起终点的本地交通便利程度。为给跑友提供安全、优质、便捷的参赛体验，很多城市的马拉松组织方都会选择与当地交通部门合作，比赛期间允许参赛选手凭借参赛号码簿免费乘坐市内公共交通。

三、价格是服务质量的体现

顾客把价格作为服务质量的体现取决于以下几个因素：一是受"一分钱一分货"的观念影响，面对不太熟悉的休闲体育服务，当服务质量很难辨别或价格变化较大时，顾客会从经验上将服务的价格和其使用价值做等价替换，相信价格是服务质量的指标；二是考虑到购买休闲体育服务的风险，顾客会把价格作为服务质量的替代物。在风险大的情形下，许多休闲体育服务中包含品牌价值和信誉保证，这在户外运动的规划和体育健身咨询行业中最为常见。以主打团课、单次付费的"超级猩猩"为例，2019年2月，成立5年的"超级猩猩"宣布完成3.6亿元D轮融资，付费用户人数达到30万，80%的用户来自口碑推荐，次月顾客留存量为50%~60%，单店日均排课量超过10节，平均效率居行业首位。虽然"超级猩猩"客单价69元起，比办理年卡、长期会员的课均单价高，但这种付费模式有效帮助顾客规避了健身房"跑路"的经济风险，"超级猩猩"的品牌效应为企业带来了溢价空间。

值得注意的是，顾客将价格作为服务质量的线索，并因价格对质量产生预期。休闲体育服务提供者在制定价格时必须慎重考虑成本和市场竞争因素，仔细分析顾客的消费心理及其变化，通过价格向顾客传达适当的服务质量信号：服务定价过低，可能导致顾客对服务质量产生不信任；服务定价过高，可能在服务提供中难以满足顾客的质量期望，影响信誉和口碑。

第二节　休闲体育服务定价目标与方法

一、休闲体育服务定价目标

定价目标是休闲体育服务企业在制定服务价格时的指导原则，直接影响企业定价策略。下面介绍几种常见的定价目标。

（一）收益和利润目标

收益和利润目标指服务企业为收回成本、追求利润，在一定时期内获得最高盈利总额的定价目标。收益和利润目标应以服务企业良好的市场声誉和营造良好的市场环境为前提。利润最大化分为长期利润最大化和短期利润最大化。短期利润最大化通过较高的服务定价能够在短期内快速给企业带来丰厚的利润，然而随着市场供求关系的变化，这样的撇脂定价往往难以维系，需要及时作出调整。休闲体育服务企业可以运用收益管理系统，通过持续调节价格和细分定价目标从固定产能中获得最大收益，实现长远发展。

（二）市场份额目标

为实现企业服务的规模效应，不少企业在相当长的时间内会把市场份额目标作为定价的首要指导原则。基于休闲体育服务高固定成本、低边际成本的特点，体育服务产品价格中有很大一部分用于补偿庞大的固定成本费用；低边际可变成本的特点决定了体育服务业可以采取弹性较大的价格策略，经营者可根据实际情况，在实现盈亏平衡点（见"成本导向定价法"）后，服务价格可以在高于变动成本的较大范围内浮动。然而，服务领域的规模效益远比有形产品生产更难实现，原因在于服务个性化强、难以标准化、需求分散、需求波动大。例如，青少年体育培训具有高度资源导向的特点，边际效应递减显著，发展规模越大，管理难度越高，成本越高，直接影响企业利润。小规模体育培训机构的管理相对容易，但是要想稳步扩张，保持高水准管理获取高市场份额却非常困难，关键是要建立一套标准的产品复制体系，包括课程的标准化、教练的输出培养、单店系统输出等。

（三）战略相关目标

战略相关目标包含两个方面：一是支撑定位策略。一些公共休闲体育服务企业为了支持相关政策目标的实现，可能会制定低于行业平均水平的价格，进而实现社会效益，树立品牌形象，支撑企业定位及差异化策略。例如，为构建亲民、便民、惠民的全民健身服务体系，第十四届全运会结束后，西安市大部分全运会场馆陆续向市民免费或低收费开放，以提高市民身体素质和健康水平。二是支撑竞争策略，表现为阻止竞争对手扩大服务产能，或阻止潜在竞争对手进入市场或者扩大市场。

（四）顾客满意度目标

服务企业的长远发展依赖于顾客忠诚度的不断提高，而顾客的忠诚又来自顾客对服务的满意。一般而言，获取新客户的成本远远高于维持老客户的成本。因此，续课率、续卡率是休闲体育服务机构的重要业绩指标。休闲体育服务企业为了实现顾客满意度目标，会通过问卷调查等方法了解顾客需求，为顾客提供便捷、高效、安全的个性化服务。考虑到休闲体育服务较高的转换成本，当顾客感受到服务"物有所值"时，一般会继续购买使用而不会更换机构，较高的顾客留存率能够有效降低休闲体育服务机构的经营风险。

二、休闲体育服务定价方法

按照价格理论，影响休闲体育服务定价的因素主要来自三个方面，即服务成本、竞争者的价格及顾客获得的价值，这三个方面相应形成成本导向定价法、竞争导向定价法、顾客感知定价法。休闲体育服务企业通常会将服务的成本价格作为最低价格和价格下限，顾客的感知价值作为最高价格和价格上限，市场竞争状况调节休闲体育服务价格在上限和下限之间波动，最终确定服务的市场价格。[①]

（一）成本导向定价法

成本导向定价法是建立在销售预测的基础上以卖方为导向的定价方法。该方法虽然对市场需求、竞争与价格水平变化不敏感，但是对企业成本控制有重要意义。有形产品的成本结构相对清晰，包括生产和分销相关的原材料、劳动力、机器使用折旧、存储及运输成本等。而服务本身不具备所有权属性，需要根据顾客服务流程或者无形的实时服务内容来测算财务成本，因此比有形产品成本测算更为复杂。体育培训服务的主要成本是员工时间，而人所花费时间的价值很难确定，特别是企业提供多样化服务的情况下，许多服务是以输出单位而不是以可计量单位出售。例如，重庆冰纷万象滑冰场，学员 30 分钟单次课的收费标准因授课教练的级别不同而不同，基础级教练单次课价 210 元，高级教练课价 240 元，资深级教练课价 270 元，教练总监课价 330 元。

企业在制定休闲体育服务价格时，可以通过盈亏平衡分析，预测达到盈

---

① ［新加坡］约亨·沃茨，［美］克里斯托弗·洛夫洛克. 服务营销［M］. 8 版. 韦福祥，等译. 北京：中国人民大学出版社，2018.

亏平衡、收支相抵时的服务销量，即为盈亏平衡点。在实践中，也可以通过调整价格来改变实现盈亏平衡需要达到的销售量，超过盈亏平衡点的销量能够为企业带来利润。休闲体育服务盈亏平衡点测算的成本构成一般包括固定成本、变动成本和准变动成本。

固定成本是指在休闲体育服务过程中，即使不提供服务也必须支付的费用，不随休闲体育服务销量变化而变化，如场馆租赁费、设施设备日常维护和折旧费用、固定资产费用、管理人员的薪金等。

变动成本是在休闲体育服务中支付各种变动要素的费用，随休闲体育服务产出的变化而变化，如临时雇员的工资、设施设备租赁费、水电费等。

准变动成本是介于固定成本和变动成本之间的那部分成本，随业务量的增减而变化。例如，为满足假期增加的培训需求，蹦床馆会在周末节假日需求旺盛时雇用更多的临时员工。

此外，顾客贡献也是盈亏平衡分析中的一个重要概念，指每个新增服务销售所获得的收入扣除变动成本后的余额。在实现盈亏平衡前，顾客贡献需要用于弥补固定成本和准变动成本。

盈亏平衡点又称零利润点、保本点、盈亏临界点，通常是指全部收入等于全部成本时的销量。以盈亏平衡点为界限，当销售收入高于盈亏平衡点时，企业盈利，反之企业亏损。盈亏平衡点可以用销售量表示，也可以用销售额表示。以青少年体育培训为例，每月要实现盈亏平衡，月初每一节课的收入除了负担变动成本，还需要负担固定成本和准变动成本，在达到盈亏平衡点的课时量后，每节课的顾客贡献即为利润。

以销售量表示盈亏平衡点，盈亏平衡点＝固定费用÷（产品单价−变动成本）；以销售额表示盈亏平衡点，当休闲体育服务企业实现盈亏平衡点时，收入−（固定成本＋变动成本）＝0。在实践中，休闲体育服务企业也可以通过成本和预期销售量来确定实现盈亏平衡点的定价，表示为：利润盈亏平衡点定价＝每月成本÷每月顾客量。

例如，某全新健身工作室的每月固定支出为40 000元。变动成本包括教练底薪每节课400元、前台底薪每节课200元、毛巾每人10元。每周安排20节课，每节课最多20人，顾客到店率为50%（一般而言，一个全新的健身工作室最多实现40%~50%的使用率）。测算盈亏平衡点的课程定价：

（1）先计算每月的健身房成本

每月成本＝固定成本+可变成本

　　　　＝固定成本/月+教练底薪/月+前台底薪/月+毛巾成本/月

即：每月总成本＝40 000+400×20×4+200×20×4+10×20×20×50%×4=96 000（元）

（2）预测顾客总量

每月顾客总量＝20×20×4×50%＝800（人次）

（3）计算盈亏平衡点定价

利润盈亏平衡点定价＝每月成本÷每月顾客量

即：96 000÷800＝120（元）

因此，健身房向每位顾客每节课收取至少120元，才能实现盈亏平衡。如果想要获得40%的利润，就需要把价格乘以1.4倍，即：

120×（1+40%）＝168（元）

（二）竞争导向定价法

在竞争激烈的市场上，企业通过研究竞争对手的生产条件、服务状况、价格水平等因素，依据自身的实力、参照成本和供求状况来确定休闲体育服务价格，这种方法就是竞争导向定价法。[1]在休闲体育服务中，竞争导向定价法并不是收取与其他企业相同的费用，而是将竞争者定价作为重要参照，结合自身实力和市场策略合理制定价格。竞争导向定价法主要有随行就市定价法和产品差别定价法。

在垄断竞争和完全竞争的市场结构下，大多数休闲服务企业为避免价格竞争带来的行业总体损失，会采取随行就市定价法，即制定的服务价格保持在市场平均价格水平。休闲体育服务企业在服务成本测算有困难，或者竞争者不确定的情况下适宜采用这种定价方法。例如，在同一区域内，距离较近的健身房的定价存在关联波动，当一家健身房提价或降价时，其他同类健身房的同类经营项目价格也会作出相应的调整。随行就市定价法一般不会扰乱行业秩序，能够反映行业的集体智慧。

与随行就市法不同，产品差别定价法是一种进攻性的定价方法，指企业通过营销努力在顾客心目中树立起不同的形象，突出自身品牌特色，收取低

---

① 　郭国庆. 服务营销［M］. 4版. 北京：中国人民大学出版社，2017.

于或高于竞争者的价格。采用产品差别定价法的休闲体育服务企业一般具有广泛的知名度并在市场中占有较大的市场份额，其提供的休闲体育服务有很强的辨识度，顾客能够将服务质量与企业品牌很好地联系起来。从长远来看，休闲体育服务企业只有通过提高服务质量，才能真正赢得顾客的信任，进而在竞争中立于不败之地。例如，张家口市崇礼万龙滑雪场 2019—2020 雪季春节一天的滑雪票价超过 700 元。然而，由于万龙滑雪场地理位置优越、充满挑战的 550 米的雪道设计、得天独厚的天然降雪和充足的人工造雪、贴心的餐饮住宿服务等，虽然价格不菲，仍能吸引大量追求高品质滑雪体验的顾客重复前往消费。

（三）顾客感知定价法

让顾客满意是休闲体育服务企业获客留客的关键，顾客是否满意取决于顾客对服务的感知价值与服务的货币价格、服务质量之间是否存在差距。感知价值也称为感受价值或认知价值，是顾客对某项休闲体育服务价值的主观评判。与成本导向定价法和竞争导向定价法不同，感知定价法侧重考虑顾客从服务中获得的收益以及非货币成本对顾客满意度的影响。当休闲体育服务的提供需要顾客花费额外的时间、会给顾客带来不便或者增加顾客的心理成本时，为了提升感知价值，服务的货币价格就需要作出相应的调整。而当休闲体育服务的提供有利于顾客节省时间、降低心理及搜索成本时，顾客会愿意支付较高的货币价格。从感知价值的角度来看，服务标价不是顾客考虑的唯一因素，更不是影响顾客满意的唯一因素。例如，父母给孩子在一家花样滑冰培训机构办了年卡，固定教练一对一授课让教练逐步对孩子有了深入了解，能够根据孩子的身体条件、技术掌握程度、体能特点制定合适的训练计划，实施个性化执教，培训效果良好。年卡到期后，虽然培训价格上涨，但是考虑到因更换教练带来的不确定性以及由此产生的搜寻、心理等成本，父母也不会轻易转向其他类似的培训机构。

在感知定价法中，休闲体育服务提供者将顾客对休闲体育服务的感知价值作为主要定价依据。此外，服务定价也对服务质量起到预示作用：较高的休闲体育服务定价预示着承诺较高的服务质量，较低的服务定价预示着承诺较低的服务质量。因此，较高的服务定价会提升顾客对服务的期望，而较低的服务定价会降低顾客对服务的期望。如果服务定价所预示的质量达不到顾客期望的质量，就会影响顾客对服务的认可。

感知价值定价法的关键点和难点是获取消费者对价值感知的准确信息。休闲体育服务企业如果过高估计消费者对其服务的感知价值，可能会定价过高，难以达到应有的销量；反之，若休闲体育服务企业低估了顾客对其服务的感知价值，其定价可能会低于服务的应有水平，使企业减少收入。因此，服务企业必须通过广泛的市场调研，了解不同细分市场顾客的需求偏好，根据休闲体育服务的性能、用途、质量、品牌、附加服务等要素判定这些顾客的感知价值，制定服务初始价格。依据初始价格预测可能的销量，分析目标成本和销售收入，在比较成本与收入、销量与价格的基础上，确定该定价方案的可行性并制定最终价格。

实例5-1

伦敦马拉松赛的慈善名额

伦敦马拉松赛以"慈善马拉松"著称，是世界上最大的慈善赛事。尽管近几年由于新冠疫情仅允许精英运动员参赛，但2020年第40届伦敦马拉松赛却吸引近46万名跑者报名。按照2019年伦敦马拉松赛约4.3万跑者的参赛规模计算，2020年伦敦马拉松赛的中签率不足10%。超低的中签率导致很多想要参加伦敦马拉松的跑者只能把希望寄托在慈善名额。虽然慈善名额价格不菲，跑者们仍然趋之若鹜。究其原因，一方面和慈善名额的"成本"有关，另一方面和跑者对比赛的感知价值有关。

1993年，伦敦马拉松赛组委会推出"金色债券"计划，慈善机构可以以每人300英镑的价格购买参赛资格，之后将该参赛资格转让给未能中签的爱好者，前提是获得这一慈善名额的跑者承诺为慈善事业筹集到四位数的资金，通常被称为"募捐承诺"。目前，该计划已经涵盖750个英国慈善机构，伦敦马拉松赛每年共有15 000个参赛资格通过这一方式流转出去。从慈善机构购买的参赛资格的费用（300英镑）再加上需要募集的资金（最少1 000英镑），导致伦敦马拉松赛报名参赛的成本最少需要1 300英镑。

当然，中签率低并不是伦敦马拉松赛慈善名额价格高昂的唯一原因。

自 1981 年首次办赛以来，伦敦马拉松就以其独一无二的绝佳赛道闻名于世。平坦的赛道、优美的城市景观和怡人的城市气候，为参赛者提供了创造个人最好成绩的绝佳条件。2019 年伦敦马拉松赛，基普乔格以 2 小时 02 分 37 秒的成绩第四次夺得冠军，并刷新了由他本人保持的 2 小时 03 分 05 秒的赛会纪录。此外，严谨完美的赛事服务、趣味十足的赛程、另类吸睛的奇葩造型也是赛事的几大亮点。

伦敦马拉松赛的慈善名额虽然价格较高，但仍然一席难求，这就是顾客感知定价策略的体现。伦敦马拉松是世界六大大满贯马拉松赛事之一，超低的中签率、优美的赛道、全球跑者云集等因素都增加了赛事的感知价值。慈善名额本身附带社会价值，增加了跑者的参赛意义。因此，即使慈善名额价格远高于普通参赛名额，跑者仍然愿意花费高价参加比赛做慈善。

第三节　休闲体育服务定价策略

营销学研究范式依次经历了商品占主导、服务占主导和顾客占主导三个阶段。商品占主导和服务占主导的逻辑，其实质都是产品或服务提供者占主导。随着研究的深入，一些学者认识到，顾客（消费者）在服务价值创造过程中处于主导地位，企业在此过程中只起促进作用。企业考虑问题的角度不应是自己的产品和服务能为顾客带来什么，而应该是顾客能够利用产品和服务干什么。在这种情况下，传统以提供者（生产者）为主导的逻辑已无法有效指导营销理论研究和营销实践，要求休闲体育服务企业以顾客为主导的逻辑代替以提供者为主导的逻辑。[1]加之休闲体育服务具备无形性、不可分离性、可变性和易消失性等特征，基于顾客感知价值制定价格策略更具针对性，也更加有效。[2]顾客对价格的感知维度不尽相同，瓦拉瑞尔·泽丝曼尔（Valarie Zeithaml）将顾客价值归纳为 4 类：① 价值是低价格；② 价值是从

---

[1]　万文海，王新新. 共创价值的两种范式及消费领域共创价值研究前沿述评 [J]. 经济管理，2013, 35（01）: 186-199.

[2]　叶力源. 基于顾客感知价值的服务营销初探 [J]. 经济论坛，2009（12）: 134-136.

服务中获得需要的东西；③ 价值是从所支付的价格中得到的服务质量；
④ 价值是所有付出所得到的回报。①这 4 类顾客价值在服务营销定价中广为
应用，也为休闲体育服务定价策略制定提供了依据（表 5-1）。

表 5-1　休闲体育服务中四类顾客价值的含义

名称	界定	举例
价值是低价格	顾客将服务的价值等同于低廉的价格，认为所要付出的货币是最为重要的	针对一节健身操课，价值就是活动期间的服务优惠价
价值是从服务中获得需要的东西	顾客将服务价值等同于服务中所得到的利益，认为价格的重要性远远低于能满足顾客需要的质量或特色	在棒球、美式橄榄球、冰球等小众高端少儿体育培训中，很多家长看重的是这些项目的文化属性，为孩子长大后出国留学的文化适应作铺垫
价值是从所支付的价格中得到的服务质量	顾客将服务价值看作是其付出的金钱和所获得的服务质量间的交易（性价比）	顾客在选择游轮度假时，会全面考虑在同等价格下能够获得的各类服务和体验
价值是所有付出所得到的回报	顾客将服务价值看作是付出和收益的总和，顾客在购买时会充分考虑支付价格之外的各类非货币成本（金钱、时间和努力）	家长在为孩子选择校外体育培训班时，会充分考虑上课地点和时间。由于接送孩子上下课的需要，时间、地点的便利对家长而言都意味着成本

一、顾客认为"价值就是低价格"时的定价策略

当付出货币的多少对顾客而言是最重要的价值决定因素时，休闲体育服
务企业应重点关注价格。在实施以价格为主导的定价策略时，休闲体育服务
企业管理者首先应当及时了解服务涉及的各项物质成本以及人力成本的动态
变化。其次，服务企业需要评估顾客对休闲体育服务价格的敏感程度、可接

---

① ［美］瓦拉瑞尔·A. 泽丝曼尔，玛丽·乔·比特纳，德韦恩·D. 格兰姆勒. 服务营销 ［M］. 7 版. 张金成，白长虹，杜建刚，等译. 北京：机械工业出版社，2018.

受的价格范围，了解服务对潜在顾客的净价值和他们的支付能力。最后，休闲体育服务企业管理者还应了解不同细分市场的价格弹性，避免对具有高支付能力的细分市场投放那些以敏感价格、吸引低支付能力顾客的促销活动。当顾客将服务价值定义为低价格时，可以采用折扣定价、尾数定价、同步定价及渗透定价等方法。

（一）折扣定价法

折扣定价法是指休闲体育服务企业通过市场调查了解顾客的价格预期和价格敏感度，在基本价格上作出一定让步，以促进服务销售的定价策略。折扣定价法比较适合预付款购买、大批量购买、淡季销售、冷门时段销售等情况。折扣定价是在原价基础上进行的，商家调低服务基本价格，让顾客从中获得看得见的实惠。例如，2019 年咸宁国际温泉马拉松赛，全马、半马、微马（8 千米）的个人报名单价分别为 150 元、120 元、50 元。为了吸引参赛者，组委会提供了团体满 30 人（不限项目）报名享 85 折优惠的活动。折扣定价法还可以"免费"的形式出现。河北崇礼多乐美地小镇在 2020 年元旦推出大学生"免费滑雪"活动，尽管到多乐美滑雪场滑雪是免费的，但是住宿、餐饮以及雪具的租赁都要收费。多乐美地小镇通过"滑雪免费"吸引学生群体，主要目的是宣传雪场、培育品牌、带动相关消费、提高雪场收入。

（二）尾数定价法

尾数定价法是指在整数价格之下制定一个带有零头的价格，以使顾客感到他们获得了较低的价格。例如，健身俱乐部的年卡定价为 1 998 元，而不是 2 000 元。尾数定价暗示了折扣和廉价，有利于吸引价格敏感的顾客。

（三）同步定价法

同步定价法是针对顾客对价格的敏感度，根据休闲体育服务提供的时间、位置、数量等差异来区分定价，实现需求管理。例如，2019 年国际篮联篮球世界杯的门票分为单场比赛球票、球队套票、城市套票、单日通票，所有的场馆门票价格分为 5 个票档，场地座席根据实际情况出售。具体价格如表 5-2 所示。

表 5-2　2019 年国际篮联篮球世界杯门票价格

单位：元

比赛阶段	票价等级	A 档	B 档	C 档	D 档	E 档
小组赛	标准赛事	880	580	380	280	180
	高级赛事	1 280	980	680	480	280
	第二轮	1 680	1 280	880	580	380
排位赛	17~32 名	680	480	280	180	80
	5~8 名	1 880	1 380	980	680	380
决赛阶段	四分之一决赛	2 380	1 680	1 180	780	480
	半决赛	3 280	2 680	1 880	1 280	780
	季军争夺赛	3 280	2 680	1 880	1 280	780
	决赛	8 080	6 580	3 880	2 380	1 080

注：A 档：下层看台，球场视野最好；B 档：下层看台，篮筐后的位置；C 档：上层看台，沿着边线往上的位置；D 档：上层看台，在四个角落的位置；E 档：上层看台，篮筐后往上的位置

（四）渗透定价法

渗透定价法是指新服务进入市场时，用低价吸引客户，通过快速增加销量降低单位成本，进而拓展市场的方法。这种方法适用于价格敏感的市场并且低价不会引起潜在竞争。渗透定价法虽然利润率低，但是有两个显著优点：一是低价可以使服务尽快被市场所接受，并借助大批量销售降低成本，获得长期稳定的市场地位；二是可以阻止竞争者进入，增强自身的市场竞争力。

值得注意的是，休闲体育服务企业在使用渗透定价法时必须要考虑成本，不能够为了短期的资金回收不顾成本，进行超低定价。虽然短期内渗透定价法能够以价换量，但长期来看存在巨大隐患，这在以预付卡销售为主的传统健身房经营中尤为突出，切忌为了追求短期销售额而不考虑可持续发展。2019 年，有着 30 年历史的北京浩沙健身连续撤店，致使数百名消费者和工作人员蒙受损失，教训惨痛。在实施渗透定价策略后，如果没有一套完整的方法使价格回归成本以上的市场价格，还有可能引发同一区域健身会所的价格战，导致恶性竞争。此外，低价不等同于免费，否则将不利于顾客付费习惯的形成。某项在京举办的国际大赛在办赛初期通过赠票提高上座率，经过多年培育，虽然赛事形成了品牌，但是习惯了赠票的观众群体仍然不愿

意付费购票前往观赛。

实例5-2

火奴鲁鲁马拉松赛的"早鸟价"

夏威夷的火奴鲁鲁马拉松赛自 1973 年开始举办，由于没有人数限制和完赛时间限制，不论是有经验的老手跑者还是新手跑者都可以参加，深受人们喜爱。火奴鲁鲁马拉松赛近似环形的路线从阿拉莫阿那海滨公园开始，到卡皮欧尼拉公园结束，途经怀基海滩钻石头火山等著名景点。除了两个爬坡路段，整个赛道都很平坦。为了保证在凉爽的气温下进行比赛，火奴鲁鲁马拉松赛清晨 5 点就开跑，跑者沿途可以欣赏日出时太平洋上童话般迷人的风景。

火奴鲁鲁马拉松赛组委会鼓励来自世界各地的人们前往参赛，没有人数限制，多多益善。赛事的报名通道在年初开放，越早报名，价格就越优惠。组委会推出的"早鸟价"是折扣定价的一种，在规定时间内提前报名参赛即可获得一定的优惠。美国及加拿大居民在当年 2 月报名全程马拉松和在 11 月报名的价格相差了 152 美元，这样的定价策略让早报名的跑者感知到价格的优惠。此外，火奴鲁鲁马拉松赛通过组合折扣鼓励多名跑者组团报名。火奴鲁鲁马拉松赛是典型的旅游马拉松，跑者报名赛事也意味着到夏威夷旅游，能够给举办地带来不菲的旅游相关消费收入。

二、顾客认为"价值就是从服务中获得需要的东西"时的定价策略

一些顾客把从服务或产品中得到的利益看作最重要的价值因素。在该价值定义中，服务支付价格的重要性远远低于其满足顾客需要质量或特色的重要性。提供高质量、高档次休闲体育服务的企业往往采用该定价策略。当顾客认为"价值就是从服务中获得需要的东西"时，通常可以使用声望定价法或撇脂定价法。

（一）声望定价法

声望定价法是指服务企业根据所提供服务在顾客心目中的声望高低来制

定相应的价格，是提供高质量或高档次服务的企业采用的以需求为导向的定价方法。声望定价法能够在一定程度上满足目标顾客炫耀性消费的心理需求。游戏皮肤是电子竞技游戏消费的主要支出之一。如果游戏设计者引导玩家群体形成共识，即拥有皮肤的游戏玩家相较于没有皮肤的玩家更具实力和声望，那么即使新推出的"黄金装备"定价近千元，玩家仍会争先购买。例如，在英雄联盟游戏中，尽管需要花费两三千元抽奖才有可能获得一款名为"龙的传人"的皮肤，玩家仍然趋之若鹜。

（二）撇脂定价法

采用撇脂定价法，意味着休闲体育服务企业在前期以大大高于服务成本的价格将新的服务投入市场，以便在短期内获取高额利润尽快收回投资，然后再逐渐降低价格。一般而言，撇脂定价法对服务产品价值有较高要求，以中、高收入阶层群体为目标市场。实施撇脂定价法需要具有以下条件：第一，服务的需求弹性较小或者市场上存在一批购买能力强并且对价格不敏感的消费者；第二，短期内没有竞争性企业推出相同的服务，本企业的服务具有明显的差别化优势；第三，高价格能够给顾客带来高档次服务的印象。马术培训、外教冰球、英语篮球等高端青少年培训都曾采用撇脂定价法。

实例5-3

NBA 中国赛的款待套餐组合

NBA 中国赛不仅是篮球的盛宴，也是体育社交的盛宴。观赛群体除了普通篮球球迷，还包括高端客户和商务群体。因此，组委会根据不同群体的需求制定了不同的款待套餐。

1. 至尊套餐

➤ 场边席球票（价值 2 万元）

➤ 球星签名球衣

➤ 赛前在专人陪同参观后台功能区和球员更衣室

➤ 赛前由全体参赛球员参加的正式欢迎酒会

➤ 比赛日车证

2. 商务套餐

➤ 包厢门票（价值1万元/人，5人起售）

➤ 参与全体参赛球员参加的正式欢迎酒会

➤ 球星签名球衣

➤ 比赛日车证

3. 硬核球迷套餐

➤ 球队加油专区球票（价值2 000元）

➤ 赛后欢庆派对（不保证所有参赛球员都参加）

➤ 定制纪念品和加油物品

　　上述三类观赛人群的观赛动机存在很大差异，款待套餐据此进行了针对性的资源组合，体现的正是"价值就是从服务中获得需要的东西"的定价策略。高收入群体有较高的支付能力，对价格敏感度低，愿意支付高价享受数量极其有限的场边席球票，赛前在专人带领下可获得参观后台功能区和球员更衣室的礼遇。企业希望通过这类大型赛事的举办培育客户关系或者进行员工激励，带有餐饮服务的包厢、共同出席正式欢迎酒会均有利于在观赏精彩激烈的赛事之余进行商务沟通。对这两类人群而言，比赛日车证也是必不可少的礼遇。硬核球迷的支付能力相对有限，时间相对富裕，对车证这类带来便利的附加服务没有太多需求，他们最为关注的是球赛和球星。因此，该套餐重点在于为他们提供了能够与其他铁杆球迷一起互动的球队加油专区观赛体验；运气好的球迷没准还能够在赛后欢庆派对遇到心仪的球星，获得球星的亲笔签名。

　　（资料来源：根据2018年橙光线体育赞助培训课程练习案例）

三、顾客认为"价值是从所支付的价格中得到的服务质量"时的定价策略

　　价格对于传达服务质量具有相当大的作用，大部分顾客不掌握准确的服务参考价格，因此往往会将其付出的金钱高低与其所能获得的质量水平进行比较。在质量主导的服务定价策略下，服务企业首先要考虑服务质量和货币价格的关系，理解服务质量对顾客或顾客细分市场意味着什么，然后用质量水平去匹配不同的价格水平，从而帮助顾客实现"性价比"的最大化。当顾客认为"价值是从所支付的价格中得到的服务质量"时，可以使用超值定价

法和市场细分定价法。

（一）超值定价法

超值定价法是将广受欢迎的几种休闲体育服务组合在一起，使服务的打包定价低于分别购买每种服务价格的定价方法，即"付出少获得多"。休闲体育旅游套餐是比较典型的超值定价。例如，2022 年 1 月融创雪世界为滑雪爱好者推出了 199 元超值会员权益卡，此卡在全国融创雪世界通用，包含两人同滑一人免单、每周一次购票 5 折优惠、生日当天免费畅滑、专享礼包、专属会员客服 5 大权益。此外，超值定价在网络付费观赛中也较为普遍。例如，在咪咕视频购买 268 元"欧洲足球全通包"，就可以获得观看 2021—2022 赛季欧洲足球五大联赛全部比赛直播的权益。

（二）市场细分定价法

市场细分定价法是指休闲体育服务企业根据顾客的需求差异，为同类服务产品匹配不同的增值服务或者销售条件，进行差异定价。上班时段和非上班时段在羽毛球场打球的人群存在很大差异，非上班时段羽毛球场的需求量远大于上班时段。因此，球场往往会推出平日卡和热门时段场地使用卡，平日卡每小时的价格仅为热门卡的一半甚至更低。在该案例中，球场把使用时段作为附加销售条件，使用群体差异定价。基于增值服务的差异定价中，休闲体育服务企业通过服务组合来细分市场，从而收取较高的价格。例如，作为 2018 年俄罗斯世界杯官方票务国内的独家代理机构，盛开体育旅游推出了球迷俱乐部、款待大厅、商务坐席、专属包厢和豪华包厢五档款待类球票套餐，对球迷观看世界杯的体验进行升级。其中，球迷俱乐部票价 7 000 元起，款待大厅 12 500 元起，商务座席 19 500 元起，豪华包厢 267 750 元起。区别于普通球票，款待类球票包含比赛期间的餐饮，为持票者提供与明星见面交流的机会。购买款待类球票不需要抽签获取购票资格，而且国际足球联合会还将球场中最好的观赛区域留给了款待类球票。

实例5-4

中国网球公开赛门票定价

2019 年中国网球公开赛（以下简称"中网"）于 9 月 22 日—10 月 6 日顺利举办，横跨国庆黄金周的比赛时间吸引了众多球迷前往观赛，中网也推出了诸多不同类型的观赛门票，满足各类球迷欣赏和体验网球巅峰对决的需求。欢享票（不能进入莲花和钻石球场观赛）定价50元；莲花球场门票100元；钻石球场看台票日场最低280元，夜场最低200元，包厢票日场最低480元，夜场最低400元；此外还有限量半价学生票。购票球迷可享受多重优惠，除10月6日钻石球场决赛门票8折之外，其余场次（钻石球场、莲花球场）散票每满100减40元；中网赢家汇会员（专为中网会员打造的高端服务平台）16个会员积分可以抵扣1元；使用中网钻石赞助商中信银行卡支付享受9折优惠。10月6日决赛日实行一票制，不再分日夜场，一张门票可看女双、男双、女单、男单4场比赛。

中网通过实施市场细分定价法满足了不同人群的观赛需求。欢享票主要面对收入水平一般、观赛需求不强、重在感受网球氛围的普通球迷，对带孩子的家庭体验网球文化，参加中网的嘉年华活动也非常适用；包厢票主要针对收入水平较高，同时又对比赛观赏要求较高的球迷；学生票的推出满足了广大学生想要通过低价去感受顶级赛事的需求；决赛当日的全天票，极大程度满足了核心网球球迷的观赛需求。总之，中网多样化的优惠手段和丰富的价格区间能够满足不同需求球迷的需要，最大化地促进门票销售。

四、顾客认为"价值就是所有付出所得到的回报"时的定价策略

一些顾客将休闲体育服务的价值定义为综合考虑利得（即服务使用的所得）和利失（即获取使用服务所付出的金钱、时间、努力等）后形成的效用。使用这一价值导向的定价策略包括价格束、互补定价法、结果导向定价法等。

（一）价格束

价格束策略又称捆绑定价，是指将休闲体育服务与其他服务产品结合进行销售。这一策略有利于企业降低销售成本，促进休闲体育服务和相关产品的互补销售。休闲体育服务企业一般会综合考虑选取绑定销售服务产品的使用场景、销售量、利润率，力求获取"1+1>2"的效果，通过捆绑定价增加销量、获取利润。一些休闲体育产品服务捆绑在一起时会被更加有效地购买

使用。例如，健身 App 的课程套餐与相关的健身装备捆绑销售。顾客在某健身 App 中单独购买一门初级瑜伽课、基础款瑜伽垫、瑜伽砖的价格分别为 200 元、150 元、50 元，捆绑销售的价格为 320 元，是单独销售价格的 8 折（瑜伽课 160 元、瑜伽垫 120 元、瑜伽砖 40 元）。捆绑销售使得这三种服务产品的销量均得到提升，由于这些产品服务用于同一使用场景，也为顾客带来便利，一站式购物就可以开始练习瑜伽，节省了单独购买需要付出的搜索努力和交易时间，让顾客感受到所得的价值高于付出。此外，通过实施价格束策略，变换捆绑组合，比较不同组合的销售量和顾客反馈，休闲体育服务企业能够掌握更多顾客信息，发现顾客需求；顾客也能够花更少的钱购买更多的服务内容。例如，高端体育健身俱乐部将健身私教课与运动康复服务、健康轻食套餐捆绑销售，为会员带来更好的体验和价值。

（二）互补定价法

互补定价法是指休闲体育服务企业综合平衡多种高度关联的服务成本后进行定价，通过服务组合提升对顾客的吸引力。互补定价法既要考虑对企业服务成本的补偿，又要考虑消费者对服务价格的接受能力，实现有效获客，增加用户黏性。"全家"（Family Mart）是日本三大连锁便利店之一。2018 年 2 月，"全家"推出首个运动复合型商店：一楼为便利店、二楼为 24 小时连锁健身室——FIT&GO。便利店为健身房带来人流，健身人群也可以在健身之余顺便购物，形成互补。相较于传统健身房，FIT&GO 健身室的价格更为低廉，日本传统 24 小时健身房的价格每月超过 10 000 日元（约 550 元），而 FIT&GO 每月会员价为 7 900 日元（约 460 元）。"健身房+便利店"的综合型店铺模式为 FIT&GO 带来更为多元的营销活动，例如顾客使用 FIT&GO 的 App，根据要求在 30 分钟内完成规定的训练可以获得一张便利店优惠券；该 App 还通过"积分+优惠券"的营销模式，增加顾客到 FIT&GO 健身的频次。不难看出，"健身房+便利店"的组合有利于顾客节省时间，增加便利，同样的投入获得更多的回报，从而实现更高的价值感知。

（三）结果导向定价法

结果导向定价法适用于顾客看重服务效果且结果较为确定的休闲体育服务，不适用于结果不确定或效果不容易判断的休闲体育服务。例如，某城市轮滑联盟推出 99 元寒假速成班，6 节课时结束后，如果学员不能掌握设定的轮滑技能，将全额退还学费，或者免费跟随下一个班学习，确定的结果保证带来较高的感知价值，吸引家长纷纷报名。这一策略在暑期游泳培训班中也较为常见。

第四节 收益管理

收益管理又称为产出管理、价格弹性管理、效益管理或实时定价，是以市场细分为基础进行需求行为分析，实现休闲体育服务定价的最优化。航空、酒店等成熟的服务行业往往使用实时预测模型进行收益管理。收益管理的核心是价格细分也称价格歧视，根据顾客不同的需求和价格弹性执行不同的价格标准。适合运用收益管理的休闲体育服务一般具有以下特征：

① 服务固定成本较高，产能相对固定，属于典型的能力约束型服务，服务具有很强的时效性；

② 顾客需求可变且具有不确定性；

③ 顾客细分市场对服务价格的敏感程度不同。

在实践中，收益管理根据不同细分市场的预期需求水平进行定价。通过设置合理的"价格栅栏"，[1]收益管理允许顾客根据服务特征和支付意愿进行自我划分，帮助休闲体育服务企业将较低的价格仅仅提供给那些愿意接受一定的购买和消费体验限制的顾客。例如，案例 5-2 中通过"早鸟价"报名火奴鲁鲁马拉松赛的跑者虽然享受了价格的优惠，却提前锁定了几个月后的活动行程，增加了活动安排的不确定性，有可能因为出现其他状况无法按计划参赛，从而带来损失。

价格栅栏可以是有形的，也可以是无形的。有形栅栏指根据具体服务差异收费。例如，根据服务水平的不同，会员或者访客在北京去某球会打一场18 洞高尔夫的人均支出 400~1 780 元不等，1 780 元的价格包括果岭费和球车费，可选取服务的费用包括球童费（帮背球包、提供打球路线建议以及记分服务等）、更衣柜使用、餐饮费用等。无形栅栏是指按照顾客特征及消费差异，制定不同的服务收费标准。例如，同一游轮同等舱位的游客中，有的

---

① ［新加坡］约亨·沃茨，［美］克里斯托弗·洛夫洛克. 服务营销［M］. 8 版. 韦福祥，等译. 北京：中国人民大学出版社，2018.

顾客购买的是不可退改的打折票，而有的顾客购买的是可退可改的全价票。虽然支付的价格不同，上船后享受的服务却是一样的。

在充分了解顾客需求、偏好和支付意愿的情况下，收益管理可以通过有形栅栏和无形栅栏进行差异定价，实现收益最大化。户外拓展培训、滑雪、帆船等休闲体育服务不仅具有极强的季节性，每个营业季节内不同时段的顾客需求也存在变化，有时需求超过服务能力，有时能力闲置，采取收益管理有利于引导需求，优化需求和供给的匹配度。滑雪场的固定成本高，场地容量固定，时效性强，一般都会实施收益管理，通过降低工作日雪票的价格来吸引人流，提升节假日雪票的价格来疏解需求。冬奥会加上新冠疫情影响叠加，使得2021—2022雪季北京周边雪场异常火爆。按照惯例，雪场都会通过差异定价来调节人流。例如，南山滑雪场将雪票价格分为三个档次，即平日滑雪票、周末元旦滑雪票和春节滑雪票，平日滑雪人数相对较少，票价较低，一天的雪票价格为400元/人；周末、元旦和春节滑雪的需求巨大，因此票价比平日高，周末节假日一天的雪票价格为580元/人，春节为610元/人。尽管如此，京郊雪场仍然天天爆满，主要的原因是北京2022年冬奥会提高了公众滑雪的热情，疫情导致市民无法外出旅游，休闲选择减少，最终导致滑雪需求的价格弹性急速下降，顾客对滑雪门票价格敏感度降低。如果你是雪场的经营者，在这样的特殊情况下，你会如何定价呢？

实例5-5

皇家加勒比游轮在中国市场舱房销售的收益管理

成立于1969年的皇家加勒比游轮公司（RCCL）是世界第二大游轮公司。对于游轮来说，最重要的是从每张船票中获取最大收益，以每位游客每晚每个舱位的均价（即APD，Average Price Per Day）来衡量，如果一张5晚航次的船票均价为6 000元，APD为1 200元。

尽管游轮舱位超售表明需求旺盛，这时的APD却往往偏低，造成这个悖论与皇家加勒比游轮公司的销售政策和定价体系有关。皇家加勒比游轮的突破定价体系根据销售进度和预期进度之间的差异动态调整价格。游轮是"易腐产品"，需要提前开卖，初始价位较低，称为BRKA，然后按 50 美元的幅度，一级一级往上跳，即 BRKB、BRKC、BRKD，以此类推。如果售卖进度高于预期，价格就从 BRKA 跳到 BRKB，逐级递增，直到进度与预期相符。如果售卖进度低于预期，理论上价格要往下走，或者做消费者端、旅行社端的促销。成功的收益管理是确保价格往上走，而不是往下降，直到开航前正好把最后一间舱房销售出去。如果过早完成销售，表明价格上涨太慢。如果到了开航时，还有舱房没有卖出去，表明价格上涨太快。超售导致过早卖出过多的低价票，从而拉低了 APD。

游轮对舱房的出租率远比酒店苛刻。酒店如果没有住满，还有第二天、第三天可以卖，游轮无法中途上客，如果有空房就会空过整个航次，没有弥补的机会。对于酒店来说，70% 以上的入住率是不错的业绩，但对于游轮而言，由于一个航次船员工资、燃油、食品等固定成本，70% 的出租率可能刚刚实现盈亏平衡。游轮的舱房出租率常年达到 100%，甚至达到 100%～120%，出租率的上限由船上救生艇的数量决定。《索罗斯公约》（国际海上生命安全公约，英文简称 "SOLAS"）规定每一位乘客和船员都必须在救生设施里有一席之地。舱房出租率高还可以带动更多的船上餐饮、酒水、SPA 等消费。

但是，APD 和出租率可能是相互矛盾的，船方真正要追求的是收益（即 APD 与出租率乘积）的最大化。欧美市场主要是散客市场，中国市场是团队市场。皇家加勒比游轮的动态定价体系是根据散客市场制定的，并不适合中国的团队市场。团队市场的销售分为买进和卖出两个阶段。旅行社先从游轮切舱，预付定金，然后分期付款，也就是买进。旅行社进行的下一个动作是卖出，即把舱位包装加价后卖给游客。

在团队市场上玩动态定价是皇家加勒比游轮公司和旅行社的博弈。旅行社的价格一般会往上走，低价进舱，高价出舱。如果价格有往下走的趋势，旅行社可能选择损失定金把舱位退回，甚至是在约定出航前 49 天全额退舱。然而和欧美市场不同，中国市场是 "晚预定" 市场，大部分游轮销售会发生在启航前的 49 天内，这就意味着旅行社退舱会损失定金。旅行社的销售佣金一般在 3%～5%，定金是舱位售价的 30%，对于旅行社来说是一笔不小的成本，意味着较大的财务风险。

对于皇家加勒比游轮公司而言，最大的问题是如何控制退舱风险。一艘拥有 900 间舱房的游轮如果退舱率为 30%，就需要超订 386 间。退舱率的估算并不容易：一方面，旅行社不愿透露销售进度的实情，以便逼迫游轮公司降价或提供更多的市场支持；另一方面，旅行社经常自己也不知道实情，作为批发商，他们的分销商也会与他们博弈。游轮公司过低估计退舱率会导致空舱；反之，过高估计退舱率就会出现超售。

在皇家加勒比游轮公司内部，定价和库存管理也是总部收益管理部门与中国办公室的冲突焦点。总部方面批评中国团队对销售政策执行力差，反复强调要严谨遵守规则，限制团队规模，按时付款，按时提交游客姓名。中国团队抱怨总部销售政策不符合中国国情。冲突的实质是中美国情的差异，要想在中国市场做到收益管理最大化，必须进行改变。皇家加勒比游轮公司总部规定每家旅行社或代理最多只能切 50 间舱，但中国市场的情况是每家旅行社代理需要切 100 间、200 间甚至更多数量的客舱。此外，总部方面要求最晚在起航前 30 天提交游客姓名，中国旅行社很难做到，强迫旅行社交名单可能导致旅行社放弃切舱。为了适应中国旅行社的销售模式，提交游客姓名的期限缩短到 7 日。只有改变销售策略，适应中国市场，才能将皇家加勒比游轮公司在中国的收益最大化。

（资料来源：刘淄楠. 大洋上的绿洲：中国游轮这十年［M］. 北京：作家出版社，2019.）

问答题

1. 列举三种你购买的休闲体育服务，并描述服务中的非货币成本。

2. 在休闲体育服务定价中，为什么"一分钱一分货"的定价理念行不通？

3. 休闲体育服务定价的策略有哪些？举例说明如何对休闲体育服务的价格进行调整。

4. 如何理解休闲体育服务企业收益管理的核心为价格细分？

主要参考文献

［1］［美］瓦拉瑞尔·A. 泽丝曼尔，玛丽·乔·比特纳，德韦恩·D. 格兰姆勒. 服务营销［M］. 7 版. 张金成，白长虹，杜建刚，等译. 北京：

机械工业出版社, 2015.

[2]［新加坡］约亨·沃茨,［美］克里斯托弗·洛夫洛克. 服务营销［M］. 8 版. 韦福祥, 等译. 北京: 中国人民大学出版社, 2018.

[3] 郭国庆. 服务营销［M］. 4 版. 北京: 中国人民大学出版社, 2017.

[4] 万文海, 王新新. 共创价值的两种范式及消费领域共创价值研究前沿述评［J］. 经济管理, 2013, 35 (01): 186-199.

[5] 叶力源. 基于顾客感知价值的服务营销初探［J］. 经济论坛, 2009 (12): 134-136.

[6] 张庶萍, 张世英, 郝春晖. 服务营销的定价策略研究［J］. 价格理论与实践, 2005 (04): 58-59.

[7] 刘淄楠. 大洋上的绿洲: 中国游轮这十年［M］. 北京: 作家出版社, 2019.

第六章 休闲体育服务分销

>>>本章导语>>>

　　分销渠道是休闲服务体育产品到达消费者的通路与载体。只有通过一定的渠道，体育休闲服务的产品才能快速准确地传递到消费者手中。约翰·E.G.贝特森指出："与实体产品不同，一项服务只要没有服务递送体系，就不可能存在，因此服务递送体系的设计和运作非常重要。"休闲体育服务分销渠道有其特殊性，渠道的科学设计、高效管理是企业完成营销战略的重要环节。

>>>学习目标>>>

1. 了解休闲体育服务分销渠道的主要方式及特点
2. 熟悉服务分销网点的选择标准
3. 掌握休闲体育服务网点定位的主要策略
4. 了解休闲体育服务分销方法的重要创新

案例导入

为一项运动，赴一座城

"为一项运动，赴一座城"已成为年轻一代旅游消费者的新趋势之一。中国旅游研究院与马蜂窝旅游联合近日发布《中国体育旅游消费大数据报告（2021）》（以下简称"报告"），分析了2021年上半年我国体育旅游市场的热点及发展态势，对体育旅游人群未来消费行为进行了预测。

报告称，我国体育旅游年轻化特征显著，"90后"成为出游的绝对主力，海南省、长三角地区、环渤海等地区多个城市跻身体育旅游热门目的地。除了跑步与骑行，年轻人愿意把更多时间和精力投向深潜、帆船、冲浪、滑雪等国内新兴体育项目，在玩法上也日趋多样。

1. 为一项运动赴一座城，体育运动为城市目的地再加热度

体育赛事不仅能够为举办地带来热度，也是当地展现城市形象以及文化风貌的大好时机。奥运会作为最"吸粉"的赛事之一，无论在赛中还是赛后，都为举办城市吸引着源源不断的客流。

在2021年体育旅游热门境内城市前10名榜单上，因新冠疫情导致的境外游受限，潜水、冲浪、浮潜、滑翔伞等曾经的境外海岛游热门玩法在国内也得到追捧。三亚迅速蹿升至境内体育旅游热门目的地第一名。北京凭借2022年冬奥会举办地的优势位列热门城市第二名，青岛则凭借帆船体验、出海看日落喂海鸥、海钓等体育游乐项目位居第三，青岛奥林匹克帆船中心、奥运帆船博物馆均是热门景点。

2. 从强身健体到运动社交，体育旅游更"潮"更"年轻"

马蜂窝用户调研显示，"运动+社交"已成当下年轻人的潮流。类似"潮玩运动街区"的一站式社交运动娱乐场所已成为年轻人争相造访的"网红打卡地"，在那里不仅可以和朋友一起体验VR、射箭、壁球、复古溜冰、密室、F1赛车模拟器、气步枪模拟射击、冰壶等运动项目，还可以享受美食、酒水、表演、赛事直播等附加娱乐内容。

马蜂窝旅游研究院负责人冯饶表示："适合朋友聚会、体验没尝试过的运动是这类场所吸引年轻人的主要原因。此外，体验感强、有专业教练现场教学也是必不可少的重要元素，不少年轻人认为，这类团队运动更

容易让人发现'同好'，结交朋友。"

报告显示，国内滑雪运动的热度牢牢占据着马蜂窝搜索热度榜首。而疫情常态化之后人们对于健康生活方式的重视，也使得露营、漂流、爬山、徒步等既锻炼身体又贴近自然的项目得到越来越多的关注与青睐。

马蜂窝此前发布的《NEW WAVE——年轻人品质旅游报告》也显示，马蜂窝平台客单价 8 000 元以上的当地游产品（价格不包含大交通）订单占比同比增长 86.2%。房车露营、户外徒步与骑行、低空项目、高端住宿、水上项目、冰雪运动、旅拍航拍以及众多小众体验深受年轻消费者的喜爱。

"北极星攻略"是马蜂窝推出的一站式系统化旅游攻略，用全面、及时和准确的信息解决游客旅行前后关心的问题，并且用精选思维进行旅行玩乐产品的筛选。马蜂窝的"北极星攻略"也专门为潜水、滑雪、马拉松等运动项目建立了专属攻略，旅行前的准备工作、国内优质景点、考证必备知识等实用信息一应俱全，通过一站式信息岛帮助游客轻松入门"小众"运动。"作为国内最大的旅游社区，马蜂窝聚集了最爱玩也最会玩的一群人。"冯饶说，"除北极星攻略之外，马蜂窝社区的圈内'大神'们也会是旅行者们尝试小众运动项目的最佳'指路人'"。

深度休闲体育项目往往体现在消费者跳出日常生活环境，通过追求新奇、变化和复杂的事物，逃避无聊的环境和烦琐的日常事务，获取愉悦的体验及沉浸感，从而满足身心的休闲需求。不同的人群，休闲体育需求不同，休闲体育的内容差异更大，在哪里、什么时间、用什么样的方式获取休闲体育产品，是服务营销渠道的主要内容。

讨论：文中年轻一代体育旅游人群需要的休闲体育服务有哪些类型？是通过何种渠道获取休闲体育服务的？

第一节　休闲体育服务分销概述

分销渠道是市场营销组合最重要的因素之一，对休闲体育服务类产品的营销组织者而言，渠道策略关系到能否将休闲体育服务产品顺利地传递给顾客，最终实现服务的消费。休闲体育服务的供应者只有熟悉分销渠道的设计及管理决策，才能使产品及服务在适当的时间、地点，以适当的价格提供给广大用户，满足消费者的休闲体育服务需求，实现企业的市场营销目标。休闲体育服务营销具有很强的系统性，营销战略与营销策略相辅相成。从营销战略管理的角度看，休闲体育服务营销渠道主要用于解决顾客服务中消费产生的时空矛盾，即供应商服务传递的空间及时间与顾客消费服务的空间及时间不一致的矛盾。休闲体育分销策略包括渠道内容、方式、地点及时间4个基本问题，涉及分销内容、顾客渠道偏好、实体分销渠道的地点及时间决策及电子渠道分销等内容，这也是顾客所经历的休闲体育服务过程，体现了"服务之花"是如何通过实体渠道及电子渠道进行分销的。本章主要就渠道概念、内容、方式及地点展开讨论。

一、休闲体育服务分销的概念

在休闲体育服务企业，绝大多数的服务（产品）需要顾客参与，具有优势的分销渠道越来越能为公司带来持久的竞争优势。相较于其他服务行业，目前我国休闲体育服务行业具有行业门槛不高、产业集中度低、可复制性强等特点，行业竞争者更容易获得相似的休闲体育服务产品设计、特性及质量，任何依赖于产品及服务本身获取的竞争优势极难维持；越来越多的企业有能力在不同的休闲服务产品领域参与残酷的价格竞争，通过定价策略赢得持久竞争优势的可能性也更低；各类企业每天向消费者传达的促销信息数以亿计，严重削弱了促销信息到达和影响消费者的能力。想通过促销来获取持久竞争优势也变得不可靠。

适宜的休闲体育服务渠道策略能让竞争对手难以在短时间内形成模仿的竞争优势。首先，休闲体育服务行业渠道的构建是长期的系统工程；其次，渠道通常要求有一个包括组织和人员的实施机构，休闲体育服务行业渠道组织及人员的专业性是短时间内难以获得的；最后，渠道是由一群在不同组织中的人来具体执行的，消费者对在消费休闲体育服务中获得的体验尤为重视，因此渠道关系是不容易树立和维持的。以上特征决定了休闲体育服务企业的渠道能够为企业带来持久的竞争优势，也是越来越多的企业充分重视分销渠道的原因所在。

休闲体育分销渠道是指休闲体育产品从生产者向消费者转移的过程中所经过的、由各中间环节所联结而成的路径。渠道也被称为"销售通路""流通渠道"或"分销渠道"，包括批发商、零售商、代理商、中介机构、辅助机构等，这些参与了休闲体育服务的交易活动的组织或个人，都可视为渠道成员。

与有形体育产品相比，休闲体育服务渠道具有以下几个特性：

（一）渠道承载内容的侧重点有其特殊性

休闲体育服务渠道是有流向的，即从服务提供者流向消费者；其通道除了承载具体的地点、时间等时空因素，也包括"信息""权限"及伴随权限转移的货币的流向等内容，一般呈现为三个相互关联的服务类：信息流与促销流、谈判沟通流、产品流。

基于休闲体育服务产品的无形性、生产与消费同时性、不可储存性等特点，休闲体育服务产品的分销渠道几乎总是直接的渠道，如直销、代理、连锁经营、特许经营、自动订购等。其具体表现为由服务提供商直接提供服务给顾客，直接与顾客产生交互作用，如体育旅游、赛事观赏、运动参与、运动咨询服务等。由于服务是无形的，而且不易持久，因此不存在库存，这使得仓储不再是一个必需的功能。但休闲体育服务在消费者消费前大都难以感知，无法从外观、质量标准等方面判断服务的优劣，顾客在购买决策时，需要的相关信息的描述更为详细具体，这也会使渠道中"信息流与促销流"的内容比重加大，其目的是引发消费者购买服务的兴趣。

休闲体育服务的提供与供应商、政府机构、社区社团、竞争者等密不可分，常常需要在资源使用、生产要素配置等方面通过谈判、沟通与各方达成有关服务内容、承诺条款等方面的协议，从而完成服务出售或购买合同。如"超级猩猩"公司在发展战略中充分拓展多渠道合作，与体育主管部门合作赞助体育活动，与运动服装品牌、健康轻食餐饮等合作进行联合销售。尤其是代餐食品等与健身行业可以形成良性互动的行业，通过谈判沟通进行异业结盟，既减少了广告费用的投入，又在与优质的异业伙伴结盟时培养健身消费者的忠诚度，竞争实力大大增强。

（二）休闲体育服务渠道设计管理具有高度复杂性

休闲体育服务渠道设计管理的复杂性一方面来自休闲体育服务本身的多样性及复杂性。以海南国际旅游岛为例，作为国家的重大战略部署，2020

年海南初步建成世界一流海岛休闲度假旅游胜地。随着近年来旅游业的高速发展，为了避免服务项目的同质化，突出当地自然禀赋，海南形成了特色鲜明的休闲体育服务体系。其休闲体育服务内容越来越多样化，如生态休闲体育、民族传统体育及乡村休闲体育等，就生态休闲体育而言，就有以下几种类型：

一是森林休闲体育。海南国际旅游岛气候宜人，森林覆盖率超过 60%，湿地面积 32 万公顷，海南已开发或者待开发的森林休闲体育服务项目主要包括定向越野、滑草、热带雨林探险、高尔夫等。

二是山岳休闲体育。海南有较多著名的山峰，例如七仙岭、尖峰岭、五指山等，海南山岳运动已开发或者待开发的休闲体育服务项目包括幽谷探险、瀑布探险、野考、探洞、登山、攀岩、溜索、山地自行车、悬崖蹦极、漂流等。

三是沙滩休闲体育。海南国际旅游岛的沙滩闻名全国，沙质也名列前茅。随着滨海旅游热的兴起，人们参加沙滩运动的热情高涨，目前已开发或者待开发的沙滩休闲体育服务项目主要包括沙滩排球、沙滩足球、沙滩手球、沙滩藤球、沙滩毽球、沙滩木球、沙滩橄榄球、沙滩徒步、沙滩马拉松、沙滩素质拓展、沙滩拔河、沙滩武术、沙滩摩托车等。

四是水上休闲体育。海南拥有丰富的江、河、湖、海等水资源，海南国际旅游岛已开发或者待开发的海洋休闲体育服务项目主要包括：冲浪、帆船、帆板、滑水、泅渡、皮划艇、摩托艇、水上摩托、真人 CS 海战、潜水、水下观光、海底狩猎、水下摄影、滑翔伞、海上跳伞、动力伞、热气球、香蕉船、龙舟、垂钓、游艇、海底漫步等。

如此多样性的服务项目，其目标顾客千差万别，市场定位难以统一，营销战略的制定及顺利实施要从实际出发，充分体现战略的系统性及层次性，保证营销策略具有较强的执行力。这也使得渠道的设计需因客户而异、因休闲运动项目而异，从而科学合理地保障休闲体育服务的最终消费。

除了休闲体育服务本身的多样性导致的渠道设计复杂，休闲体育服务渠道与有形产品渠道本质上的差异也加大了渠道设计的难度。有形产品的渠道可以是企业内部组织机构的一部分，如直销或自设的零售机构、办事处等；也可以是外部的、独立的专业职能部门。有形产品的营销中介专业化程度高，组织完善，模式齐全，使得企业的渠道选择策略更为精准；而休闲体育服务产业及市场尚处于快速发展阶段，服务营销渠道受休闲体育服务与消费时空高度一致、顾客休闲体育需求具有多样性、层次性、发展性强及服务质量标准制定难度大等的制约，对渠道的设计及管理更为复杂困难。如果休闲体育服务企业使用中间商来分销服务，那么由授权权限产生的紧张关系、质量控制难度加大及渠道冲突等特定问题，也会加剧渠道管理的难度。

（三）休闲体育服务渠道具有更加显著的扁平化特征

对于有形产品而言，主要通过有形渠道将货品运送到经销商并销售给终端用户。但对于休闲体育服务来说，通常并没有可以转移的实物或者是特定的实物以支持、支撑休闲体育服务完成的形式，这也导致了休闲体育服务渠道具有其独特性。休闲体育服务的生产过程与消费过程同时进行，顾客需要参与服务过程，休闲体育服务是由企业直接提供给顾客的，对时空的一致性有着较高的要求，因而服务分销主要采用直销的形式来实现服务的直接传递。另外，休闲体育服务产品的无形性及信息的不对称性，也要求使用相对较短的渠道，避免服务产品信息传递过程造成误差或信息传递成本过高。即使是使用服务中间商来分销服务，服务分销渠道也很短。

2015 年以来，"联网+"运营模式大规模地进入健身房市场，其中智能健身房大都定位于"24 小时健身房""共享健身房"。凭借其"全时段""自助健身"和"高性价比"等优势特征，智能健身房通常布局在 CBD、商业广场、写字楼、大学城、住宅区等人口集中的区域，无论在获客能力、市场成长、资本引入等方面都对传统健身房形成巨大的冲击。与传统健身房相比，一方面，智能健身房中的消费者体测检验、会员办理、课程购买、健身器材使用、营养餐选购、商家排课、财务管理、教练管理、运营数据分析、健身房内安防情况监控等，均采用了现代智能设备和后台管理系统，从根本上实现了全部智能化；另一方面，传统健身房在营销管理组织上，依旧采用金字塔型的管理模式，基本还是以人力执行为主，发展过程中往往导致人员膨胀、机构臃肿、管理成本高、信息传递不畅、管理效率低下等问题。而智能健身房的运营多数实行扁平化的管理，延续到营销渠道、组织架构也以"智能化+扁平化"的模式为主，不再实行教练推销课程的方式。消费者可通过 App 自主选择适合自己的教练，真正做到让消费者愿意且持续的消费。这种方式不仅精简了人力资本、降低了管理成本，同时还大大提高了渠道的运行效率。

（四）权限转移的不同

因为休闲体育服务不能像有形产品一样被占有，所以大多数服务的归属权无法在分销渠道之间转移。传统分销渠道提供的许多主要功能，尤其是渠道商取得的商品所有权，在服务分销中没有意义。许多适合体育产品制造企业的渠道对服务企业来说是不可行的。有形体育产品的所有权通常伴随着产品从制造商转移到消费者，而价值则逆向从消费者转移至制造商；休闲体育服务产品在消费者获取服务时提前或即时完成了价值的转移，而所有权的转移却无法以有形的方式展示出来，因而，休闲体育服务营销更加关注服务过程，与服务产品售前、售中及售后相关的信息流已成为渠道内流动的重要内容。

二、休闲体育服务分销渠道的职能

随着休闲体育服务行业的发展及服务营销理念的演化，对休闲体育服务渠道的职能的探讨越来越多。渠道成员的职能侧重各有不同，具体表现为以下几种类型：

（一）引入职能

引入职能是指休闲体育服务出现在顾客更方便购买的时间和地点，将更多的顾客引入服务的分销系统中。这一职能可以由休闲体育服务生产者或中介机构来完成。生产者消费地点及网点中介机构的地域分布能够使休闲体育服务在合适的地方、合适的时间进行销售。比如健身房的网点会根据消费者工作生活的地点、适宜的自然环境、行业聚集优势等情况来设置。

（二）信息职能

要使潜在购买者了解休闲体育服务的特点，仅仅依靠广告是远远不够的，还需要销售人员与顾客直接进行服务沟通。销售人员可以更加准确、全面地向顾客提供相关的服务信息，而依靠中介机构的参与可以缓解服务企业人员不足的问题，向潜在的购买者提供更全面的信息。

（三）展示职能

通过渠道成员或生产者在渠道中进行服务的有形展示，能够增强顾客对休闲体育服务的直观感受，引发顾客的购买冲动，进而促进服务的销售。

（四）承诺职能

休闲体育服务提供者关于服务质量的承诺能够通过中介机构有效地传递

给顾客，并且因为顾客容易接近的原因增加了质量承诺的可信度。

（五）支持职能

对休闲体育产品服务生产者而言，流通环节的外移节约了其固定成本的投入和管理精力，通过中介机构进行分销在某种程度上减少了服务提供者的市场风险。

（六）后勤职能

对于中介机构而言，后勤职能可以在正式服务之前做一些准备，如泳池及泳池设备的清理、保洁维修等工作。

（七）跟踪职能

后勤职能通常表现为服务前的准备工作，跟踪职能则表现为服务后的一些善后工作，包括解答疑问、取得反馈信息等。保有老客户是客户关系管理的目标之一，顾客在服务体验中的满意度的反馈及持续提升，大都依靠跟踪职能来完成。中介机构及辅助机构的加入能大幅弥补这一职能的欠缺，如专业调研公司的满意度调查、服务失误后服务补救策略的实施，都可以由中介机构完成，这也使休闲体育服务的分销职能更加完善。随着经济环境、技术条件及消费需求的变化，服务竞争日益加剧，通过中介机构进行市场扩张也成休闲体育服务销售的发展趋势。

三、休闲体育服务分销的主要模式

由于休闲体育服务产品具有不可分离性，分销渠道环节较少。一般而言，直销是最适合服务产品的方式。随着社会分工和流通领域的不断发展，体育服务的分销渠道中，间接销售的比例将逐渐增大，在休闲体育服务营销中也强调中间商、经纪人、分销渠道的网络化等。休闲体育服务产品的分销渠道大都以独立渠道和结合渠道两种方式来实施渠道的拓展。

（一）直销

直接销售模式是指不经过中间商环节，直接将产品或服务出售给消费者或最终用户的渠道模式，简称直销。多数休闲体育服务及服务的提供者不可分割服务，不经过中间商直接由生产者销售给消费者。这种渠道模式能够减少中间环节、降低渠道运作费用，大大提高渠道效率。同时，由于直接分销渠道是面对面的销售，用户可更好地掌握商品的性能、特点和使用方法。生产者能直接了解用户的需求、购买等特点及其变化趋势，使得渠道信息的反馈更快捷、更准确，既便于增进和维护客户关系，又能及时了解竞争对手的优势和劣势及其营销环境的变化，从而更好地控制服务过程，给予顾客更好的服务体验。如休闲健身俱乐部、赛事观赏、户外休闲活动参与的休闲体育服务产品的生产与消费同时同地进行，通常采用直接分销。

直销往往能给休闲体育服务企业带来某些特殊的营销优势：

1. 对服务的供应与递送可以保持较好的控制。若经由中介机构处理，往往会造成失去控制的问题

2. 以真正个性化的服务方式，在其他标准化、同质化以外的市场，产生富有特色的差异化服务

3. 可以从顾客那里直接了解其需求现状、未来需求变化及其对竞争对手服务的意见和态度等信息

4. 能够保证经营原则始终得到贯彻，尤其是在推出新服务时

5. 能够保证服务组织的利润在内部进行分配，而不需要与其他组织分享

休闲体育服务企业使用直接渠道的劣势如下：

1. 对资金的需求量大

向顾客直接销售服务，企业需要一定的资金运营经营场所。场所的建设、运行、维护都需要一定的人力财力，这不但加重了企业的负担，还需要企业承担财务风险。

2. 地域的局限性

休闲体育服务行业中有的服务产品必须依赖专门的渠道人员才能完成，人才要素在生产要素中所占比重很大，即使使用科技手段也无法替代；有些休闲体育服务产品须依赖独特的自然环境，这类服务产品提供者的不可复制性使得企业难以改变消费地点，直销意味着企业只能局限于在某个地区提供服务产品。

（二）间接分销渠道

间接分销渠道是通过中介销售服务，即存在中间商的一种服务分销渠道模式。在生产者和消费者之间，推动服务产品递送的中间环节是由一定的人员或机构构成的，称为中介机构。渠道中使用中间环节越多则渠道越长。

间接分销渠道具体包括三种形式：

1. 一阶分销渠道含有一个分销中介机构，这个分销商通常是零售商

2. 二阶分销渠道含有两个分销中介机构

3. 多阶分销渠道含有两个及两个以上的分销中介机构

在这种类型中，分销中介机构通常是由批发商和零售商构成，或是在批发商和零售商之间插入代理商或专业批发商。作为中间环节的中介机构可以代理多种服务，包括竞争性、互补性的服务，甚至可以将主要服务、附加服务打包出售，从而形成很强的消费吸引力。

实例6-1

雪场的渠道策略

亚布力滑雪旅游景区自然景观绮丽，森林覆盖率96%，被誉为森林博物馆、天然大氧吧，景区距哈尔滨市193千米，地处哈尔滨、牡丹江两大城市圈和哈牡绥东对俄经贸黄金带。经过十几年的发展，如今春观光、夏避暑、秋游景、冬滑雪，是避暑养生、滑雪戏雪、休闲度假、运动竞技、文化体验的胜地，在国内外享有很高的知名度。滑雪场滑雪期近150天，每年的11月中旬至次年3月下旬是这里的最佳滑雪期，享有"雪域麦加"之美誉。景区内有多家以滑雪为主题的度假村、滑雪场。坐落其中的亚布力阳光度假村是我国大众滑雪运动的发源地，也是我国较早举办大众滑雪赛事的度假村。2010年，中诚信集团投资3亿元成为公司控股股东，引进了当时世界最大的度假村管理公司——法国地中海俱乐部（Club Med），亚布力成为地中海俱乐部在中国的第一所度假村和亚洲第二所滑雪度假村。地中海俱乐部为法国上市公司，是世界著名的高端度假村管理集团，管理运营了88个世界各国旅游胜地的豪华度假村，具有很高的国际知名度和国际化管理水平。地中海俱乐部每年会派出来自20个国家和地区的100多位员工在阳光度假村工作，其国际化的管理模式极大提升了亚布力滑雪旅游的国际知名度和接待水平，并取得了很好的经营成果，是全国经营收入最高的滑雪度假村之一。

亚布力阳光度假村较为偏远的地理位置及独具自然禀赋的冰雪体育休闲项目决定了其营销渠道相对单一，以直销为主。休闲滑雪等服务主要依靠法国地中海俱乐部进行高端滑雪度假营销，旅游游客市场主要与当地旅行社进行合作。服务滑雪爱好者的高山滑雪产品则通过自身营销部门进行销售，最近也大力借助网络、代理机构等各类方式进行销售。

　　同样是冰雪休闲项目，位于迪拜购物中心内的迪拜滑雪——"Ski Dubai"是迄今为止全球最大的室内滑雪场之一，同时它也是中东地区首个室内滑雪胜地。滑雪场室内温度保持在-1℃至2℃，终年冰雪覆盖，对于常年炎热的迪拜而言，这里便是受青少年和游客欢迎的游乐王国。迪拜滑雪场是一座约25层楼高、80米宽的"雪山主题"公园滑雪场，占地2.25万平方米，相当于3个足球场之大。可供1 500人同时滑雪，内设雪橇山、长撬道、槽式滑道、雪洞、冰吧和一座巨大的观测塔，可以纵览滑雪场主雪坡的壮丽美景。迪拜滑雪场拥有世上罕见的450米长、50米宽的惊险滑雪道——世界第三长室内滑雪道，非常适合"单板滑雪"，尤其吸引年轻人前来挑战。自由式滑雪区特设跳跃区和滑道，并定期改变滑道结构，使之更具挑战性。与此同时，双板滑雪也是不错的选择。迪拜滑雪场拥有绿钻、蓝钻和黑钻等不同难度、高度和倾斜度的滑雪道，水平高超的滑雪者可以在刺激的赛道上展示绝技，初学者亦可以在缓和的坡道上慢慢地进行练习，所有级别的滑雪爱好者都能找到适合自己的滑雪道。与亚布力滑雪场相对单一的直销渠道不同，去往迪拜的游客目的地旅游更加多样化，想滑雪的游客可以通过Ski Dubai官网了解到滑雪场的各种项目及服务。如果游客不想在现场直接购买门票，也可以在当地旅行社报名购买相对优惠的门票。国内有出游计划的游客还可以从携程旅行、去哪儿网、途牛等网站网购，甚至在淘宝上找旅行社购买。

　　（资料来源：李伟. 亚布力阳光滑雪度假市场营销策略问题与研究策略［D］.哈尔滨：哈尔滨工业大学，2017.）

　　中介机构在休闲体育服务分销过程中，常见的有下列三种方式：

　　1. 代理

　　代理也是服务产品分销的一种重要形式。休闲体育服务的代理业务一般在赛事门票销售、体育场馆维护管理、体育旅游、保险体育培训机构招生代理等行业出现。代理的性质与经销基本一致，都是借助休闲体育服务获利的营销机构，只是经销商具有对服务产品的所有权，而代理商不具有对服务产品的所有权。经销商与代理商的根本区别在于经销商在渠道中具有对商品的所有权，可以自由定价，而代理商不具有商品的所有权，只能执行厂家的价格政策。这也正是代理制的优点，即执行统一价格，不会乱抬价。

2. 代销

代销是指专门执行或提供一项服务，然后以特许权的方式分销该服务。

3. 经纪人

在某些领域，由于行业特性或传统惯例，休闲体育服务由经纪人或中介机构提供。在某些服务交易进行时，可能会涉及好几家服务企业。例如，朝向集团的高尔夫业务涉及市场调研、场地设计、草种选育、广告宣传等。

（三）网络营销渠道

网络营销渠道是指企业利用互联网与顾客进行交易并向顾客提供服务。例如，网络订票、订场馆等服务。网络营销渠道的优势包括较强的互动性、成本低、可服务更多顾客。网络营销渠道消除了时空限制，减少了市场交易壁垒，使交易更具公平性，同时还使消费者有更多的选择权，为消费者带来更大的便利。但网络营销渠道也存在一些问题，如网络信息安全问题，有时消费者会担心银行账户的个人信息泄露、黑客攻击事件发生等；企业初期投资成本高；网络的虚拟化导致市场分析难度大等。目前，信息化和高科技正在从根本上改变服务分销渠道，网络营销渠道成为传统实体店的补充或替代性选择。将原有的纸张流动、货币流动甚至人员流动几乎全部变成了电子流动。

网络营销渠道的优势如下：

1. 提供服务的时间随意化、空间虚拟化

这是网络营销渠道的最大特点与优势。从购物时间看，顾客可以任意安排时间，大大方便了顾客。从空间看，网络营销渠道构成的空间没有地域限制，是一个依靠互联网进行交流的虚拟空间。

2. 企业经营成本低廉

首先，网络营销设备的购置费用低，而传统的服务店铺需要昂贵的租金。其次，一个经营良好的网上服务点，可以将库存降至最低，减少库存品的资金占压。最后，网上服务可以节省大量的时间，减少通信、谈判、交通等方面的支出，服务供应商与顾客可以直接在网上进行沟通。

3. 信息处理快捷

一方面，在网上收集、处理、传递信息以电子化的方式进行，增加了沟通的便利性；另一方面，服务供应商可以与顾客就交易的内容在短时间内达成一致，大大缩短了交易时间。

4. 强调个性化服务

网络营销渠道的最大特点是以顾客为导向，顾客拥有比过去更大的选择自由，他们可以根据自己的个性特点和需求在全球范围内寻找服务提供商，不受地域限制。通过进入感兴趣的网站或虚拟店铺，顾客可以获取企业的相关信息，使消费更显个性。

5. 降低成本

在交易成本方面，互联网提供了最低成本的交易途径。研究表明，通过互联网与 1 000 个用户建立联系的成本几乎只相当于采用传统方式与 1 个用户建立联系所需要的成本，也就是说，通过互联网进行交易的边际成本几乎为零，但边际效益却大于零。

实例6-2

文体场馆"一网统管、一键预约"平台上线
——深圳福田百姓健身一触即享

深圳市福田区联合深圳市投资控股有限公司日前举行了文体场馆"一网统管、一键预约"平台推介会。该平台整合了辖区 57 所学校、18 家社会体育场馆，提供遍布福田区的近 500 片运动健身场地，让市民群众"一键预约、一触即享"。

这是福田区认真落实深圳市委市政府的部署，结合"我为群众办实事"，按照资源平台一体化、品牌标识一体化、监测评价一体化、信息公布一体化、配套政策一体化、运营管理一体化思路，推出的一项诚意满满、幸福满满的"暖心文体大礼包"，让政府的公共服务像网购一样方便快捷、像快递一样触手可及。

1. "一键预约"，操作更便捷

福田区文体场馆"一网统管、一键预约"平台集场馆预订、票务支

付、赛事报名、文化演出、文体产业等多项功能于一体，实现辖区所有公共文化体育设施100%线上预约。平台涵盖了足球、羽毛球、篮球、网球、游泳等热门运动项目，场馆距离、图片、地址、联系电话等信息一应俱全，订场支付一键实现，充分满足市民的各类健身需求。市民还可以"一键报名"参与音乐会、舞蹈班以及"福田超级联赛"等福田文体活动，尽享中心城区的文化体育盛宴。

2. "一触即享"，消费更优惠

听音乐会、看舞台剧、赏美术展等市民日常的休闲由身边一件件文化"雅事"组成。为此，平台推出了丰富的公共文体日历、活动菜单，并打造每日签到、互娱互动等版块，市民通过累积积分可以兑换门票。

为了鼓励市民积极参与全民健身，平台创新推出"文体消费券"、公益演出票等一大波惊喜福利。本次推介会上，福田区委、区政府和深圳市投资控股有限公司为市民带来了价值388万元的体育消费券，"真金白银"为市民送去文体福利，市民通过"一网统管、一键预约"平台，即可进行抢券。

3. "一网打尽"，服务更全面

福田区按照"以开放为原则，不开放为例外"的思路，积极推动57所中小学的室外体育场地向市民开放，让体育场地"触手可及"，让运动人群有地可去。与此同时，福田区不断加大协调力度，全力推动市游泳跳水馆、福田体育公园、福田保税区运动馆等18家社会体育场馆同步实现"一键预约"，将居民身边的体育场馆"一网打尽"，打造一批"家门口的运动场馆"，方便居民就近健身。

出席推介会的著名篮球运动员易建联表示："最重要的是体育还是要回归老百姓，所以福田推出了一键预约，使老百姓通过手机轻松找到附近场馆，方便锻炼。我自己在福田的一个易建联篮球中心也加入了这个平台。大家以后不管是打篮球、游泳，还是其他运动，都可以通过一个手机平台就可以预约。"

此外，体育界专家学者、知名体育人士和文体产业专家齐聚一堂，针对新时代我国体育产业高质量发展、政府在创新体育公共服务、打造智慧体育城市、推动深圳全民健身事业高质量发展、构建顶级场馆合作平台、履行国企责任等方面话题进行了交流探讨。

据了解，参与者的预约流程为：进入"幸福福田"微信公众号，点击"福田文体通"，在页面点击"订场"后进入开放场馆列表界面，选择想要前往锻炼的学校或体育场馆进行预约，预约成功后系统将自动生成二维码，在前往锻炼时扫码进出场馆即可。

（资料来源：黄心豪，彭志刚. 文体场馆"一网统管、一键预约"平台上线——深圳福田百姓健身一触即享［J］. 北京：中国体育报，2021-8-13.）

（四）特许经营

1. 特许经营的含义

特许经营是指特许者将自己拥有的商标（包括服务商标）商号、产品、专利和专有技术、经营模式等以合同的形式授予受许者使用，受许者按照合同规定，在特许者统一的业务模式下从事经营活动，并向特许者支付相应的费用。合作、团结和团队精神是特许经营成功的重要条件。

2. 特许经营的特征

（1）一个人对一个名称、一项创意、一种秘密工艺或一种特殊设备及其相关联的商标拥有所有权。

（2）此人将一种许可权授予他人，允许其使用该名称、创意、秘密工艺及相关联的商誉。

（3）包含在特许合同中的各种规定，可对受许人的经营进行监督和控制。

（4）受许人应支付权利金或为已获得的权利作出某种补偿。

3. 特许经营的模式

（1）必须订立包括双方同意的所有条款的合同。

（2）特许人必须在企业开张前，给予受许人各方面的基础指导与训练，并协助其开展业务。

（3）业务开展之后，特许人必须在经营上持续提供有关事业营运的各方面支持。

（4）在特许人的控制下，受许人被允许使用特许人所拥有的商业名称、定型化业务或程序以及特许人所拥有的商誉，并且以此作为相关的经营资源。

（5）受许人必须用自有资源进行实质的资本性投资。

（6）受许人必须拥有自有的企业。

特许经营通常以代理机构形态或经销方式出现。

实例6-3

"光猪圈"加盟经营模式

2015年11月成立的"光猪圈"是全国连锁智能健身房品牌，总部位于中国北京，采取"直营＋加盟"的方式在全国进行智能健身房布局。截至2018年6月，"光猪圈"已在全国60余座城市，签约300多家加盟店，落地240多家门店。健身房的面积以400~800平方米为主，主打99~399元月卡和软硬件智能化，目标客户不是对健身有刚性需求的、习惯互联网消费的、经济实力不足的年轻用户和健身入门人群，而是加盟商。对于加盟商，"光猪圈"提供以下几种类型的服务（表6-1）：

表6-1 "光猪圈"加盟店类型一览表

合作类型	加盟金额	店面面积	特点
新店加盟	约80万元	400~800平方米	针对健身房从业者，创业的健身教练或健身行业新进入者
老店改造	15万元起	/	针对有经营问题和营收问题的健身房或健身工作室经营者，通过对传统健身房的软硬件进行智能化改造，运用SaaS系统轻量化管理，并利用多种营销方式解决复率低、引流困难、房租成本高、人力成本高、管理费用高等经营问题
超级合伙人	/	/	享有区域保护、共享加盟费、政府企业一体化解决方案、蜂果联盟企业给予相关支持等权益；共享培训体系，为合伙人的健身房输送专业的健身教练资源

续表

合作类型	加盟金额	店面面积	特点
公司级合伙人	/	/	"光猪圈"向地方健身企业独家授权多项权益，如加盟代理、共享加盟费、管理费、区域内广告分成、SaaS系统管理费、品牌运营器械收入、培训收入等
企业健身房	/	/	利用企业现有或闲置场地开店，"光猪圈"运营托管。聘请教练驻场；定期对员工进行健身专业指导，如运动康复训练、企业定制团操课、健康饮食讲座；举办员工主题活动，如部门活动课、卡路里消耗大赛等

确定加盟后，"光猪圈"市场运营中心的各部门为加盟商或合伙人提供从筹备前期到开业后的"一条龙"服务，建立标准化营建服务体系，建设风格统一的"光猪圈"健身房。开业前期"光猪圈"负责提供咨询服务并撰写合同；选址装修时，"光猪圈"负责选址、协助工程建设、明确装修风格、提供平面布局方案、施工工程咨询等。在器械订购安装上，"光猪圈"以优惠的价格为加盟商或合伙人订购健身器械，智能化物料，并上门安装调试智能设备，确保健身房顺利开业。为保证服务质量，"光猪圈"总部不仅从预售方案、业绩制定方案、数据监管等方面对各店长进行业务培训，店长再对教练培训，而且利用自主研发的SGT小团课课程，课程内容包括教练的运动技术、沟通技巧、拉客技巧等，提升教练员的职业素养。对各店长和教练的持续培训，可以使分散在全国各地的加盟店都可以执行总部的方案，为消费者提供标准化的服务。

开业后，"光猪圈"会安排系统上架，在线上多渠道引流试营业，提供开业活动方案和开业宣传报道，最大限度地配合新店宣传，增加新店曝光度。进入运营期后，为了帮助加盟商更高效地运营健身房，"光猪圈"为加盟商提供标准化运营手册和运营指导、试运营方案、社群运营方案等，举办SSC职业技能培训班对其持续培训、为加盟商解决健身房经营痛点和实际运营中面临的难题，并为加盟商们提供一个交流学习的平台；此外，"光猪圈"还支持会员活动、提供平面设计方案、共享品牌合作福利、协助门店宣传、分析门店运营数据。

（五）多渠道服务

多渠道服务是指服务提供商通过一种以上（如实体店、自助服务售货机、服务亭、直销、移动通信设备、产品目录和网站等）的渠道与消费者互动和交易所涉及的一系列活动。

传统服务渠道大都是在"销售驱动"的观念下建立的，线下渠道成员由重要客户和多层级的经销商和零售商组成，线上自营或由京东、天猫等电商平台构成。近年来，随着互联网技术的迅猛发展，从传统商业渠道到互联网渠道，再到移动互联网渠道，转型速度越来越快，整合的强度也越来越大。企业在营销实践中逐渐趋向于采用多种渠道（如互联网、零售商、呼叫中心、人员销售、移动通信）相结合的方式递送产品和服务。多种服务渠道的融合和新型媒体的不断涌现为企业在顾客沟通、服务创新、服务交付、顾客行为洞察等方面提供了更加丰富、强大和多元化的选择空间，通过增加新的渠道，企业可以接触新的市场并构建竞争优势。全渠道可以使客户在传统渠道中和新的互联网移动渠道中都能享受无缝的用户体验，在所有渠道中都具有一致、顺畅的体验。新的移动互联网渠道模式加上传统的线下渠道形成的全渠道模式将构成服务行业新的商业模式和业务基础。

休闲体育服务企业在经营者运用多渠道服务前，应该先制定详细的计划和目标，了解消费者与各个渠道服务之间的联系，通过联系找到能发挥优势的地方，再通过对行业结构和渠道服务的分析，了解多渠道服务的使用方法，然后制定多渠道服务的管理策略。也就是说，经营者只有对消费对象、分销渠道、行业特点等因素进行全面的考察，才能够实现多渠道营销管理的服务目标。

经营者在进行多渠道服务时，选择何种渠道及渠道选择的数量是要率先解决的两个基本问题。首先找到渠道能够包括的范围并且计算出该渠道能带来的收益；其次在该渠道带来最大收益的同时，计算出应用该渠道的数量；最后找到不可放弃的渠道，实施最优的策略。

拓展阅读：全渠道营销

　　"全渠道"是一个近几年出现的词汇，人们对它的理解是多种多样的。在一般情况下，它被理解为全部的分销或销售的通路，是从单渠道、多渠道、跨渠道演化而来的。"全渠道"不仅包括全部商品所有权转移的渠道，也应该包括全部的信息渠道、全部的生产渠道、全部的资金（支付）渠道、全部的物流渠道，甚至还包括全部的顾客移动渠道等。清华大学经济管理学院营销系教授、中国零售研究中心常务副主任李飞将其定义为：个人或组织为了实现目标，在全部渠道（商品所有权转移、信息、产品设计、生产、支付、物流、客流等）范围内实施渠道选择的决策，然后根据不同目标顾客对渠道类型的不同偏好，实行针对性的营销定位，并匹配产品、价格等营销要素组合策略。全渠道营销管理就是对全渠道营销进行分析、规划和实施的过程。

　　全渠道营销被认为是营销变革的必然方向。在"互联网+"和大数据的时代，由于消费的升级，消费者渠道的碎片化产生了非常大的变化。在进入信息透明化、碎片化的今天，市场上最具活力、最具购买力、最具影响力的全渠道顾客群形成规模。他们不仅全渠道购买、全渠道参与设计、生产、收货、消费，还进行全渠道的评价、反馈、传播。全渠道顾客群在选择商品时有两个明显的特征：一方面是利用诸多渠道进行比较，这是因为商品选择是建立在信息收集的基础上，顾客进行全渠道的信息收集，自然就会进行覆盖线上线下全渠道的商品比较；另一方面，个性化会使消费者参与商品的设计和制造，顾客期望新产品带来更多的好处，就会投入更多的精力参与产品的设计。

体博会："互联网+"推动体育分销行业变革

（六）新媒体渠道

　　联合国教科文组织对于新媒体的定义是："以数字技术为基础，以网络为载体进行信息传播的媒介。"新媒体是相对于传统媒体而言，是继报纸、广播、电视等传统媒体之后发展起来的新的媒体形态，是利用数字技术、网络技术、移动技术，通过互联网、无线通信网、有线网络等渠道以及电脑、手机、数字电视机等终端，向用户提供信息和娱乐的传播形态和媒体形态。多媒体化的新媒体内容信息既可以用文本、音频等媒体来表示，又可以用图像、视频和动画等媒体来表示，具有交互性强、资源高度共享、超

链接性及传播特定内容的针对性等特点。新媒体对传媒业、出版业、娱乐业及电子商务行业带来了巨大影响。以新媒体为平台构筑的渠道模式即为新媒体渠道。

新媒体渠道与网络渠道的区别不单纯是新技术的应用，而是将消费者纳入整个营销渠道运营中来，以消费者为中心，以渠道为载体，完成参与、互动、体验和分享等过程，使消费者具有主动性，网民不再是旁观者，而可以全面转化为消费者，更加注重价值传递、内容互动和定位精准。目前主要的新媒体平台及渠道主要有以下几种类型：

1. 搜索引擎

利用用户搜索关键词反映对该产品及服务的关注，尽可能把营销信息传递给目标用户。无论是竞价排名还是关键词广告，搜索引擎渠道模式的核心在于内容精准和使内容直接触达用户。当前搜索引擎越来越多地成为网民接触互联网的重要工具，更多企业也越来越认识到其营销价值，在企业营销渠道策略中的地位越来越高。随着移动互联网的广泛应用，营销载体正从电脑端转移到移动端，搜索引擎营销也会向移动营销倾斜。在浏览器中搜索"全国哪里攀岩好"，最靠前的搜索结果从本地的攀岩墙、攀岩馆到"全国十大攀岩圣地""国内适合攀岩的好地方""国内比较著名的攀岩场地"等内容都囊括其中，其中有个人经验分享，有休闲服务企业发布的服务产品信息也有大众点评、马蜂窝、买购网等本地生活信息及交易平台。搜索引擎渠道的内容主要表现为信息流，当前的搜索引擎优化在强调外部链接的基础上，更加关注与用户的互动交流，重视用户的反馈和对搜索信息的满意度。

2. 社交平台

以微信和微博及小红书等为主的社交平台营销渠道模式，不仅具有媒体属性，更具有服务属性。微信的辐射性、广泛交融性已成为最具活力的营销渠道，围绕购买流程所需的任何服务都能够便利地实现。在微信平台上，企业常用的新媒体资源和工具包括微信公众号、微信群、微信个人号、微信小程序等。在微博平台上，企业常用的新媒体工具和资源包括微博企业自媒体和微博广告资源。当前，建立企业社交平台已经成为不可或缺的渠道方式，休闲体育服务企业通过微信公众号、微信小程序、抖音号等新媒体加强与用户的互动沟通，拉近与消费者的情感距离，提升消费者的参与感。

这些新媒体渠道的内容不仅仅是信息流，还包括了促销流及货币流等多种流态内容，具有了从服务产品信息的推送到交易付款的完成一系列成熟的流程。

3. 短视频

短视频具有低门槛、强参与、强连接等特性。在抖音、快手等短视频平台的加速渗透下，我国短视频用户规模已达 8.18 亿人，占整体网民的 87.0%。短视频带来的体验和冲击力远大于图文形式，搞笑段子、开箱评测、美妆美食、旅行分享等主题都成为热门的拍摄内容。短视频的火热使其持续向电商、旅游、教育、直播等领域渗透，短视频不再只是娱乐，已经与各领域叠加、渗透。依托短视频平台的快速发展，各种休闲体育服务认识到消费者逐渐拥有信息的自主选择权，企业也从"产品为先"的营销观念向"用户兴趣为先"的营销观念转变。

国外有一份调查数据显示，76% 的人在视频广告上不会停留 10 秒以上，但如果用户观看时间超过 30 秒，那就表示视频信息与用户有较强的相关性，而这种相关性就是对用户关注的精准捕捉。Nike、UA 这些运动品牌将运动教学短视频发布在自身 App 及官方网站上，并向所有人免费开放，成为他们运动的必备工具；红牛从极限运动的角度切入，推出翼装飞行、越野飞车等视频内容，让品牌成为体育运动实现的场景工具，让品牌更加精准地触达目标群体；康恩都乐在美国橄榄球"超级碗"比赛的中场休息期间，投放了一支讲述了都乐"咖啡队"如何打败"奶昔队"的有趣搞笑视频，最终在网络上引起轰动，传播效果惊人。通过抓住消费者的"兴趣"打造短视频内容有利于模糊服务产品与品牌的界限，用有价值的信息来影响消费者的消费偏好，最终形成重复性的购买习惯。

视频发布者通过短短十几秒一条短视频，清楚地将服务产品的特点、卖点及使用场景通过视觉化的方式表达出来，使服务产品的无形性得到有效的有形展示，具有强烈的代入感。短视频引发消费者的兴趣，吸引用户，网络语言称为"种草"。

4. 直播及直播带货

直播带货是新媒体环境下兴起的新型购物方式，商家依托电商平台、内容平台或社交平台开展直播，借助明星、名人等推广产品，观众直接下单完成交易。目前带货平台以淘宝、快手、抖音为主，京东、拼多多等电商平台也开始试水直播带货的模式。目前我国直播带货主要以实物类商品为主，占比高达 98.4%。服务类虽然占比很低，却发展很快。

从组织行为学角度进行分析看，消费者从"观看到购买"全过程的实现需要很多外界刺激因素，一方面是实惠的价格与主播的个人魅力，而更加深远持久的刺激因素则是直播这种"快餐文化"能够极大地刺激消费者的感官体验，使消费者的听觉、视觉、触觉、味觉、嗅觉五大感官产生浸入式体验，逐渐使得消费者单纯的消费行为转变为一种娱乐消遣的方式，这恰恰非常适合以培训、展示、娱乐为核心内容的休闲体育服务项目的推广。借助主播"人气"的渲染，直播间能够更生动地营造气氛，将渠道与促销进行深度融合，具有很强的煽动性。"唯舞 Jazz Dance Studio"创立于 2014 年，已有 11 家分店、百名师资团队和数万名学员，是一家广州零基础舞蹈培训优质品牌机构。为了拓宽获客渠道，2020 年 5 月"唯舞空间"入驻抖音，在抖音的第一次直播中，主播边跳舞边宣传，在直播间展现课程内容和工作室的师资力量，搭配场外音和直播间光效，促成沉浸式的直播带货体验。5.5 个小时的直播，完成了 102.8 万销售额，获得 617 个新客订单。

第二节　休闲体育服务网点选择

一、休闲体育服务网点定位的意义

服务分销渠道所具有的空间属性使得服务网点的定位有着重要意义。网点定位是与休闲体育服务企业营销战略和竞争战略相联系的一项重要决策。成功的定位将从战略层面出发，使企业在市场环境适应、竞争地位、需求管理、规模效益等经营要素上取得显著优势。

（一）充分适应市场环境

环境适应是指服务企业对外在经济条件改变的反应能力。因为定位决策牵涉企业大量资金的投入，因此网点位置的选择将大大影响企业能否对未来的经济、人口和竞争态势变化保持良好的反应能力。例如，在全国范围内定位，可以摆脱因区域经济下滑导致的经营困境；在全球范围内定位，可以抵御因国家政治、经济危机造成的全面金融风险。

（二）强化竞争地位

竞争地位是指服务企业相对于竞争对手的状态。成功的定位可以率先形成便利的服务体系和市场认知度而设置一种无形的进入障碍。而在市场繁荣前获得并保持最佳位置，能够人为地创造一种竞争优势，从而有效地打击竞争对手。

（三）有效地进行需求管理

需求管理是指企业对服务需求的数量、质量和实践的控制能力。服务固有的生产能力有限、低弹性和服务的不可储存性等决定了服务企业往往很难引导需求、控制需求，但是，服务企业可以通过在不同的市场群体周围定位来达到控制需求的战略目的。不同的需求群体将为企业提供相对稳定的需求，这对于饱受需求波动之苦的服务企业具有重要的意义。

（四）形成规模效益

服务企业可以通过在众多定位网点提供相同或相似的服务，获得规模经济效益。多点定位和服务标准化策略能使优质的服务得到迅速复制，这是企业扩张的一种常用策略。当然，多点定位也可能引发邻近的网点相互争夺业务、浪费经营资源的风险，但是基于理想的成长模式规划的定位策略将有助于规避风险。

（五）生产与需求的灵活性

一些服务的提供设施简单，所需服务人员较少，比如健身私人教练工作室等，这些服务项目在空间上具有很高的灵活性，对需求的空间适应性很强，如果需要，可以很容易地实现服务系统的移植和多点定位。另一些服务却与空间地域结合得非常紧密，消费需求只有在服务的集中地才能得到满足。还有一些服务只有实现大型设施和专业人员的集中，才能保证服务质量、服务特色或服务优势，比如室内滑雪场。这些服务项目本身的特点决定了其生产灵活性的不足，对它们进行多点定位是不现实的。

当然，有些服务本身和营销策略的创新可以在一定程度上改变服务生产的灵活性，比如将服务生产集中进行，形成规模效益，但将分销点或中介机构分散定位。近年来，随着技术的进步和文化水平的提升，服务生产在比过去低得多的投资水平下便能够实现规模效应，使得网点分散化的倾向日益明显。

由于需求是与人的欲望共生的，因此需求会因为人在空间位移方面的灵活性而具备相当的空间灵活性。比如对于经常性、习惯性购买的服务，顾客希望就近获得。只有在需求发生地点附近存在分销点，才会方便顾客购买。

二、休闲体育服务分销网点的选择标准

影响分销系统网点选择的因素主要有 6 个，即成本（Cost）、资本（Capital）、控制（Control）、市场覆盖（Coverage）、特性（Character）和连续性（Continuity）。在英文中这六个因素均以字母"C"开头因此有人称为"渠道六个 C"。这六个"C"共同构成了服务分销网点的选择标准。

（一）成本

服务分销网点的成本由两部分构成：一是开发的成本，包括固定设备的投资、调研费用；二是维持的成本，包括设备租金、车辆油耗、人员工资等各项可变成本。服务企业在选择分销系统时应从长远发展的角度权衡这两种成本。

（二）资本

服务公司在选择分销系统时要考虑不同方式的资金要求和现金流转方式。例如：如果建立自有的分销系统，一般需要大量的资金投入；通过中间商分销服务通常不需要公司进行现金投入。

（三）控制

控制是指服务企业对分销渠道的控制能力。如果公司的这种控制能力较强，就能够较好地管理销售人员，了解市场需求的变化，从而以更有效的方式销售。

（四）市场覆盖

市场覆盖包含三个目标：达到目标销量、达到目标市场份额、取得满意的市场渗透率。有时由于种种原因企业不能同时实现上述三个目标，而总是顾此失彼。此时企业需要为这三个目标确定优先级，明确哪一个是对公司长远发展最为重要的核心目标。

（五）特性

包括公司特性和目标市场特性。前者主要是服务的性质以及与公司相关的内容，例如公司的规模、声誉和财务状况等。这些性质决定了公司适合采

用什么样的渠道销售，比如体育培训类的服务产品要求短渠道销售，而标准化的服务可以通过长渠道销售；目标市场特性包括顾客特性、中间商特性和竞争者特性。假如顾客的购买数量少，购买频率低，公司宜采用较长的分销渠道。

（六）连续性

连续性要考虑的是分销渠道的寿命，即选择哪些分销方式才能保证销售渠道的畅通与稳定。为避免分销渠道中断，公司必须建立优秀品牌，以防中间商转向其他企业。

在企业的营销实践过程中，休闲体育服务渠道的网点选择除了遵循以上原则，也要考量服务企业的性质及市场定位，考虑顾客与服务人员、设备和场所发生的接触，解决休闲体育服务如何传递给消费者的问题。企业与顾客间服务的传递面临以下几种选择（表6-2）：

表6-2　休闲体育服务企业与组织提供的网点选择

顾客与企业组织间的互动形式	网点的可行性	
	单一地点	多个地点
顾客前往服务场所	徒步、登山、户外攀岩、皮划艇、溯溪、攀树、登山、滑翔伞、速降、露营、城市马拉松赛	健身房、游泳池等连锁店各类运动培训
服务供应商前往顾客所在地	大型运动场所、设施维修、特约私教上门服务	运动康复护理健身服务上门教学
顾客与服务企业组织进行远程交易	特定品牌线上健身服务、运动及训练器械培训服务	各类运动App线上运动项目

第一类是顾客亲临服务场所的休闲体育服务类型。有形场所往往具有独特优势，自然禀赋很难被复制；或是如某些品牌赛事、品牌体育服务，顾客忠诚度高，需求弹性较低，具有不可替代性。这类网点需要重点考虑成本（如设施投入、租金）、顾客聚集区域以及网点在地理位置上对于顾客的便利程度。

第二类是服务供应商走向顾客。一般情况下，服务对象无法移动时，服务供应商可前往顾客所在地。如大型运动器械、设备的维护都需要供应商前往场所完成作业。有些顾客因为时间、地点的特殊需求，要求教练上门完成健身培训的教学项目。尤其是新冠疫情期间，顾客要求健身教练上门服务的预约大大增加。

第三类是远距离完成休闲体育服务传递。移动通信、网络技术及物流系统的成熟，通过网络与"App"传递休闲体育服务越来越专业。

近年来，随着我国居民健身意识的不断增强，智能科技开始为健身有效赋能，体育健身不但成为一个热门词汇，更成为大众尤其是年轻人的一种休闲方式，从而催生了一系列互联网产品。如健身 App，由于操作简单、功能齐全、随时随地可以使用，赢得了年轻人的青睐。其中，我们所熟知的健身App——"Keep"，自 2015 年上线以来，已完成 8 次融资，估值达 20 亿美元。官方数据显示，目前"Keep"用户人数超过 3 亿，会员数量突破1 000 万。2015 年 2 月 4 日上线的"Keep"，是一款致力于提供健身教学、跑步、骑行、交友及健身饮食指导、装备购买等一站式运动解决方案的App。"Keep"在上线之际，将自己定位于"移动健身教练"，主打线上室内健身教程，足不出户，让大家更便捷地健身，以满足消费者强健体魄、减脂塑形等个性化的需求。新冠疫情期间，全民健康意识再度提升，快速发展的"Keep"，不止想做一个"移动的健身教练"、健身工具，而是一个"自由运动场"。"Keep"在原有室内健身场景的基础上向跑步和骑行等室外场景扩展，2018 年，其开始尝试将线上内容优势与线下场景打通，比如开设线下健身房"Keepland"。并且"Keep"还围绕用户"吃穿用练"的生活消费场景陆续开发了家用智能运动硬件、健身器材、健康食品等品类，以此与课程、内容打通，提供一站式服务，全面满足用户的运动诉求。各类运动 App的发展趋势往往是以线上成长开始，逐步向线下拓展市场，同理，以有形产品为主题支持的休闲体育服务项目，其成长的空间往往体现在无形的技术、服务等方面。这显示出现代休闲体育服务大都是以有形产品与无形服务高度融合的形式呈现在顾客面前的。大到"好家庭"的户外智能健身房，小到"任天堂"的健身环大冒险，其产品的核心竞争力更多地体现在内容和产品的升级迭代中（表6-3）。

171

表6-3　2020年6月中国运动健身类 App 活跃用户数 TOP 17

排行	运动健身类应用	活跃用户数（万人）
1	Keep	2 023.9
2	悦动圈	957.6
3	小米运动	706.3
4	咕咚	590.4
5	步多多	557.2
6	乐动力	394.3
7	创易智跑	356.6
8	乐心运动	331
9	动动	305
10	薄荷	210.6
11	悦跑圈	180.3
12	咪咕善跑	103.1
13	嗨瘦	90.9
14	欢乐走	89.8
15	两步路户外助手	80.7
16	猫扑运动	60.3
17	春雨计步器	57.8

三、网点定位的层次

　　休闲体育服务企业确定营销战略后，决策层认定有必要建立分散的网点，就需要进一步考虑网点数量和地址选择的有效标准，具体可从网点的层次来看。一般而言，服务企业的地理定位包括从地域到地区再到地点三个层次。

　　地域定位是确定区域目标市场服务上限的最大范围，对待定区域市场的调研和需求评估是地域定位的基础和前提。北京 2022 年冬奥会、冬残奥会的成功举办，给我国冰雪产业的发展提供了巨大的市场空间，而结合场地、赛事、培训等开发出的新兴冰雪休闲体育项目也吸引了诸多休闲体育服务企业的目光。随着冰雪运动"南展西扩东进"的步伐加快，截至 2022 年初，全国已有 654 块标准冰场和 803 个室内外各类滑雪场，我国拥有一流硬件设施的室内外滑雪场馆不断兴建，让冰雪运动摆脱地域和季节的限制。我国的大型滑雪场大都以行政区划、气候等地理变量进行市场细分，地域定位是室外大型滑雪场地渠道决策首先要考虑的因素。科学准确的地域定位能够在"冷资源"变身"热经济"时，避免"一窝蜂"地上项目，造成自然资源的低效利用以及企业的恶性竞争。

地区定位是在选定的区域中选择最易于经营的城区或街区，诸如繁华区、商业中心、专业街等。尽管对于顾客来说获取服务的便利性非常重要，但是规模经济和服务运营需求对休闲体育服务网点的选址仍然具有一定的限制。地区定位主要考虑的关键因素包括：

（1）人口规模与特点。例如，评估可能接受服务的目标顾客群的密度、交通流量等方面的特点。

（2）顾客接受服务的便利性。例如，公共交通线路、停车场数量及分布等情况。

（3）区域内的竞争者。

（4）附近企业和商店的性质。

（5）服务网点地址的可获得性、租赁成本、合同条款等。

地点定位是指最狭义的服务设施和店铺的位置选择，在此引入服务圈的概念。服务圈是指服务网点以其所在地为中心，沿着一定的方向和距离扩展，吸引顾客的辐射范围，简单来说，就是吸引顾客的地理区域。服务圈的大小与顾客购买服务的特点、顾客行为、交通因素等有很大关系。对于新设网点服务圈的划分，往往通过市场调查，包括对市场环境的分析和对顾客基本特征的分析以及竞争网点的调查来进行。

虽然客观上地理定位往往由于竞争者对地点的垄断性占据而受到阻碍，但主观上有两条定位原则是必须遵循的。一是服务网点"三定位层次"必须坚持统一的定位标准，同时要在考虑同业的集中情况和交通便利情况等基础上做到灵活变通。二是地理位置选择必须按照"地域—地区—

173

地点"的顺序进行。有些企业先考虑地点，对地区乃至地域的现状和发展趋势分析不够，如果当地人口外迁、地域经济中心转移，将会导致偏离预期、投资失败。

实例6-4

中航健康时尚集团

中航健康时尚集团创建于1995年，旗下拥有"中航健身会""优莱荟""HYGGE"三大连锁品牌，集团集结移动互联网技术及大健康产业的资源，以独特的专业技术和服务创新优势，开展多形态、跨区域发展的复合经营模式，已成为中国健康行业的领军企业。中航健康时尚集团的企业愿景是：成为中国健康管理第一连锁品牌；企业使命是健康生活方式的传播者；企业经营宗旨是：提供优质超值的品牌产品和服务改变人的生活；企业的经营理念是：和谐、活力、永恒。尽管集团在健康管理领域不断发力，目前已集成应用生物医学、信息技术、营养学、运动人体科学等多学科领域的科研成果，并且以健康研发工程实验室平台及"健康+互联网"的经营模式在行业具备了领跑的能力，但"中航健身会"在企业持续发展过程中的基础支撑能力不容小觑。

作为深圳最具资历的健身品牌，其门店的选址及定位为集团的战略实施提供了保障。

2018年11月19日，中航健身会雅庭国际分店盛大开业。这家"面朝大海，春暖花开"的海景健身运动空间再一次为中航健康时尚集团的"健康版图"添上炫丽的一笔。同时，这也标志着中航健康时尚集团在2018年度的门店扩张战略布局达到一个新的高度。

目前，中航健康时尚集团拓展的新门店有：科技园分店、南园分店、经贸大厦分店、龙岗妇儿中心分店、紫悦龙庭分店、海上世界分店、丽晶国际分店、雅庭国际分店、HYGGE航天店、西安绿地中心分店、优莱荟国际健康管理中心英龙分店、腾讯滨海运动空间，共12家。其中包括7家诸如雅庭国际这样提供专业运动健身服务的"中航健身会"品牌，也包括优莱荟国际健康管理中心英龙分店在内的3家"优莱荟"品牌以及 1 家互联网智慧轻健身模式的 HYGGE 品牌。

2018 年 1 月，集团通过公开竞标成为腾讯公司的员工运动健康运营商，运营其滨海大厦超过 15 000 平方米的运动空间，通过企业健康管理模式为腾讯员工提供健康运动服务。这也是中航健康时尚集团继华为之后提供企业健康管理服务的另一家超大型企业。值得一提的是，中航健康时尚集团已经为深圳的数百家大型企业提供了专业、高效的员工健康管理服务。

除深圳地区外，中航健康时尚集团 2021 年也在古都西安进行门店布局。2021 年 7 月，作为西安的首个全面健康管理品牌，优莱荟进驻西安高新区地标绿地中心，这也是中航健康时尚集团在西安布局的第二家优莱荟门店。

在深圳，无论是在福田 CBD 区、还是科技人才聚集的南山科技园区、高速发展且潜力无限的前海蛇口自贸区，中航健康时尚集团所开设的门店陆续占据各大商业区及核心办公区的中心位，为都市白领、商务精英等人群带来全方位的健康管理服务体验。而在迅速扩张的战略布局下，中航健康时尚集团正是凭借强大的技术创新能力、服务创新能力以及品牌实力等，与客户和市场的需求不谋而合。

一直以来，中航健康时尚集团围绕市场业态、客户特征、运动习惯等市场因素通过发挥自身业务的特点满足着各类人群的健康需求，让用户在最短的时间、距离条件下享受便捷、高效的健身运动。

在 20 多年专业运营的过程中，中航健康时尚集团积累了一大批忠实的客户，集团经常接收大量的客户反馈，要求在尚未进驻的区域开店，这也意味着中航健康时尚集团强大的品牌号召力以及市场认可度。强大的品牌号召力下是品牌的差异化与服务的精准化。例如，在福田区核心地带，中航健康时尚集团打造的 3 600 平方米的"健康美学概念空间"——优莱荟国际健康管理中心英龙分店，通过产、学、研、用一体化及大数据应用构筑完善的全生命周期健康管理体系，以智能化运动空间体验为客户定制美好生活。

技术创新、服务创新一直是公司的理念，这也是集团布局的实力支撑。近年来，中航健康时尚集团不断致力于引进及研发与生命健康和生活

175

方式有关的技术，集团自主研发的 4P 数字健康管理系统，将 Wellness 全面健康生活方式与运动、营养及各种自然疗法相结合，开启了全面健康管理服务新模式，成为业界率先践行个性化、精准化健康测评与健康干预服务的企业，并获得"国家高新技术企业"的称号。

同时，通过技术上的不断创新，集团也拥有了脊柱管理、睡眠管理等 13 项软件著作权，低碳健康管理服务示范中心等 7 大工程实验室和研究基地，1 个健康大数据分析平台，针对不同用户群体提供定制化解决方案，为客户打造全周期、全方位、高质量的健康呵护。除技术创新外，中航健康时尚集团也在服务创新的道路上深耕不辍。2017 年，集团布局"互联网 + 健康"，与微信团队合作，进行数据的收集、分析，打造集"健康数据化、智能化、社交化"为一体的智慧轻健身模式，并创立新的互联网品牌 Hygge。通过线上预约、线下体验的运动模式，为客户提供更加智能化、更加快速便捷的智慧健身体验，此模式也将陆续在全国展开布局。

在服务创新的路上，中航健康时尚集团 1998 年就率先引入莱美健身体系，并在近年的发展中，自主研发压力管理、体重管理、运动康复、脊柱调整、瑜伽球健身方案等多项垂直领域系统性健康解决方案，不断优化提升全面健康管理服务。

如今，中航健康时尚集团也不断在尝试新概念，已成长为拥有实验室、体验店等细分等级的门店结构以及设计感极强、风格不同的健康体验空间。而且，这些健康体验空间均进驻一线商圈或核心地段，通过品牌赋能商业，与开发商形成了良好的合作。

在商品丰富、消费者注意力很容易被转移的时代，通过技术、产品、空间、体验、服务传递品牌文化，中航健康时尚的品牌美学已成为引领健康潮流的利器。在此基础上，用技术和服务来表达健康文化、传递全面健康生活理念很容易就立体起来，呈现出强劲的品牌价值，而这就是中航健康时尚的底气所在。

如今，健康产业发展拼的不仅仅是产品和空间，还有输出健康文化的能力。中航健康时尚所布局的不只是一个个健康管理机构，更是对健康生活方式的重新定义，也是对全面健康生活方式的传递及对健康文化的普及和沉淀。在 20 多年的经营过程中，中航健康时尚始终倡导和谐、活力、永恒的经营理念，通过在大健康领域的专业积累及品牌文化底蕴，让更多人享受到具有先进理念的健康管理服务的同时，传递积极的生活方式。近年来，随着"健康中国"战略的实施，无论是门店布局还是公益活动，中航健康时尚集团始终在以自己的方式推广和普及健康理念和文化，并作为大健康产业的领军者为打造健康民族的目标承担社会责任。在未来，中航健康时尚集团也将通过一次次创新，不断为健康文化注入新的内涵，同时持续倡导和推动全面健康的生活方式，帮助更多人追求美好的生活。

（资料来源：根据实地走访及中航健康时尚官网整理而成）

四、网点定位的策略

在了解了网点定位的战略意义、网点选择标准以及网点定位的层次等理论问题之后，具体到运用的阶段，即网点定位策略阶段。许多服务企业始终按照传统的服务市场定位观念，遵循以便利顾客为目标的网点均衡布局模式。随着现代服务营销观念和技术的不断发展，打破传统、寻求创新的网点定位策略已成为各大服务企业增强服务竞争力和创造力而竞相突破的方向。网点定位的应用策略包括以下几种类型：

（一）分散策略

这是将服务企业的网点布局分散，即采用多店铺和多点化策略。分散策略通过将网点布局的均衡区域放大，扩大目标市场的覆盖面，提高竞争力，由此可以获得至少三个优势：

1. 有效扩大知名度

大范围的网点布局辅以统一的形象识别，可以扩大服务企业的知名度，提高各网点的吸引力。

2. 利用先入优势取得良好回报

服务企业如果是当地的先入者，则可利用分散布局抢先占领市场，取得良好的投资回报。

3. 统一调度资源，扬长避短

服务网点的广泛分布可以使企业统一调度资源，发挥整体优势，激励各网点扬长避短。

（二）群落策略

群落原本是一个生物学概念，这里用来指商家群聚的现象。群落策略包括竞争群落策略和饱和群落策略。竞争群落策略是指在众多竞争对手集中的地方设立店铺，这样会导致共赢。这是对顾客在众多竞争服务企业之间选择时表现出的消费行为特征的分析和服务企业的具体实践中总结出来的。饱和群落策略则是竞争群落策略的进一步发展，指在繁华市区、交通流动率高的街区集中、饱和地聚集众多提供相同服务的场所或店铺。尽管其对资源的理论性浪费显而易见，但在实践中，因此而获得的广告费用的降低、便于监督和识别等优点，远比其缺点更有价值。

（三）替代策略

网点定位策略的本质在于利用网点抢占市场先机，用最低的成本为最大范围的目标顾客服务。有些休闲体育服务本身的无形性决定了在市场中的网点定位也不需要实实在在的空间占有，但不在空间上扩展并不表示不进行市场扩展。以下一些利用其他资源替代网点的定位策略可以为我们开辟思路。

1. 以营销中介替代网点

这种网点定位思路打破了由服务生产和销售的同时性决定的服务无法分销的定律，充分发展服务分销渠道和网络，利用分销商的信誉和网点出售服务凭证或承诺，是服务提供商实现低成本扩张的最佳选择。实践中，这种替代策略已经为不少服务商带来了良好的收益。

服务企业虽然付出了一些佣金，让渡了部分利润，但是节省了网点建设的成本，缩短了建设工期，避免了市场风险和经营风险。

2. 以委托和授权替代网点

常规的网点布局强调的是与竞争对手争夺有利的市场进入点，而现代服务营销观念则提出了利用竞争对手的网点来扩展自己的市场的策略。以委托和授权替代网点策略就是指有声誉、有实力的同业服务商之间通过委托或者授权的方式建立合作关系，利用对方的网点作为自己的虚拟网点，以此来发展自己的市场策略。这种思路的本质就是通过合作共同将市场做大，这符合大家的共同利益。银行、审计、物流等行业对此运用得越来越多。通过往来行业之间的相互合作，例如自动柜员机联网，每家银行都向自己的顾客提供了更大范围、更加便利的服务。对审计、物流行业来说，通过委托、授权当地企业完成就近的业务也是节省人力、运力、财力的有效途径。

3. 以信息产品、信息技术替代网点

随着网络技术、通信技术的不断发展，信息流对物流的替代趋势已日渐明显。互联网的普及使得电子商务也在逐步由潜在变为现实。对许多服务而言，服务企业根本不需要设立众多网点，通过电话和物流就可以完成服务的提供。

问答题

1. 休闲体育服务的分销渠道主要有哪些类型？

2. 作为服务渠道的一种类型，直销的营销优势有哪些？

3. 经由中介机构分销的这种服务分销渠道的职能是什么？

4. 为什么说服务网点定位具有重要的意义？

5. 休闲体育服务分销网点的选择标准有哪些？

6. 网点定位的策略有哪些？

7. 如何理解服务分销方法创新的必要性？常见的创新形式包括哪些类型？

主要参考文献

［1］胡小明，王广进. 体育休闲概论 ［M］. 北京：高等教育出版社，2016.

［2］郭国庆. 服务营销 ［M］. 4 版. 北京：中国人民大学出版社，2017.

［3］郑锐洪. 服务营销：理论、方法与案例 ［M］. 北京：机械工业出版社，2014.

［4］［新加坡］约翰·沃茨，［美］克里斯托弗·洛夫洛克. 服务营销 ［M］. 8 版. 韦福祥，等译. 北京：中国人民大学出版社，2018.

第七章　休闲体育服务促销与沟通

>>> **本章导语** >>>

　　促销是市场营销组合策略中的重要组成部分。促销策略能够促使休闲体育服务企业采取有效的措施来强化顾客对本企业及本企业服务产品的认知和信任，进而积极购买、消费企业的服务产品。服务产品促销的实质是沟通，服务促销的核心是服务提供者与顾客及潜在顾客之间基于服务信息与情感的双向互动，其目的是促进服务认知、认可与服务消费行为。

>>> **学习目标** >>>

1. 理解休闲体育服务促销及沟通的本质和特性
2. 熟悉休闲体育服务促销组合的内容
3. 了解休闲体育服务促销新工具
4. 了解休闲体育服务整合营销的概念及内容

"中国杯"帆船赛

"中国杯"帆船赛创立于 2007 年，是首个由中国创办的大帆船国际赛事，是唯一以"中国杯"冠名的高端体育品牌赛事，也是被列入世界帆船联合会赛历的重要赛事。赛事经国家体育总局批准，由国家体育总局水上运动管理中心和深圳市文体旅游局共同主办，赛事每年在深圳市大亚湾海域进行，曾多次荣获"亚洲最佳帆船赛"，已成为中国一张崭新的"文化名片"。

"中国杯"以帆船赛为依托，在为国际顶尖大帆船团队搭建竞技平台，促进中国大帆船运动与国际接轨的同时，又不局限于帆船赛本身，融入了丰富多元的元素，成为一场集竞技、商业、文化、艺术、公益为一体的海洋嘉年华盛会。

非比赛期间，"中国杯"也会适时推出帆船体验、大帆船培训等活动，同时还为企业度身打造一系列海岸赛等活动，并借助官方微信公众号、官方微博账号等新媒体工具对其进行宣传，并不时发布帆船赛事信息、帆船运动精神文化等各类相关信息，吸引公众对帆船运动的关注。"中国杯"不仅仅致力于传播帆船运动本身，更是力求将我国在文化、艺术、时尚等各个领域的繁荣借由帆船这个载体展现给全世界，在享受竞技比赛的同时，收获欢乐，收获机遇。稀缺高端的帆船题材、精彩激烈的比赛、丰富多彩的关联活动、优质高端的受众携手搭建起来的是一个高品质的商业展示平台，在诸多国际企业希望开拓高端市场的大背景下，"中国杯"帆船赛无疑是一个高端推广营销的绝佳平台，除帆船本身外，"中国杯"帆船赛期间还设置了蓝色盛典晚宴、亚洲航海文化发展论坛等活动，为赞助商提供了一个融合多种高端活动的多层次商业平台。

第一节 休闲体育服务营销沟通与促销

一、休闲体育服务促销

（一）休闲体育服务促销概述

1. 对促销的认识

目前，对于"促销"还没有形成广泛接受的定义。在营销实践中，促销有广义促销和狭义促销之分。广义促销是指企业通过人员和非人员的方式，与消费者沟通信息，从而刺激消费者产生购买欲望并产生购买行为的活动。广义的促销一般包括广告、人员推销、公共关系和销售促进 4 种促销方式。狭义促销专指销售促进，又称为营业推广，是指企业运用各种短期诱因鼓励消费者和中间商购买、经销（或代理）企业产品或服务的促销活动。

2. 休闲体育服务促销

在休闲体育服务营销实践中，消费者不仅需要知道核心服务的存在，还需要获取服务的地点、时间、价格、交易方式以及针对消费者需求的各种相关信息。因此，能否与消费者进行有效的沟通在休闲体育服务营销活动中有着十分重要的地位，决定了营销活动最终的市场效果。休闲体育服务的无形性给诸如售前服务信息甄别、服务质量、服务的远距离传递等方面带来了许多困难。不同的促销方式有助于界定并且生动表现一个休闲体育服务企业及其服务产品的特性，并能凸显其服务特色及竞争优势，帮助消费者作出恰当的选择，从而获取更大的休闲体育服务价值。

结合服务营销理论中有关促销的概述及休闲体育服务营销实践，本书认为休闲体育服务促销是"休闲体育服务企业通过人员和非人员的方式，沟通企业与消费者之间的信息，引发、刺激休闲体育消费者的消费欲望和兴趣，促使其产生购买行为的活动"。

3. 休闲体育服务促销的实质

休闲体育服务企业的促销活动是企业与目标顾客或公众之间的信息交流过程，实质上是企业作为沟通者，发出作为刺激物的产品及相关信息，并借助于某种沟通渠道，把信息传播到目标顾客或公众，从而试图影响目标顾客购买态度与行为的过程。因此，促销是一种说服性的沟通活动。休闲体育服务营销沟通不仅仅是通过沟通来说服顾客购买，加速人们接受新服务的过程，更重要的是通过与公众的沟通，取得公众的信任，树立良好的企业形象，为企业的长远发展奠定坚实的基础。休闲体育服务促销具有以下几层含义：

（1）休闲体育服务促销的实质是与消费者的沟通。传统的促销强调说服、诱导消费者购买，强调只有将企业提供的产品或劳务等信息传递给消费者，才能引起消费者注意，并有可能产生购买欲望。因此，传统的促销是单向度的沟通行为。现代促销强调与消费者平等的、双向度的沟通，强调尊重消费者的意愿，强调让消费者参与到企业产品的开发推广活动中来。因此，现代促销是双向的、互动的。

（2）促销的目的是引发、刺激消费者的购买行为。在消费者可支配收入既定的条件下，消费者是否产生购买动机与行为，主要取决于消费者的购买欲望，而消费者的购买欲望又与外界的刺激、诱导密不可分。促销正是针对这一特点，通过各种传播方式把企业的产品、品牌或服务等有关信息传递给消费者，以激发其购买动机，促成其产生购买。

（3）促销的方式有人员促销和非人员促销两类。人员促销是企业利用推销人员向消费者推销商品或服务的一种促销活动，表现为推销或者终端营业推广。非人员促销是企业通过一定的媒体形式传递产品或服务等有关信息，包括广告、营业推广、公共关系和直接营销等。企业在促销活动中通常将人员促销与非人员促销结合运用。

（二）休闲体育服务促销与沟通的作用

休闲体育服务业的有效沟通可以使那些原本无形的服务获得有形的支持，并把后台的生产活动表现出来，显示那些消费者无法认识或被掩盖起来的优势和资源。它还能提供信息和引导顾客实现消费升级，以便他们从所买的服务中获取更高的价值。促销与沟通（通常简称为"促销"）不仅仅是针对顾客专门设计的，作为营销组合中的一个要素，促销及沟通的对象还包括对休闲体育服务企业发展具有重要影响的媒体、金融机构、社会团体、政府等，只有综合、合理地运用各种促销工具，才能最大限度地发挥促销的作用，实现休闲体育服务企业营销战略。

1. 宣传服务

当顾客面对一项新的、复杂的甚至专业性很强的休闲体育服务项目时，没有服务的促销与沟通，就很难对这项服务的功能、特色、质量等有清楚的认识。服务营销沟通对于消除服务的陌生感、提供服务购买信息具有决定性作用。

2. 说服尝试

在购买不可触知的休闲体育服务时，光靠简单的服务内容介绍无法消除顾客消费服务的感知风险。休闲体育服务企业不仅需要提供完备的服务信息，还要提供消费的信息保证，最有效的方式就是亲自尝试。因此，体验通常成为说服消费者接受某项服务最好和最有说服力的沟通方式。

3. 明确定位

休闲体育服务应该以一定的形象被服务企业的目标顾客所接受。这个形象是战略性的，应该与竞争对手的定位区别开来。因此，需要通过服务沟通来明确企业的这种形象定位，让公众在沟通中体会、认可并达成共识。

4. 展示差别

消费者往往希望了解自己选择的休闲体育企业与其他竞争对手服务的差别，甚至同一企业现在提供的服务与以往的服务之间的差别，以给自己的消费选择提供充足的理由。休闲体育服务沟通的一大任务就是展示本企业服务的优势和特征，帮助顾客比较鉴别，让他们尽快作出购买决策。

5. 纠正偏差

在休闲体育服务行业，有时消费者感受到的服务效用会比预期的低，这种感受上的偏差往往会影响消费者对休闲体服务及企业的印象。服务沟通可以解释和纠正消费者感受上的偏差，表达企业努力改进业务的决心，这样会给消费者留下真诚的印象。

6. 培养忠诚

服务感知风险的存在使得消费者每一次消费都会在选择服务时更加谨慎，但一旦跨越了这道障碍，对风险的回避便转向对品牌的忠诚。因此，休闲体育服务企业通过服务促销及沟通可以预先消除消费者的不满，这有利于培养和维持顾客的品牌忠诚。

7. 强化记忆

营销沟通的第一层目的是让消费者了解服务，第二层目的在于向消费者保证他们选择的正确性，第三层目的就是不断强化消费者对休闲体育服务的记忆。如果消费者相信自己体验过的服务具有比较优势，那么不时地强化会树立起顾客对休闲体育服务品牌的忠诚。

二、休闲体育服务促销及沟通的目标

休闲体育企业在实施服务营销沟通时，不仅需要突出自身的服务优势，还需要唤醒人们参与休闲体育的热情。同时，在提供休闲体育营销服务的过程中，企业提供更多的附加价值，如实物或非实物的奖励，能够更好地让消费者形成偏爱，最终诱导消费和稳定销售。当今，随着互联网技术的发展，自媒体、社交媒体的出现，休闲体育企业在提高服务质量的同时，还需要建立良好的市场形象，形成良好的口碑，加强与消费者之间的互动交流，促使业绩稳步增长。因此，根据服务营销沟通的目标的特征，可以将休闲体育服务营销沟通的目标总结为以下几点：

（1）建立公众对该休闲体育服务企业及其服务的认知及兴趣。

（2）突出休闲体育服务企业及服务内容与竞争者的差异。

（3）与消费者沟通并描述所提供的休闲体育服务的利益。

（4）建设并维持服务企业的整体形象和信誉。

（5）说服消费者购买或消费该项休闲体育服务。

（6）改善休闲体育服务企业在现有和潜在顾客心目中的形象，以改善公众或消费者对企业的态度。

（7）将市场上出现的各种新的服务分销渠道告知现有及潜在的消费者。

三、休闲体育服务营销沟通的影响要素

在现代休闲体育市场中，服务营销沟通的方式丰富多样，既包括传统的营销沟通方式，如广告、人员推销、销售促进、公共关系，又包括新型的互联网营销方式，如企业网站、新媒体沟通等，同时还有整合营销的沟通方式。面对众多的营销沟通方式，休闲体育企业在选择合适的沟通方式时，通常需要考虑到以下几个方面的要素：

（一）市场类型

不同的市场类型需要使用到不同的服务沟通方式，休闲体育企业在选择服务沟通方式时，必须考虑到自身所处的市场类型和特点。例如，针对老年

人所经营的体育康复中心，在前期推广的过程中，应该尽量减少使用互联网营销这种服务沟通方式的使用。

（二）服务沟通目标

特定的服务沟通目标，往往对服务沟通方式的选择有着较明确的指向和要求，从而限定服务沟通工具的选择范围。

（三）服务的市场位置

同等条件下，相同的广告和销售促进策略在不同的休闲体育企业应用时，效果往往存在差异。而产生差异的主要因素在于企业在市场中的位置，即企业的知名度和品牌的大小。一般情况下，如果休闲体育企业品牌越大，则投资收益比越大；如果休闲体育企业品牌越小，则投资收益比越小。

（四）市场环境

市场环境通常指市场饱和度、市场集中度、竞争者的数量、竞争者实力、竞争者所采取的策略等因素，休闲体育企业在确定服务沟通方式时，往往还需要结合自身企业的资源情况、资金情况、优势和劣势，作出正确的选择。

（五）服务沟通预算

大型的休闲体育企业往往服务沟通预算较高，甚至可以不计成本的同时使用多种服务沟通工具。而小型企业在经营的规模、范围、服务特性等方面无法和大型企业相媲美。因此，为了达到更好的投资收益比，合理使用预算是关键。

总之，休闲体育企业要根据实际情况，全面衡量所有的要素，采用适合自己的服务沟通工具，以达到最佳的效果。

第二节　休闲体育服务促销及沟通工具

一、休闲体育服务促销工具

（一）传统的促销工具

1. 广告

广告作为一种传递信息的活动，是体育及相关企业在服务沟通中常用的方式。广告是以促进销售为目的，支付一定的费用，通过特定的媒介传播相关服务信息的一种大众传播形式。

休闲体育服务广告需要借助媒介来完成。随着休闲体育的发展，休闲体育广告形式也在不断地发展。传统的休闲体育媒介主要是电视、杂志、报纸、海报等，这些媒介在很长一段时间里都为休闲体育企业的发展带来丰厚的广告收入。伴随着互联网技术的成熟，电脑、手机等新媒介的出现，人们也更容易享受到休闲体育服务，如在家就能观看体育赛事。随之而来的广告投放方式也呈现出多样化，企业基于消费者的日常使用习惯，通过数据分析，可以向消费者提供更具个性化的休闲体育广告信息。新技术不仅打破了空间和时间上的阻碍，同时还大幅度提高了广告的传播速度和传播数量。与此同时，随着贴吧、论坛、微博等互动式沟通平台逐渐增加，广告的投放方式也变得更加灵活多样。新技术的发展推动着传统的广告模式由商家对消费者的信息的单向流动，到价值共创的信息双向流动的转变，因此，广告信息也更容易植入每个消费者的心中。

休闲体育服务广告作为服务沟通的方式和手段，是促进商业发展的一门综合艺术。成功地运用广告这种方式，可使休闲体育企业获得更多的收益。尽管休闲体育服务广告与传统产品广告有一定的区别，但其动机还是一致的。通过广告可以建立消费者对休闲体育品牌的认知，同时能展示出与其他品牌的差异，最终影响消费者的消费意向。

随着休闲体育市场化的发展，体育广告已经成为促销沟通的重要方式，为生产、互动、消费搭建起桥梁，同时也是打造体育品牌、提高企业知名度的重要手段。

实例7-1

"超级碗"的广告：数量多、费用高、影响力大

橄榄球运动在美国有着悠久的历史，美国职业橄榄球大联盟（NFL）是美国的四大职业联赛之一。在每年1月的最后一个周日或2月的第一个周日，美国职业橄榄球大联盟（NFL）将举行名为"超级碗"的年度冠军赛。为了提高观赛的吸引力，同时提高赛事的附加价值，"超级碗"

为许多企业提供了发布广告的机会，汽车、啤酒、饮料、电影、食品等企业也会借助"超级碗"赛事的机会发布广告。

据统计，2015年的"超级碗"赛事一共出现了69支广告，每秒广告费用高达15万美元，广告收入超过3.6亿美元。虽然广告费用昂贵，但许多企业仍积极参与。有数据显示，每12名现场观众中，有1人就是冲着广告而来的。"超级碗"比赛后，媒体还会对广告进行评选和讨论。

根据ESPN记者达伦·罗维尔的描述，2015年"超级碗"的球票是历史上最贵的。球票交易的网站数据显示，2015年"超级碗"平均门票价格为4 600美元，可高昂的票价依然无法阻止球迷的热情。2015年"超级碗"在菲尼克斯大学体育场举行，该体育场可以容纳超过7万名观众，但比赛当天仍然座无虚席。可见，在现代体育赛事的发展中，为了吸引观众前来观赛，提高门票的销售量，广告有着不可或缺的作用。

2. 人员推销

（1）人员推销的概念

人员推销是一种历史悠久的传统推销方式，由于这种方法有着独特的优点，现如今它仍然是一种重要的营销方式。休闲体育服务人员推销是指休闲体育企业派出推销人员通过各种沟通方式直接向用户推销某种休闲体育产品或者提供休闲体育服务，达到营销目的的同时满足消费者的需求，实现企业营销目标的一种直接销售方法。由于它能使销售人员与顾客面对面地交谈与沟通，因而受到许多休闲体育企业的重视。

同体育广告、公共关系等非人员推销相比，人员推销具有无可比拟的优点。第一，推销人员同目标顾客直接接触，面对面洽谈。这样，就可以根据顾客的欲望、需求、支付能力随机应变，提供适合顾客需要的产品和服务，推销成功率较高；第二，人员推销往往可促成即时购买，这是广告不能相比的；第三，人员推销可促进企业和用户从纯粹的买卖关系发展到友谊关系，这样，可促进新产品的销售和老产品的重复购买；第四，把宣传、销售、服务等综合在一起，方便了顾客，增强了顾客对体育经营单位的信任和依赖；第五，在推销的同时，销售人员还可进行市场调查、预测、信息反馈等工作，为体育经营企业制订长期计划奠定基础。

（2）人员推销的具体形式

休闲体育人员推销的关键在于推销人员。与早期推销人员相比，现代推销人员的目标已不仅仅局限于单纯的商品销售，不同的体育经营企业都要为自己的推销队伍确定不同的目标。一般而言，推销人员要完成以下的一项或几项任务：

① 销售产品。这是休闲体育服务人员推销的基本任务。推销人员通过与消费者的直接接触，运用推销的艺术，向消费者推销休闲体育服务产品，引导消费，并分析解答消费者的疑难和困惑，最终达成交易。

② 寻找和发现顾客。休闲体育推销人员不仅仅是访问、说服老顾客，更重要的是发现新顾客、扩大市场范围，创造新的市场需求。

③ 了解市场，提供反馈信息。每一个推销员既是休闲体育服务产品的推销员，又是市场调查员。他们与供应商、中间商和顾客直接接触，面对面地交流信息。由于他们对休闲体育市场需求信息的传递和反馈最准确及时，利用这些反馈信息，休闲体育企业可以迅速生产出适销对路的体育服务产品。

④ 建立和发展买卖双方的友好关系。同体育顾客建立和发展友好关系是推销人员职能的核心。良好的相互关系有利于买卖双方的沟通，使销售人员与顾客达成信任和理解，并有利于发现和开拓新的潜在市场。

⑤ 提供服务。休闲体育推销人员在推销过程中还应做好相应服务，如对顾客存在的问题和需求提供咨询，并负责解决顾客提出的其他疑难问题，以解除顾客的后顾之忧，赢得更多的市场机会。

⑥ 兼任市场调研和预测工作。推销人员在深入市场的过程中，不仅应了解顾客的现实需求和潜在需求，而且应了解竞争者的动态、市场发展趋势等。因此，推销人员可定期向上级领导提交市场分析报告，并提出自己的见解，帮助休闲体育企业调整体育产品开发和市场沟通策略方案。

3. 销售促进

（1）销售促进的概念

休闲体育服务销售促进又称休闲体育服务营业推广，它是指休闲体育企业运用各种短期刺激方式吸引和鼓励消费者购买，同时吸引潜在消费者的服务沟通活动。销售促进包括使用各种短期刺激性工具，刺激消费者增减对某一服务或相关产品的购买欲望和购买数量。传统观点认为，人员推销、广告才是主要的服务沟通方式，但是随着休闲体育发展规模的逐渐壮大，销售促进在服务沟通中的占比和投入成本越来越多，逐渐成为服务沟通的主要方式。

（2）销售促进的特点

① 随机性。销售促进是适应复杂多变的市场情况而出现的，它是一种非常规和非周期性的促销方式，常用于解决一些短期、额外和具体的沟通问题。市场中的需求与供给情况、市场竞争形式等一些非规则性、非周期性变化的特点，需要休闲体育企业运用推广手段，随时出击，以扩大市场占有率，维护产品品牌形象，反击竞争者的行为。

② 时效性。销售促进的着眼点是立即引起顾客的反应，通过向沟通对象提供短期的强烈诱惑，刺激顾客迅速采取购买行动。这种刺激能迅速消除消费者的疑虑和观望心理，打破消费者的购买惰性，使潜在的消费者变成现实的消费者。因此，销售促进活动要求在有限的时间和空间内起到立竿见影的效果，在短期内销售状况有迅速的改观。

③ 直接性。单纯从促进商品销售的角度上讲，与其他沟通手段相比，销售促进更具有直接性。公共关系旨在为企业塑造良好的公众形象，使顾客偏爱其产品；广告则通过一种观念的渗透来提高产品的知名度，进而提高顾客购买的信心；销售促进采取利益引诱的方式，相比之下，在吸引顾客购买方面见效更快、更直接。

④ 灵活多样性。销售促进是由刺激和强化市场需求的、花样繁多的各种促销工具组成的，而这些方式各有其长处和特点，可针对不同的促销对象灵活选择。

⑤ 短期效益性。销售促进有别于其他促销手段的最显著特点是迅速取得短期效应。一般来说，销售促进的方式只要选择和运用得当，其效果就能很快地在经营活动中显示出来，但几乎没有持久效益，因此，销售促进一般适用于完成短期的具体目标。

（3）休闲体育服务销售促进的作用

结合上文谈到的休闲体育服务销售促进的特点，可以发现休闲体育服务销售促进具有很大优势的同时，也存在着一定的局限性。因此，休闲体育企业如果能根据市场的情况和自身企业的特点，合理地使用销售促进这一服务沟通工具，就能给企业带来更大的销售量和利润。总的来说，休闲体育服务销售促进具有以下几项作用：

① 推动新服务进入目标市场。销售促进可以作为一种推动力量，使休闲体育企业提供的新服务更快速地进入目标市场，增进潜在消费群体对它的了解和购买。通常销售促进会以折扣或者免费试用的方式吸引消费者，从而提高消费者尝试新服务的积极性，最终提高消费需求。例如，在一些马拉松赛事的起终点往往能看见华为手表的站点，跑者可以尝试免费佩戴，这样就能使更多人了解这款产品的外观和功能；休闲体育企业也常在高尔夫俱乐部放置多款 VR 仿真模拟器，提供给高尔夫爱好者试用，让更多的高尔夫爱好者有消费升级的选择。

② 增加服务销售量。销售促进可以使销售量在短期内快速增加。使用销售促进方式的企业通常会想办法吸引消费者，例如，跑步软件"悦跑圈"在 2016 年推出"七夕线上马拉松"报名机会，用户只需要交纳 19.8 元的报名费就可以参赛，而且没有具体的比赛地点限制，只需要使用"悦跑圈"App 单次跑步完成 10 千米/半程马拉松/全程马拉松。完赛后，参与者可以收到"悦跑圈"提供的线上马拉松完赛奖牌，这些奖牌设计精美，具有一定的纪念价值，参赛者同时还可以点亮 App 上的"七夕线上马拉松"勋章。通过类似的销售促进活动，能够在短期内提高服务的销售量。

③ 在市场竞争中获取优势。当市场中存在许多同类型的企业时，如果竞争者频繁地开展销售促进活动，本企业也需要进行相应的销售促进，巩固已占有的市场份额。销售促进通过低价等措施，能够在短期内看到市场的反馈，这是其他服务沟通工具无法比拟的优势。

④ 使其他服务沟通工具发挥更大的作用。销售促进在与其他服务沟通工具联合使用时，还能使其他服务沟通工具发挥更大的效用，形成合力的作用。例如，面对健身房广告泛滥的情况，消费者并不愿意认真阅读广告的内容，通常会采取敷衍、回避的态度。但如果将广告与一个月免费体验的抽奖活动结合起来，会使消费者阅读广告的兴趣大幅提升。同时还能得到消费者的相关信息和联系方式，为以后开展营销活动带来更多的可能性。

4. 公共关系

公共关系是休闲体育企业服务沟通的一种方式，它是指休闲体育企业为了促进服务的销售，在休闲体育市场营销活动中，协调好企业与公众之间的关系，树立休闲体育企业和服务良好的形象和口碑而采取的有计划的服务沟通活动。

公共关系不是为了推销某一项具体的服务，而重点在于建立起企业与公众之间的良好关系，致力于创造企业良好的形象和口碑，把企业的经营理念、经营方式等信息传递给大众，扩大休闲体育企业的知名度和美誉度，保持与相关组织和团体的交流，为休闲体育企业创造一个友善、和谐的营销环境，从而间接地促进服务的推广。相对于其他的服务沟通工具，它是一种长期的、策略性的服务沟通活动。

无论是在奥运会、世锦赛这类世界级的大型赛事，还是健身休闲的App、休闲体育户外运动品牌中，都能看到企业公共关系宣传的影子。在具体实施的过程中，企业公共关系宣传可以通过新闻发布会、记者招待会或者通过电视或移动网络等形式进行。选择具体方式时，需考虑到如何将企业内部公共关系的目标与外部公众的期待高效连接。当然，若能配合其他服务沟通工具共同使用，能够在实际运用中进一步提高效益。

实例7-2

富龙滑雪场的公关关系

富龙滑雪场被定义为"城市中的滑雪场"，2017年11月25—26日，"富龙与你一起公益善行中国暨2017—2018雪季富龙冰雪嘉年华"隆重开幕。富龙集团成立的爱心助学基金每年都要资助一批贫困大学生，帮助他们实现求学梦想。富龙还建立了扶贫基金，开展"富龙公益行"活动，积极助推崇礼精准脱贫工作。这次冰雪嘉年华活动，既是新雪季的开幕，又是富龙集团公益活动新征程的开始，富龙滑雪场每售出1张滑雪票，就会向扶贫基金会捐款10元，帮助社会弱势群体早日脱贫。同时，富龙集团以社会责任为己任，积极寻求中小学滑雪公益项目合作，促进滑雪运动在青少年群体中的推广和发展。随着公益活动的实施，企业的良好形象很快深入人心。

这次活动还包括雪山市集、DJ音乐热舞、美食饕餮、专业滑雪表演、夜晚篝火派对、雪山灯光秀、炫酷夜滑表演等精彩内容。伴随着总面积75万平方米、位居全国前五的雪场规模，各式各样的滑雪区域，如儿童托管及滑雪教学区、亲子乐园等，这片冰雪胜地很快得到了大众的青睐。

（二）互联网促销及沟通

1. 企业官方网站

（1）企业官方网站概述

当今社会已进入信息时代，信息资源成为人们工作、生活不可或缺的一部分。通过互联网，人们可以越来越方便地获取信息，企业也越来越认识到互联网的重要性。现代企业为了实现营销管理，纷纷选择通过建立企业网站来进行企业战略营销，扩大市场。休闲体育企业官方网站是其进行服务营销沟通的重要平台和渠道，休闲体育企业可以通过官方网站展示企业良好的形象、宣扬企业文化、发布最新的服务产品营销信息，同时也搭建了企业与顾客沟通交流的平台。

（2）企业官方网站营销沟通的重要意义

第一，网站营销沟通有效地丰富了休闲体育企业的营销模式。随着时代的发展与进步，休闲体育企业在进行营销时，营销沟通模式在不断变化和创新。没有互联网时，休闲体育企业的营销模式更多地集中于促销、电视广告、报纸等这些传统媒介手段，随着网络技术的不断发展，休闲体育企业又将企业的营销模式转换到互联网。网站营销是休闲体育企业进行营销探索的产物，是休闲体育企业营销进步的体现，同时网站营销也有效地丰富了企业的营销沟通模式，使得企业营销模式变得更加丰富多样，这促进了企业营销沟通的发展和进步。

第二，网站营销沟通有利于实现休闲体育企业的经营发展。休闲体育企业的经营发展离不开有效的营销沟通，随着市场竞争越来越激烈，营销沟通对于企业的价值变得越来越重要，很多企业都是通过优秀的营销沟通方案取得市场竞争优势，从而实现企业的发展。现代社会，人们对于互联网的依赖程度越来越高，休闲体育企业利用网络进行网站的搭建，然后通过网站来进行营销，有利于快速实现企业营销的曝光率和普及度，实现企业的营销价值，从而为休闲体育企业获得相应的营销利润，实现企业的经营与发展。

第三，打造网站的个性化服务。现在顾客对休闲体育企业网站的需求呈现多样化和个性化的特点，因此，休闲体育企业在进行网站营销的过程中可以充分利用顾客的这一心理，打造个性化的网站服务，有效地满足顾客需求，实现企业网站营销的目的。休闲体育企业在进行网站营销的过程中可以通过大数据对这些目标客户进行数据挖掘，了解和掌握客户的个性化需求，再根据这些需求来打造个性化的网站服务，实现网络营销目的。

2. 新媒体营销

新媒体营销是基于网络流量的发展产生的，通过抓住消费者对产品的渴求心理，运用网络媒体向外输出产品信息，从而达到吸引消费者，在他们的消费选择中建立起自己的品牌的一种新的营销方式。新媒体营销和传统营销模式相比，在宣传形式、交易流程和消费者需求等方面有诸多不同，传统营销模式局限于线下广告、传单宣传，具有一定的空间限制，新媒体营销则以线上宣传为主，综合图像、音频、视频、H5 等多种形式；企业传统营销交易流程需要在线下和客户进行议价后才能完成交易，而与代理商之间的交易流程可能会涉及第三方，而在新媒体营销时代，交易流程只需要在网络上就能全部完成，极大地缩短了原来的交易流程；在互联网时代，人们对生活的追求已经发生了巨大的改变，不再满足于一些简单需求，而更加追求时尚个性。因此，新媒体营销是一种基于时代背景下产生的新型营销模式，其主要的营销途径包括微博、微信、短视频平台、生活类 App 等。

（1）微博

微博是指一种基于用户关系的信息分享、传播以及获取，通过关注机制分享简短、实时信息的广播式社交媒体，用户可以通过多种方式接入，以文字、图片、视频等多媒体形式，实现信息的即时分享、传播互动。根据 2020 年微博用户发展报告，2020 年微博最高日活跃用户达到 2.24 亿，由此可见，微博具有广泛的用户基础，是休闲体育服务营销重要的新渠道。在微博的传播机制中，有两种不同的路径——关注路径和转发路径，这两种路径结合形成了微博的裂变式传播模式，这使得信息在微博上可以被极速传播。此外，微博还具有全时性传播的特征，即兼备即时传播与延时传播，休闲体育企业可以即时在其官方微博上发布最新信息与顾客交流，也可以设置定时模式在每天固定时段发布相关服务信息供顾客浏览。

实例7-3

秦皇岛体育特色小镇

秦皇岛市的阔城小镇、集发小镇、乐岛旅游小镇和黄金海岸旅游小镇等体育特色小镇都开通了官方微博。以乐岛旅游小镇为例，通过关注其官方微博，游客可以查询到乐岛旅游小镇的基本信息，也可以收到实时更新的热门内容。除了关注小镇的官方微博，还可以通过关注秦皇岛市体育特色小镇相关部门的官方微博，查询到所需要的信息。例如关注秦皇岛市旅游委员会后，可以收到实时推送的消息，筛选有用信息，并且还可以在微博搜索栏中搜索，输入相关小镇的内容，就可以查询到各个小镇的相关信息及所需内容。

（资料来源：王玉扩，田宏艳，权超颖. 秦皇岛市体育特色小镇发展研究［J］. 山东农业工程学院学报，2020（7）：75-78.）

（2）微信

微信是一款提供即时通信功能的免费应用程序，随着科技的发展，其功能也逐渐丰富，其中微信群、微信公众号、朋友圈、微信小程序等功能就具备营销作用，休闲体育企业可以通过建立官方公众号发布各种相关推文从而传递最新的营销信息，通过开设官方小程序供顾客购买其服务产品，同时顾客也可以将相关的推文或小程序分享到微信群或微信朋友圈进行二次传播。在2021年1月的一场直播演讲中，微信创始人表示目前每天有10.9亿人打开微信，由此可见微信惊人的用户基础。积极利用微信公共平台，对于提升休闲体育企业的服务营销能力和质量具有重要意义。

第一，有助于提高企业的创新意识与创新能力。与传统营销工具相比，微信平台最大的优势在于能够与大量顾客进行撒网式的互动，广泛地收集顾客对休闲体育企业产品或者服务的意见。在此情况下，一方面，休闲体育企业能够实时感受到来自顾客的创新压力，自觉加大对服务产品的创新力度，提高创新意识。另一方面，休闲体育企业还可以深入分析顾客所反映的具体问题，找到服务产品创新的方向，增强企业的创新能力。

第二，有助于提高企业服务水平。通过微信平台的评论功能，休闲体育企业能够全面了解顾客对于企业服务的评价，及时针对顾客提出的问题进行改进，提高服务质量。

第三，有助于提高消费者的购买欲望。由于微信平台具有庞大的用户群体，因此通过微信平台的大力推广，企业品牌的知名度必然能够大幅度提高。此外，在垃圾信息给消费者造成极大困扰的背景下，如果企业能够严格把控微信平台向顾客推送内容的质量，那么势必会提高企业在消费者心目中的形象。

第四，有助于提高营销的精准性。与现有的其他媒体传播方式相比较，微信平台不仅能够对顾客实施撒网式的互动，而且在此基础上实现了更为精准的一对一互动，提高了服务营销的精准性。休闲体育企业在利用微信平台完成产品或者服务信息的推送后，能够根据顾客的反馈与顾客进行一对一的对接，全面深入地了解顾客的具体需求，并据此为顾客量身打造适合的解决方案。这种高度精准的营销方式通常能够给顾客"专一化"和"私密化"的感觉，增强顾客的服务体验效果，进而极大地提高企业的服务质量。

实例7-4

一兆韦德健身公司的微信营销沟通

关注"一兆韦德健身"官方公众号后，在它日常推送的每篇文章中都会附有二维码，引导顾客添加其官方企业微信助手，然后再由小助手拉入企业微信社群中，进行统一维护，这就完成了公众号引流的第一步。

一兆韦德的企业微信社群具有三大亮点：第一，群内每周都会有固定时间的群运营活动，增强用户的记忆点，提升社群运营的活跃度，精准社群定位；第二，线上预约和线下活动互通，可以更好地提升用户黏性，同时扩大对外声量，提升品牌形象；第三，定期答疑互动，对用户进行运动健身知识科普，并将往期答疑问题进行规整，提升社群的整体价值。

同时，一兆韦德还通过企业微信社群开展了以下多项社群运营活动：

1. 课程分享（视频/链接）

一兆韦德的健身教练会不定期在社群中发送小视频或者是公众号文章中的视频进行课程分享，这不仅可以引起群成员的关注，还能引导用户关注公众号。

2. 线下夜跑活动

一兆韦德每周固定都会举办线下夜跑活动，用户可以通过小程序进行活动预约。在进行夜跑的过程中，一兆韦德会在群内及时分享夜跑的情况（例如夜跑活动时的一些照片）。通过固定的线下活动、多频次的触达客户，促进了用户的参与度，提升了客户的黏性、品牌认可度以及忠诚度，同时扩大了宣传，提高了品牌影响力。

3. 线上问答

一兆韦德每周都会有固定的线上答疑时间，会收集用户提出的一些关于运动或健身方面的常见问题，并统一进行解答，同时还会对每次的问题进行汇总整理，将合集发布在群内，方便客户随时查看，十分贴心。

4. 相关赛事通知

在当地举办相关赛事活动时，一兆韦德的教练会在群内及时发布通知，通过这些热点赛事，激发用户对于群的关注度，提高群内的活跃度，体现社群的价值。

5. 优秀学员分享

一兆韦德的教练会不定期在群内分享一些学员在运动赛事中取得的优异成绩，在增强与用户黏性的同时，增强成员对于品牌的信赖。

（3）短视频平台

短视频是一种近年来兴起的内容传播载体，其凭借较强的趣味性和可视性、丰富的表现形式、多元化的使用场景，引领了新媒体时代的潮流，展现出巨大的流量潜力，从快手、秒拍的上线到近年来抖音、西瓜视频的出现，各类短视频平台争奇斗艳，短视频行业呈现井喷式发展之势。

目前，短视频平台已经成为各行业追捧的营销渠道。休闲体育企业可以在短视频中融入品牌的内容，将广告类的品牌内容与短视频相融合，为受众提供服务产品、品牌、品类相关的信息。此外，休闲体育企业还可以利用短视频创作专业的内容并进行传播分享，利用企业自身的专业特性，吸引有兴趣的用户关注和了解这些内容，提高顾客忠诚度，使其成为粉丝群体。这些专业内容的短视频大多接专业分类，其内容质量有一定的保障，所传递的信息情况也相对比较准确，利用专业内容创作出一系列的短视频，在成本上远远低于直播营销方式，也可以更让人接受，可以通过增加频次来增加受众群体的黏度，从而开发企业自身的市场群体或者创造流量效益，也可以通过"短视频话题发布+用户主动式阅读+线上奖励性回流"的方式，建立完整的互动式营销生态链，提高营销沟通的效果。短视频平台的一大特点就是每个人都可以参与传播与分享，因此，休闲体育企业也可以与自媒体用户进行合作，这样既避免了被观看者抵触，又可以利用内容营销的方式让用户在潜移默化中关注这些夹杂在短视频中的营销信息，提高受众的接受度和主动性。

实例7-5

短视频、直播带动垂钓"破圈"，
快手体育如何把钓鱼产业做出大市场？

"2020 中国首届全国钓鱼人运动会"在浙江省金华市燕语湖收官。在为期三天的比赛中，来自全国的钓鱼达人们争夺着百万大奖，并将垂钓这项群众基础较好的体育休闲运动展现在国人面前。

值得一提的是，本次比赛由快手、金华市政府以及中国钓鱼运动协会共同发起，而短视频、直播等新媒体技术的加入，不仅多角度记录下比赛的精彩瞬间，让网友们体会到垂钓运动的魅力，同时在与当地特色产业的结合与孵化过程中，也进一步带动了当地垂钓产业的整体升级，扩大了市场机遇。这是快手体育又一次全新的尝试，"短视频+直播、赛事+带货、红人+竞钓大师"组合，快手用平台的特点及优势为垂钓产业链提供了新思路。快手此次深入垂钓行业，助推垂钓运动市场化的同时，也促进了地方产业的深度融合。更重要的是，快手通过技术普惠，让每一个热爱体育、热爱生活的人都能找到适合自己的体育项目，并且获得商业机会，最终实现生活品质的提升，构建起数字体育商业生态。

一、快手体育与全国钓鱼人运动会达成战略合作，推动产业深度融合

这次比赛位于金华市燕语湖国际垂钓中心，当地景色宜人，库容150万立方米，是国家体育总局指定的全国唯一垂钓全项目赛事训练基地。本次比赛邀请了800多位专业钓手与来自全国各地的垂钓红人组成快手战队，普及钓鱼运动。通过快手的直播间和钓鱼爱好者们的短视频，观众

们看到了坐在乡间小湖，专注水中浮标、静候鱼儿上钩的钓鱼选手之间的激烈比拼，也领略到了比赛当地的秀丽风光。与此同时，通过结合赛事发起的直播带货，彻底改变了传统钓鱼比赛的商业模式，利用互联网技术打通了垂钓产业的上下游。

快手的加入，在帮助当地垂钓运动获得市场影响力的同时，也在与地方特色产业做深度结合与孵化，形成了以垂钓用户为流量入口，搭配金华当地特色产品直播销售模式，积极探索并尝试网红经济和赛事经济，从而带动产业升级和商业发展。

此外，以比赛为载体，快手为民众提供优质体育休闲内容的同时，也用科技优势，借"直播经济"整合并激活了当地的垂钓行业优势资源，进一步推动垂钓行业的市场发展。这将为体育赛事探索出一条新的产业融合发展道路，既有力推动了体育运动快速地融入民众生活，又促进了数字经济产业与传统垂钓产业加速融合，激发出经济新业态，从而真正带动地方经济的快速发展。

二、短视频、直播带货，革新垂钓运动商业模式

一直以来，垂钓属于体育休闲运动，也是一个产业生态完整、市场潜力巨大的休闲项目。垂钓产业上下游不仅囊括了渔具、渔场以及消费品等业态，还连带着体育旅游的发展。不同于以往，在如今鼓励倡导新兴生活方式的背景下，垂钓已逐渐成为被大众认可、颇受关注的一项体育休闲运动。据数据显示，我国休闲渔业的关联产值达 1 100 亿元，近年来增速明显。中国已约有 1.2 亿的钓鱼人群，并且钓鱼运动也不再是中年人的专属，逐渐向年轻化、时尚化发展，市场空间大。

快手平台的流量和技术优势，线上与线下的整合优势，正改变着垂钓产业的商业模式。一方面，平台庞大的流量可以给赛事带来巨大的关注度，这不仅拓宽了企业产品的社交电商销售渠道，通过线上直播、带货等模式，让钓鱼达人、商家、用户之间产生更多连接，扩大钓鱼产业的行业价值，也带给企业更广阔的商业契机。在直播比赛的同时，也有不少当地企业为了更好地促进产品销售，借助垂钓大赛的契机，以"现场直播+解说"的方式销售各类渔具产品，鱼竿、饵料应有尽有。短视频和直播的新颖方式，让当地企业家们看到了垂钓产业的消费潜力和前景。

不止于此，钓鱼大赛的市场溢出效应也正在显现。除了垂钓产业上下游的相关企业，当地特产宝塔肉、梅干菜扣肉、乌饭粽等食品加工企业也借助钓鱼大赛的影响力，进一步提升了品牌影响力和产品销售。

事实上，大赛以红人等内容导流形式对接巨大的流量，从而实现资源转化为落地项目、展示转化为消费引领，推动数字娱乐经济发展。这也说明了快手以钓鱼大赛为载体，通过短视频、直播技术助力地方经济，带动当地垂钓产业、农副产业、旅游及周边产业的融合发展。

更重要的是，通过短视频与直播，快手给了普通大众一个了解垂钓运动的机会，也给垂钓爱好者、垂钓企业提供了展现自我的平台。此外，快手已经形成消费者所熟悉的直播带货商业模式，并且这个模式的体量非常巨大，带动体育融入民众生活的同时，也在影响甚至改变着传统商业的运作模式，为新经济、新业态提供更多可能。

（4）生活类 App

生活类 App 是人们分享自己的各类生活经历，推荐自己使用过的良好产品和优质服务的传播平台。通过分享各种事物，用户可以在 App 中积累大量粉丝，形成传播效应，休闲体育企业可以以此为契机，与此类 App 中的大博主进行商务合作，进行营销沟通；或是以官方认证的形式入驻此类 App，积累粉丝与顾客。以"小红书"App 为代表，此类软件的一大特点就是女性用户较多且日活跃度较高，根据"小红书"App 的官方报告，在 2021 年春节期间，小红书 App 的日活跃用户达到 2 100 万人。因此，积极利用生活类软件进行服务营销沟通，既是休闲体育企业开拓女性消费市场、吸纳女性顾客的重要方式，又提供了休闲体育企业与女性顾客进行交流的重要平台。

实例7-6

翻开"小红书"的体育消费经

"女生都把小红书当百度用"，这句外界评价，道破了小红书的群体属性与搜索功能。虽然大部分男性体育用户对这款产品的理解一知半解，但在这个体育需要女性消费者的时代，"小红书"里已经出现了和体育有关的消费趋势。

一、"小红书"的特质：精美视觉与高消费力

打开"小红书"产品首页，图片及视频的封面瀑布流首先映入眼帘。在"小红书"上，创作者需要用精美的视觉来吸引用户的注意力。

当然，足够有价值的信息传递，对于平台而言同样不可或缺。2013年6月成立至今，"小红书"先后经历了海淘、社区电商、跨境电商，再到如今的UGC种草和商业化探寻。截至2020年9月，"小红书"的月活跃度破亿，其中70%的用户为"90后"，超50%的用户是"95后"，平台用户年龄主要集中在18~34岁；使用人群中超过56%的用户都来自北京、上海、广州、深圳等一线城市，都市白领、职场精英女性是用户的主要构成，这是一群具有高消费力且消费意愿极强的用户。因此，对于体育营销来说，如果想要增加女性消费者客流量，2021年的"小红书"平台上还有三个热点领域不能错过。

二、冰雪热潮、居家健身与外出露营，体育人的新机会

2020年12月31日，"小红书"基于2020年用户发布的笔记及每日搜索数据，发布"2021生活方式关键词"，与体育呈直接相关的有三个：冰雪热潮、居家健身、外出露营。

在北京2022年冬奥会的带动下，滑雪这项曾经的小众运动已日渐普及，在"小红书"上，雪场穿搭、雪场拍照颇为流行，这也驱动着女性滑雪人数的激增，间接带动了冰雪热潮，推动了冰雪相关产业的发展。

由于新冠疫情，2020年的线上健身圈格外火爆，在"小红书"平台上更是明显。根据"小红书"官方数据，2020年平台相关运动健身内容的发布数量同比增长超300%，除了健身内容，平台用户还喜欢探索相关健身商品，诸如宅家器械好物、好穿好用的健身服饰以及健康减脂内容。

"小红书"站内相关人员告诉记者，"小红书"健身社区针对的是"想瘦但不想累"的人群，平台健身博主不止具有"健身教练"这一单一功能属性，更是潮流穿搭、生活分享等多样化生活方式的引领者。而与

Keep 等垂直类健身平台相比，"小红书"健身社区偏向于轻健身，内容比较多元，且平台的社区氛围很好。

近两年，女性在运动消费领域的地位逐渐提升，"lululemon"品牌的市值一路攀升。此外，还涌现出许多新国货运动服饰品牌。这些新品牌与阿迪达斯、耐克等传统运动服饰的营销打法颇为不同，他们重视"小红书"这类平台，让博主从功能测评、穿搭建议上吸引女性消费者。

运动健身日益成长为当今女性健康生活方式的首选，帕梅拉女孩、运动健身穿搭、宅家健身好物……这些与生活方式相关的健身内容日益"出圈"，从女性角度出发，讲好运动生活的故事，是健身创业者要考虑的方向。

2021 年春季，"小红书"上掀起了野外露营浪潮，相关笔记同比增长至 13.6 倍。2022 年，用户对户外露营的热情依然高涨。对于体育旅游及户外运动品牌来说，"小红书"平台可谓是抓取用户的新突破点，精美照片加上露营攻略，将显著提高公司生意的转化率。

三、离女性消费者近一点，创造运动潮流生活方式

在未来，伴随着女性社会地位的提高，"她经济"的社会影响力与消费能力，将让体育行业重视起这股力量。

首先觉醒的将是运动服饰领域。"lululemon"异军突起的原因就是和女性健康生活方式的推广有关。此外，耐克、阿迪达斯、斯凯奇、安踏等众多国内外品牌都在提高女性消费者份额，用定制化女性服饰、扩大门店女性服装面积、进行时尚穿搭来增加女性注意力。

和运动服饰领域不同，体育行业中还有太多运动项目以及场馆需要进一步借助平台的力量，走进女性世界。例如 2021 年妇女节，"小红书"站内推广了"2021 女子冲浪赛"活动，鼓励女性用多样化的运动方式，通过冲浪项目展示自信、展现美丽。

休闲体育企业在一路前进的时候，别忘了了解市场尤其是当下年轻人的爱好，积极尝试新渠道与新事物，用潮流化的生活方式做品牌，才能保持年轻活力。

第三节　休闲体育服务整合营销沟通

一、整合营销沟通的概念

整合营销沟通是指将与企业进行市场营销有关的一切传播活动一元化的过程。整合营销沟通一方面把广告、促销、公关、直销、CI（企业形象识别）、包装、新闻媒体等一切传播活动都涵盖于营销活动的范围之内，另一方面是企业能够将统一的传播资讯传达给顾客。其中心思想是通过企业与顾客的沟通满足顾客需要的价值，确定企业统一的沟通策略，协调使用各种不同的传播手段，发挥不同沟通工具的优势，从而使企业实现沟通宣传的低成本化，以高强冲击力形成高度沟通。一般的顾客并不从广告、销售促进、公共关系、推销几个方面来考虑，对他们来说，一切都是"广告"，要将这些沟通要素加以分解的是营销人员自己。但是，很多营销人员在设计沟通信息时往往忽略了这一点，没有把沟通努力的各个要素协调起来。其中，最常见、最典型的不一致出现在人员推销与沟通组合的其他要素之间。沟通方法上的这种不协调、不连贯促使越来越多的企业开始采纳整合营销沟通的观念。整合营销沟通便是仔细协调各项促销活动以产生面向顾客的、连贯的、统一的信息的方法。

二、休闲体育服务整合营销沟通的内容

整合营销作为体育服务营销顺应时代发展的新策略，是体育服务营销发展的产物。休闲体育服务整合营销沟通主要包括新媒体营销沟通、活动营销沟通、网络社群营销沟通三个部分，新媒体营销沟通已在本章前一节介绍，本节主要介绍活动营销沟通和网络社群营销沟通的内容。

（一）活动营销沟通

休闲体育活动营销是休闲体育企业为了扩大产品销量或是提升企业形象、打造其品牌影响力，借助重大的社会活动或者整合自身多方社会资源而策划的大型活动。活动营销除了实现广告、促销、公关、推广等多重目的，还能实现数字、品牌、关系等多种营销方式，是一种全新的营销策略。

一般意义上，从活动发生的主要领域划分，活动营销分为线上营销和线下营销。

1. 线上营销

通常意义上将运用互联网平台进行的活动营销方式统称为线上营销，它是休闲体育企业为了提升产品销量，打造企业美誉度而常用的一种营销方式，比如休闲体育企业通过其官方微信公众号发布活动推文，顾客分享推文到朋友圈并进行集赞，集得指定要求数量的点赞后，顾客就可以获得免费体验该休闲体育企业提供的服务的机会，同时休闲体育企业往往在体验活动结束后还会要求顾客发布朋友圈说明其体验感受，从而实现二次营销。这一方式的作用是增加用户的互动性。

2. 线下营销

这是休闲体育企业较常用的方式，它强调的是用户的达到率，通过和现场消费者的零距离接触，以现场产品展示或者演讲的方式直接实现其服务产品的销售。线下营销的效果较明显，通过口碑传播或营造现场氛围等方式可快速实现企业的销售目的，这是许多大额消费品企业常用的营销方式。

（二）网络社群营销沟通

休闲体育服务网络社群营销是指休闲体育企业围绕自身服务经营所使用的服务沟通工具，基于移动互联网和社交平台，将有共同兴趣爱好的人群集中到一起，展开互动式价值共创的沟通形态。具体网络社交平台包括百度贴吧、体育论坛、QQ群、微信群、微信公众号、微博等。休闲体育网络社群营销沟通常见的方式为线上方式和线上线下融合方式。

1. 休闲体育服务网络社群营销的线上步骤

第一，创造话题性的舆论热点。许多休闲体育企业进行网络社群营销时，不能只是在网上发微博、发帖等进行推广，这种广告特质太明显的方式，往往会被消费者所忽视。应该以创意为出发点，创造具备话题性和自发性传播的热点，充分发挥每位消费者传播的力量，提高消费者自发传播的热情和主动性，从而快速形成舆论热点。

第二，充分调动消费者参与话题。在自媒体时代，仅靠休闲体育企业自行单向推广，其效率是很低的。当一个论坛或贴吧引来更多的评论，当一条微博引来更多的转发、评论和点赞，当一条抖音短视频迎来更多的关注，这个话题才能持续升温。因为在移动互联网时代，每个消费者都拥有许多网络账号，更强调交互性和价值共创。在这个过程中，休闲体育企业应该充分调动消费者的参与度，使话题流量不断提升。

第三，发挥网络达人的力量。休闲体育企业的营销话题是否能够快速传播和扩散，不仅取决于话题的内容，同时还取决于信息发布者的知名度。如果发布者只是一个普通的市民，就难以引来大量的关注。但如果是一位公众人物发布的信息，就很容易引起广泛的关注。

第四，真诚地沟通。休闲体育企业在服务沟通的过程中，真诚地与消费者进行沟通是非常重要的。特别是移动互联网时代，每个消费者既是舆论的传播者，又是舆论的监督者。因此，休闲体育企业在服务沟通的过程中，要保证传递信息内容的真实性。与此同时，当消费者误解或者出现舆论危机时，一味地狡辩和推卸责任，甚至与消费者争辩，会更容易引起消费者的不满，甚至激化消费者的情绪；及时、真诚地道歉，反而更容易得到消费者的宽容和谅解。因此，真诚地与消费者沟通，才能获得更多的信任与理解，才能够更容易搭建起内心交流的桥梁。

第五，创建品牌社区。创建品牌社区需要通过区分不同的消费者，充分挖掘消费者青睐某品牌的因素，合理有效地创建一个能让目标消费群体产生共鸣和偏爱的品牌社区。与此同时，还要继续加强品牌社区的文化建设，增加消费者对品牌的忠诚度，例如特色的标题和宣传语。创建品牌社区，有助于阻隔竞争企业，同时增强消费者之间的沟通与传播，吸引更多的潜在消费者加入。

2. 休闲体育服务网络社群营销的 OMO 步骤

OMO 是线上线下融合的意思，由于休闲体育企业的服务不仅有线上观赛、线上体育教育、线上健身 App 等，还会开展体育旅游、户外运动、体育培训等线下经营活动。因此对于开展线下经营活动的休闲体育企业来说，线上聚拢流量吸引客户，线下开展经营活动，成为一种全新、高效的经营方式。休闲体育服务网络社群营销的 OMO 步骤主要分为以下三步：

第一，引流。"流量"是随着移动互联网发展产生的一个新概念，通常指的是用户浏览、点击、评论的数量。随着手机用户群体越来越庞大，线上平台逐渐成为消费者作出线下消费决策的重要依据。线上平台不仅可以大量聚集有消费需求的消费者，同时还能吸引潜在的消费者，最终促成线下的消费活动。通常社群平台的引流入口可以分为三类：

（1）社交类，如 QQ、微信、微博、百度贴吧等。

（2）消费点评类，如大众点评、美团、豆瓣等。

（3）地图类，如百度地图、高德地图腾讯地图等。

第二，转化。转化通常是指休闲体育企业利用用户群体的流量，变成消费交易的过程。休闲体育企业不仅需要通过各种方式获取流量资源，在各大线上平台发布休闲体育企业经营的相关信息（如地址、联系方式、营业时间等），还需要在各种各样的平台创建交易方式，通过平台交易给予一定的优惠，指引线上流量群体，向线下消费靠拢，提高转化率。

第三，反馈。消费者消费后的信息反馈，有助于休闲体育企业了解自身所提供服务的相关情况，并根据消费者的反馈及时作出调整，以迎合消费者的需求。与此同时，消费者反馈中优质的评价，也能够吸引潜在消费者作出消费抉择。

信息反馈平台的建设是网络社群营销的重要方式。搭建起休闲体育企业与消费者之间沟通的桥梁，也是维系企业与用户关系的关键。良好的信息反馈机制，还有利于休闲体育企业进一步扩大规模，甚至形成商业闭环。

实例7-7

网络社群营销工具助推冰雪旅游发展

伊春市大箐山县文体广电和旅游局在旅游宣传时利用微信公众号、箐山旅游网、新浪微博及博客、短视频等时下流行的融媒体形式全方位、多形式进行营销宣传；并开通抖音直播号"箐山旅游"，用手机进行实时直播，开展"直播+短视频+话题+攻略"等联动营销。

同时，他们还借助互联网达人的传播进行冰雪旅游营销。旅游达人拍摄的旅游照片，撰写的旅游攻略，可以给年轻人出游、选择旅游目的地提供重要参考。

此外，他们通过互联网在线服务平台，如携程、去哪儿网、喜马拉雅 App 等提供的旅游资源提升出行便捷度，而这些服务资源的点击量、收听率也成为影响游客选择旅游目的地的重要参考依据。

问答题

1. 谈谈你对休闲体育服务营销沟通的理解。

2. 简述休闲体育服务营销沟通工具的分类与特点。

3. 举例谈谈你印象较深的休闲体育服务营销沟通案例，并应用本章所学知识对案例进行分析。

主要参考文献

［1］李雪松. 服务营销学［M］. 北京：清华大学出版社，2017.

［2］刘勇. 休闲体育营销［M］. 北京：人民体育出版社，2016.

［3］谭建共，石磊，曹卫. 休闲体育项目策划与管理［M］. 北京：高等教育出版社，2020.

第八章 休闲体育服务人员

>>> 本章导语 >>>

　　企业的发展进步，很重要的环节是做好市场营销工作。由市场拉动需求，企业才能不断实现发展效益，才能形成畅通的循环渠道，从而保持企业健康、良性的运行。因此，营销在企业的发展中起着十分重要的作用，而营销的价值是要通过营销人员才能得以实现。休闲体育作为服务型行业，企业员工是服务的生产者和传递者，员工的服务对服务感知质量和顾客满意度有着重要的影响。本章着重阐述休闲体育服务人员的重要作用及人员结构，运用内部营销的基本理论，探讨休闲体育内部营销的方式。

>>> 学习目标 >>>

1. 掌握休闲体育服务人员的概念和作用
2. 熟悉休闲体育服务人员的结构
3. 了解内部营销的概念和方式

案例导入

三亚蜈支洲岛旅游区创新管理模式倡导"五员文化"

三亚蜈支洲岛旅游区后勤部孙育兵负责景区后勤保障工作十余年，常与景区厨房、清洁工具、车辆等"打交道"，虽在风光旖旎的景区上班，却无暇欣赏美景。受到该景区"五员文化"理念的熏陶，这两年来，随手捡拾垃圾、引导游客文明排队，已成为这名"后勤部长"主业之外的重要工作。

像孙育兵这样"身兼多职"的员工，蜈支洲岛共有 1 900 余名。20多年来，经过他们的不懈努力，蜈支洲岛从一个名不见经传的小岛，发展为年接待游客约 260 万人次、营业总收入达 9.6 亿元的海岛型标杆景区。取得如此卓越的业绩，离不开该景区创新管理模式倡导的"五员文化"。

"'五员文化'，即景区员工是促销员、服务员、清洁员、安全员和演员，时刻为游客营造舒心、放心、温馨的旅游环境。"三亚蜈支洲岛旅游区办公室主任马骏说，为了提升景区运营效率和服务品质，他们鼓励每位员工参与景区的日常管理，随时随处为游客服务，为景区发展出点子，为景区发展建言献策。

如今，步入蜈支洲岛，无论是电瓶车司机、服务员，还是水上运动教练，常能见到这些景区员工化身为清洁员、安全员、演员等不同身份：步道上有垃圾他们随手拾起，遇到游客不文明吸烟他们便成为"禁烟员"，为丰富岛上活动他们便献上歌舞表演，若发现安全隐患他们及时通报处置……

近日，成都游客刘振民在蜈支洲岛感受到了琼岛海洋生态之美。身着潜水设备潜入海中，在能见度最深可达 27 米的"水下世界"畅游、赏鱼。"看到了色彩斑斓的珊瑚群，还有形态各异的鱼类、海藻，潜水教练带着我们领略海底风光，还化身摄影师，给我们拍摄了不少精彩的水下大片，太给力了！"

"沙滩边曾设有水龙头供游客冲洗，导致水资源浪费，员工抛出'金点子'，提出在海边设置冲脚池的创意，用水瓢舀水冲脚，不仅解决了游客排队冲洗的问题，用水量也减少近 90%。"马骏介绍。

内夯基础、外塑形象，管理模式的创新，带来了经营效益的持续提升。2003年该景区开放时，日均上岛游客不到20人；如今，这个数字已增长数百倍，旺季期间日均游客量达上万人次。更为重要的是，在"五员文化"等理念的带动下，该景区服务品质不断优化，旅游产品日益丰富多元，"海岛游""亲水游"受到热捧，摩托艇、浮潜等水上运动项目发展迅速，逐渐成为海南岛"体育+旅游"的新名片。

"有了5A级的员工，才会有5A级的景区。"三亚蜈支洲岛旅游区副总裁杨晓海说，为进一步提升景区管理水平，该景区多次外派管理人员入校进修、在职充电。同时，该景区还积极与高校、行业进行交流与合作，成立"企业商学院"，引进先进管理经验，促进员工素质全面提升，推动景区科学、可持续化发展。

第一节 休闲体育服务人员

一、休闲体育服务人员概述

（一）休闲体育服务人员的概念

服务人员指在一定范围内为顾客提供必要服务的人员，包括一线直接为顾客服务的员工和提供支援性服务的其他员工。休闲体育服务人员则是指在休闲体育中为顾客提供服务的人员，他们是与顾客直接或间接接触的角色。例如，帆船教练员、户外领队、营地导师、潜水教练员、场地服务员等都是直接接触顾客的人员，而幕后的管理、后勤保障、宣传策划等人员间接地为顾客提供了服务，他们共同组成了休闲体育服务企业的服务架构。

如今，越来越多的休闲体育服务企业认识到他们不仅需要着眼于服务顾客，同时要着眼于员工。一方面，高素质、符合有关要求的员工的参与是提供服务必不可少的条件；另一方面，员工的服务态度和专业水平也是决定顾客对员工服务满意度的关键因素之一。员工代表着企业的文化，实践了服务品牌价值和服务营销活动，代表组织并推销服务产品，也是他们与顾客互动，传递企业优质的服务质量。

（二）休闲体育服务人员的价值

硬件易于更换，但称职的员工却不可替代。在顾客眼中，提供服务的员工也是服务产品的一部分，服务企业员工的形象和举止会极大影响顾客对企业的感知。休闲体育服务的一大特征是服务人员与顾客密不可分。在提供休闲体育服务产品的过程中，服务人员是一个不可或缺的因素，虽然大多数休闲体育服务产品是由场地和设备提供的，但服务人员在这些服务的提供过程中仍起着非常重要的作用，例如在健身行业，明星教练具备一定的市场影响力，而随着用户对运动专业需求的进一步提升，行业对职业教练素养的要求也会更高。对于休闲体育服务企业来说，对服务人员的管理，包括服务态度、服务技巧、服务质量及相关的培训等，都是提高顾客服务体验和"黏性"的有效手段。因此，对服务人员进行管理是服务企业成功的重要保障。休闲体育服务人员对企业的重要性主要体现在以下几个方面：

1. 休闲体育服务人员是服务的直接提供者

在产品的价值组成中，服务劳务价值占了较大的比重，服务人员的劳动服务作为一种使用价值是直接提供给顾客的。员工必须具有相应的仪容仪态规范、语言规范和岗位规范，才能完成企业员工基本的服务角色。

2. 休闲体育服务人员是企业的内部顾客

营销理论认为，内部营销就是把员工视为企业的内部顾客，把工作视为内部产品，从而努力满足内部顾客需要的一系列活动，目的是向内部顾客即员工提供满足其需要的产品（工作），与员工建立并保持良好的关系。把员工当成企业的内部顾客，满足其职业需要，让员工认识到岗位以及员工个人对企业的重要性，无疑会促使员工更加努力工作，实现自身价值，更加积极地为企业作出贡献。

3. 休闲体育服务人员是企业的对外媒介

休闲体育服务人员是企业的直接对外媒介，是企业信息宣传的重要载体，是沟通企业与顾客的桥梁。媒介是宣传企业的根本途径，尤其是在人与人直接接触的服务过程中，企业文化和服务质量能够通过服务人员直接表现出来。特别是许多开展休闲体育体验、体育培训业务的企业，企业的服务质量一定程度上取决于教练的专业水平和服务态度，教练的口碑好坏往往通过学员的口口相传，这直接影响着企业声誉和效益。另外，在互联网时代，休闲体育服务企业的营销手段往往通过"线上＋线下"的方式进行，无论是线上通过微博、微信、抖音等新媒介的宣传推广，还是线下的推广，服务人员都在其中发挥着不可替代的作用。

4. 休闲体育服务人员是顾客忠诚及企业竞争优势的来源

在很多情况下，服务人员，特别是一线服务人员，在为顾客提供服务的过程中，代表的就是企业。外部顾客在对服务质量进行评价时，会通过服务人员而不是企业进行服务质量的评价，顾客在遇到服务质量问题时，会降低企业而不是具体服务人员的服务质量感知。比如在经营性的游泳馆，因救生员脱离岗位或疏忽导致顾客溺水，那么企业会承担较大的舆论压力和运营风险。

二、休闲体育服务人员的激励

激励，顾名思义就是激发、鼓励的意思。激励是服务企业采用适当的刺激方式，鼓励员工以更高的水平、更大的自觉性从事工作、取得成就的一种方法。

激励服务人员的主要因素有企业提供的薪酬、提成、舒适的工作环境及职业技能提升的平台等，此外，还包括同事之间的态度和感情，如果同事之间能维系一种和谐、平等、融洽、相互尊重的关系，那么员工心情就会愉快，在这样的人际环境中工作，本身也是一种激励。

（一）物质激励

物质激励是根据休闲体育服务人员对服务企业作出的贡献，以物质等形式奖励服务人员的一种方式。企业可设计合适的薪酬福利计划，发挥考核与奖励的杠杆作用，使薪酬制度对服务人员更有吸引力和对外竞争力。

（二）精神激励

精神激励是通过赞扬、授予荣誉称号、评定职称、表彰奖励以及尊重、关怀等方式来激励服务人员的方式。提高服务人员满意度的前提是了解服务人员的情感和需求，只有真正了解和关心他们的精神世界才能对服务人员进行有效的激励。精神激励不需要昂贵的花费，却可以明显提升员工的士气。

（三）职业技能提升激励

职业技能提升激励指休闲体育服务企业鼓励并资助服务人员参加职业技能培训，取得特定的职业资格证书、职业技能等级证书、专项职业能力证书、培训合格证书等，提升服务人员的技能水平和服务质量，为其职业发展奠定基础。这样不仅有利于企业整体服务质量和口碑的提升，也可以为企业形成良好的学习氛围和文化氛围打下基础。

（四）晋升激励

服务企业应当为服务人员建立公平、公开和公正的晋升机制，以业绩和才干为晋升准则，提供给服务人员应有的晋升机会，这样有利于培养服务人员的归属感和对服务企业的忠诚，从而激励服务人员提供更优秀的服务，为服务企业树立良好的形象。

▷ 三、休闲体育服务人员培育

企业文化是指企业在长期的生存和发展中所形成的为企业多数成员所共同遵循的基本信念、价值标准和行为规范。企业文化确定了企业行为的标准和方式，影响并决定了企业员工的行为规范。现代企业在经营管理过程中，重视并强调服务文化，能在企业内部形成健康的服务理念和积极的工作氛围，激发员工的积极性和创造性，使员工乐于为顾客提供满意的服务，这在很大程度上提高了企业的经营效益。现如今，企业越来越重视服务文化的发展，而休闲体育服务企业作为服务型企业对员工服务文化的培育也至关重要。

服务文化是指企业在长期为用户服务的过程中所形成的服务理念、职业观念等服务价值取向的总和。服务文化是衡量服务企业营销理念和营销实践的重要标准之一，因此，重视和加强服务文化建设，是当代服务营销实践的显著趋势。

服务文化的核心即企业员工以服务为导向，致力于为顾客的利益不断改进工作，并且在工作中全力以赴。服务文化有两方面的内涵：① 员工具有乐于与顾客交往和为顾客服务的态度；② 服务人员相信自己有满足顾客需要的服务能力。这意味着员工的服务导向不仅是一种对待顾客的心理状态，而且是一种带有特定目的的社会行为方式，员工愿意为此主动投入精力、付出努力或代价。

以服务为导向的员工把为顾客提供优质服务视为最重要的工作目标，主要出于以下原因：

（1）员工对服务工作的情感承诺，即员工乐于为顾客提供优质服务，享受由此带来的满足感，为自己能帮助顾客而感到高兴和自豪。这种情况往往与员工内在的个性相关，如外向的员工可能会比内向的员工更乐于主动发现和满足顾客的需要。

（2）员工对顾客的道义性承诺，即由于受到正确的服务价值观念和准则的影响形成的内在的责任感，员工觉得应该尽力为顾客提供优质服务。

（3）员工基于自身利益的计算性承诺，即员工相信自己努力为顾客提供优质服务能够实现某种目的，如获得奖金、职务晋升或工作保障等，而且自己获得的收益会超过自己所付出的劳动。在这种情况下，员工会根据企业的规章制度，权衡得失，并根据上级主管的可信任程度，权衡自己获得合理奖励的可能性。

（4）员工对企业的归属感，促使员工不断精进工作，尽力为顾客提供符合顾客需要的优质服务。在这种情况下，员工的根本动机是为企业的利益着想。

四、休闲体育服务人员的核心技能

休闲体育服务人员需要具备以下核心技能：

（一）专业运动知识和技能

休闲体育服务行业需要科学地指导服务对象参与到休闲体育活动中，体验和形成相关运动技能，因此，具备一定的专业技能是服务人员的核心能力。对于像滑雪、滑翔伞、漂流、潜水等具有危险性、技术复杂的运动项目，必须有专业的从业人员指导大众参与，这能够在最大限度上保证客户的生命和财产安全。从事这些岗位的服务人员，不仅应该具备一定的文化素质和道德品质，同时必须具备相应的体育运动项目专业知识、技能、经验和职业道德。例如，当潜水社会体育指导员面对需要救护的溺水者时，就必须采取正确的施救方法，立即进行救护。另外，由于水域环境的特殊性，如果社会体育指导员的专业能力较差，在遇到溺水事故时就不能快速、准确地开展救护工作，同时，也会使自己处于危险境地。因此，过硬的专业技术既是工作需要，也是对生命的尊重。

（二）沟通协调能力

沟通协调是休闲体育服务人员与他人建立良好人际关系的桥梁。服务行业尤其需要工作人员具有较好的沟通协调能力。休闲体育服务人员沟通的质量也决定了其服务的质量，与服务对象的高质量沟通可以确保双方提供的信息清晰准确地被理解传达，有助于在沟通后实现双赢。例如，沟通可以让青少年户外营地导师了解每位营员的个性特点、价值观念、原则底线，既有利于营造轻松愉快的工作生活环境，又能分析营员之间发生冲突矛盾的可能，提前做好预防工作，降低冲突发生的概率。沟通还可以让营地导师与营员之间建立和谐融洽、相互信任、相互理解的人际关系，让营员感受到导师的关怀、理解和尊重，从而拉近彼此的心理距离，帮助营地导师树立个人威信和影响力。在企业内部，往往会遇到员工处理不了的事或一个人无法完成的事，这时就需要员工和同事或上级进行合理的沟通，以更妥善的方式来解决问题。

（三）学习能力

学习能力指的是人们在正式学习或非正式学习的环境下，自我求知、发展的能力。在人们的休闲生活方式中，体育运动是重要的组成部分。随着人民生活水平的提高和经济社会的发展，人们对生活品质和生命的质量有了新的更高的要求。人们有钱、有闲、有心情去体验休闲体育运动带来的快感、满足感及幸福感。单纯以身体锻炼为目的、单一的运动方式已不能满足人们对高品质生活的需求，这就要求休闲体育服务人员通过不断学习新的休闲体育服务理念、知识和技能，提供更优质的服务。

（四）组织策划能力

不断开发新的项目，探索新的盈利模式是现代休闲体育服务企业孜孜不倦的追求。具备较为丰富的项目组织策划能力是对服务人员提出的更高职业水平能力的要求。服务人员在服务过程中了解服务对象的需求，可以根据不同的需求不断改进项目的服务质量和服务内容，甚至创新性地提出新想法和新思路，并通过撰写项目策划书来促成新项目落地。例如，户外拓展领队前期会根据客户的需求选择目的地，前期需要做大量的工作，包括目的地的考察，交通、食宿的安排，活动主题的策划，人力物力的协调等。

（五）抗压与自我调节能力

休闲体育运动能令人心情愉悦，但是作为服务人员难免要面对客户的指责与不理解，还会遇到很多突发状况，这就要求从业人员具备较强的抗压与自我调节能力。例如，户外营地导师在营地期间工作任务繁重并常常受到来自营员、营员家长以及领导等多方面的影响，这就要求营地导师具有较强的抗压能力和良好的心态，能以最好的精神面貌面对学员。

（六）风险防控能力

安全高于一切，休闲体育服务行业主要为市场提供满足人们身心需要的休闲体育运动项目，其中很多运动项目在户外开展，存在诸多不确定因素与安全隐患，如攀岩、皮划艇、骑行、户外运动项目等。这就要求休闲体育服务人员具备较强的风险防范意识和能力，以防意外事故的发生，保护服务对象的安全。在从事休闲体育服务活动时，当出现突发情况，如恶劣天气、交通不畅等，服务人员应保持清醒的头脑，临危不乱，利用专业知识正确评估风险，敢于担当，把服务对象的安全放在第一位，及时、妥当地处理突发事件，力争把意外风险降到最低。

休闲体育服务
人员的培训

第二节 内部营销

一、内部营销的概念及作用

（一）内部营销的概念

内部营销是指在服务意识的驱动下，通过一种积极的、目标导向的业绩引导，在组织内部开展各种具有营销特征的、协作方式灵活的活动及其过程。在这种过程中，处于不同部门和过程中的员工的内部关系得以巩固，并共同为外部顾客和利益相关者提供最优质的服务。

内部营销是一种将员工视为顾客的管理哲学。员工要对企业雇主、工作环境和同事关系感到满意。人力资源管理和内部营销是有区别的：人力资源管理为内部营销提供实用工具，例如培训、聘用和职业发展规划；内部营销为人力资源管理提供指导，例如通过具有顾客导向的员工实现营销业绩的改善。内部营销的成功实施要求人力资源管理予以配合。

（二）内部营销的两个管理过程

内部营销涉及两个具体管理过程，分别是态度管理和沟通管理。一方面，对员工的态度、顾客意识和服务意识进行管理是企业实施内部营销的先决条件；另一方面，企业内各层次的员工和支持人员都需要完成各种信息工作，这些信息包括工作规定、产品和服务特征以及对顾客的承诺等，这是内

217

部营销的沟通管理。态度管理和沟通管理相互影响，员工是否可以共享信息对员工的态度有重要影响。

（三）内部营销的作用

原则上，当面临以下三种不同的现实管理需要时，内部营销是必须而且非常有效的。

1. 企业需要创造服务文化并在员工中建立服务导向时

当服务导向和员工对顾客的兴趣成为组织中最重要的规范时，服务文化就在组织中生根发芽了。而内部营销的目标便是营销的服务导向。值得注意的是，在管理的真空环境下，内部营销不可能促进服务文化的形成。只有在其他活动的配合下，内部营销才能成为发展服务文化的有力手段。一般而言，内部营销的具体表现为：

（1）让员工（管理人员、营销人员和服务人员等）能够理解和接受企业的使命、战略以及服务、服务过程和营销活动。

（2）在服务管理中发展服务导向的管理风格和领导风格。

（3）向员工传授服务导向的沟通与互动技巧。

2. 企业希望在员工中坚持服务导向和保持服务文化时

服务文化一旦形成，就必须积极地保持下去，否则员工的态度和企业规范就可能回到原先的状态，而企业在前一阶段为实施内部营销所付出的管理费用和精力也将付之东流。具体而言，有助于保持服务文化和顾客导向的内部营销目标包括：

（1）确保管理方法能够鼓舞士气，提高员工的服务理念和服务导向。

（2）确保员工可以不断得到信息和反馈。

（3）在向外部市场推出新服务和营销活动前，先对员工进行培训。

3. 企业向员工介绍新产品和营销活动时

新产品/新服务和新营销活动的推行本身就是一项内部营销任务。不仅如此，它们还有助于建立和保持服务文化，这个层次上内部营销的具体表现为：

（1）让员工认识和接受企业推出的新服务。

（2）让员工认识和接受为新服务导入的传统营销活动和行为，这些活动和行为大多是大众营销活动。让员工重温熟悉的营销活动，也是不断强化顾客意识的过程。

（3）让员工认识和接受为营销活动采取的新措施。让他们熟悉这些措施，并理解其中的顾客导向内涵，会使员工对企业与顾客的关系有更加深刻的认识，并对互动业绩产生影响。

二、内部营销在休闲体育服务中的实施

内部营销是一个持续的过程，需要管理层的持续关注。下面列举 4 种必须进行的内部营销活动，以供休闲体育服务企业在多种情境中应用。

（一）管理支持和内部对话

内部营销过程中仅有培训项目是远远不够的。为了实现过程的持续性，各层级管理者的作用非常重要，管理者必须具有自己的领导风格，而不单单是管理和控制。管理支持可以分为：通过日常的管理活动延续正式的培训项目；将鼓励员工视为日常管理任务的一部分；让员工参与规划和决策过程；在正式和非正式的信息交流中与员工实现双向沟通；建立公开和积极的内部文化。

（二）人力资源管理

成功的内部营销从招聘开始。企业可以用工作描述、招聘程序、职业生涯规划、工资与红利系统、激励计划以及其他人力资源管理工具实现内部营销的目标。

（三）外部沟通

企业在开展各种推广活动之前，必须先将其介绍给员工，并在员工的协助下开展这些活动，这样就可以使员工更加积极地参与。

（四）体育智能化

"5G"时代的到来，必然使得"体育+互联网"的进程得到更快的推动。休闲体育企业通过开发顾客信息数据库和有效的服务系统，为员工提供优质的服务，这是内部营销的重要目标。体育智能化将为内部营销提供有效的支持，为员工减少工作量的同时也给顾客创造更多的便利。通过企业公众号或小程序等，员工和企业可以快速地联系起来，在企业内部产生归属感，从而对内部关系产生积极的影响。

三、对员工真正授权

大多数服务产品都具有生产和消费的同步性特征，因此应当给予服务企

业中的接触性员工较大的自主权。格罗鲁斯（Gronroos）曾说："在服务传递中，员工与顾客之间的相互作用会使拥有较大自主权的员工有更多改正错误和增加销售的机会。"员工授权是指给予与顾客接触的员工作决策并采取行动的权力。

授权的范围可能有所限制，但重要的是让与顾客接触的员工或支持人员清楚自己的职责，并且鼓励他们以顾客导向的方式工作。如果授权得当，就会提高员工工作的满意度，从而提高员工的营销业绩。对服务企业实行标准化管理可以提高服务生产率，然而这就为服务授权留下了很小的空间。

（一）授权的原因

1. 员工可以对顾客需求更快速、更直接地予以回应

顾客会感到员工是在自发自愿地提供帮助，这有助于改善感知服务质量，有利于服务失败的补救。尽管全面质量管理和服务营销都强调"零缺陷"或"在第一时间把工作做好"，但是几乎没有服务企业能达到这个近乎严苛的要求，因此服务失败是不可避免的，关键在于当服务失败发生时，应当迅速采取补救措施，否则顾客将会对企业的整个服务体系失去信任。更多的授权会使一线员工在服务失败的同时就能够采取积极、迅速的补救措施。

2. 提高授权程度会减少角色冲突和角色模糊

提高授权程度会使接触性员工对自己工作的安排有更大的自由度。作为一线员工，他们清楚地知道哪些工作任务不能同时执行，哪些任务执行时可以相互协调，这样必然会减少角色冲突的发生概率。授权程度的提高意味着员工可以获得更多与工作任务有关的信息，这自然会减少工作任务的模糊性。

3. 提高授权程度会增强员工的工作满意度、自信心和适应能力，同时，也会减少缺勤和跳槽现象

提高授权程度会使员工自信心增加，因为当员工有更多的自主权和获得更多的信息时，他们对工作会有更多的自信，自信心与工作满意呈正相关。授权程度与员工适应能力的正相关性更是一目了然，因为更多的授权能使员工无须做过多的请示，就能自主决定采用哪种更好的方式为顾客提供服务。授权程度也许并不会直接影响员工的工作满意度，但是角色冲突、角色模糊会对工作满意产生负面影响，因此，提高授权程度可以通过降低角色冲突和角色模糊以及增加员工的自信心这些间接途径来实现，从而提高员工的工作

满意度。

4. 被授权的员工是提供创新思想的源泉

一线服务人员直接与顾客接触，在服务过程中可以观察到各种顾客的需求和愿望。被授权的员工更乐于关注问题和机会，并与管理人员分享他们的发现。

5. 适当授权有利于创造企业的正面口碑

由于被授权员工以服务导向的方式快速、纯熟地提供服务，这会让顾客感到惊喜，重复消费和传播有利于建立企业的口碑。

（二）授权的内容

对员工授权可能包含很多内容，但是"给员工一定的工作自主权"是授权的核心要素。工作自主权是指员工能够自主决定完成工作任务所需方式的权利，凯利（Kelly）在 1993 年将它区分为三种类型：常规自主权、创造性的自主权和超常的自主权。常规自主权是指员工可以在企业列出的一系列清单中选择一种工作方式；创造性的自主权是指员工可以自行创造一种执行工作任务的方式，这一方式并没有被企业在事前列出，但是会得到企业的认可；超常的自主权则是指员工自行创造的工作方式可能被企业反对，至少从表现上来看可能会伤害到企业的既得利益，而且员工的行为也超出了正常的授权范围。除了"自主权"这一核心要素，授权还包括与组织业绩相关的信息分享权、在业绩基础上的获奖励权等。

一般来讲，对员工授权的内容涉及员工的责、权、利三个方面。"权"主要指的是工作自主权，它是授权的核心要素；"责"包括员工对自己的工作业绩负责和对组织的工作绩效负责两个层面；"利"涉及信息分享权，包括与企业业绩相关的信息和与工作任务相关的背景信息以及业绩分享权，即由于个人业绩的提高而增加报酬和从企业利润的增加中获得一定的份额。

（三）按授权的程度进行分类

在服务企业的授权决策中考虑的不是该不该授权的问题，而是授权的程度问题。可以按照授权程度，将服务业的员工授权分为 4 种类型：第一种类型是"生产线方法"，它是控制导向的典型代表，此时员工严格按照操作规程提供服务，管理者对员工几乎没有授权。第二种类型是"建议参与"，它与生产线方法的区别是允许员工提出对服务和服务过程加以改进的建议，但是建议是否被采纳完全由管理者决定。这一程度的授权活动强调了员工的信息分享权，管理者与员工进行双向的信息沟通，除了通过员工调查了解员工的建议，还可能使用一些如企业内部刊物、工作小组简报等其他形式来向员工传递信息，以激励员工更好地工作。第三类授权称为"工作参与"，这类授权的显著标志是管理者会给员工多方面的工作自主权，在一定程度上让他们自行安排工作，进而形成一个自我管理的团队。与此同时，企业还会根据自主权程度的高低要求员工对自己的工作业绩乃至对企业的工作业绩承担一定的责任，并在此基础上享有一定的业绩分享权。第四类授权称为"高度参与"，员工不仅参与对自己工作的管理，而且参与对组织整体工作的管理，他们在参与组织的管理决策的同时分享组织的利润。

（四）对服务企业中的接触性员工进行有条件的授权

由于授权而引起的消极作用都可以被看作授权的成本。授权的一个直接后果是它扩大了员工的职权范围，这就要求员工必须接受适当的培训，才能达到工作任务对他们的要求，这可能会增加企业的培训成本。同时，授权导致的工作责任的增加以及对技能要求的增加会使企业需要招收更有能力的员工，从而也会增加企业的工资成本。尽管具有较大自主权的员工在工作中有更多的自信，但是过于繁重的责任也会使员工遭遇更多的挫折。授权在一些情况下也可能放慢服务传递的速度，因为当员工提供更多的个性化服务时，效率可能会受到影响，从而增加顾客的等待时间。而当一个有较大自主权的员工在进行服务补救时，对公司来说也可能有做出过大让步的风险。此外，过多授权导致的过多个性化服务从某种意义上说对顾客也可能是不公平的，例如当顾客在年龄、性别、种族以及其他个人特征方面更符合员工的偏好时，员工可能会为他们提供更好的服务。

授权对工作成果的影响既有积极的一面，又有消极的一面。因此，在服务企业中对接触性员工授权时应当慎重行事，管理者应该根据具体的服务特征来确定授权的类型和授权的程度。

（五）服务企业授权决策影响因素

1. 经营战略

当企业采取差异化的经营战略时就需要提供更多的定制化和个性化的服务，此时应当对员工进行更多的授权；而当企业采取低成本、大批量战略时应当使用标准化程度更高的"生产线方法"来管理员工。

2. 与顾客的关系

当需要与企业的顾客建立长期的关系而不只是进行简单交易时，应当增加授权。例如在对产业市场的顾客提供服务时，应给予一线人员较高的授权，因为在产业市场中，不仅顾客关系非常重要，每个顾客的价值也往往较高。

3. 技术

如果提供服务时所用到的技术比较单一，而且服务人员的工作任务变化不大，使用生产线方法比授权方法更为合适。而当技术复杂、工作任务变化较大时，则适宜使用更多的授权方法。

4. 经营环境

经营环境的可预测性越大、变化性越小时，顾客的需求变化越小，此时的授权程度不需太高。反之，如果经营环境较为复杂，顾客的需求也可能更复杂多变，此时应需要更多的授权。

5. 员工的类型

个人成长的需求越高以及能力越强的员工往往更愿意接受更多的授权，授权还需要员工具有更多的团队精神和更强的人际关系处理的能力。

6. 服务类型

有些服务标准化程度很高，授权的必要程度相对会较低；相反，有些服务标准化程度很低，定制化程度很高，那么接触性员工可能要处理很多按照原有的服务标准和政策所无法解决的问题，这无疑需要企业给予员工更多的权利来处理这些问题。

实例8-1

Club Med 的经营之道

Club Med 成立于1950年，中文名为"地中海俱乐部"，是全球最大的旅游度假连锁集团，共拥有全球5大洲30个国家和地区的80多座度假村，其醒目的海神戟标志已经遍布全世界的美丽角落。

G.O 即法语 GENTIL ORGANISATEUR 的缩写，原意就是"和善的组织者"或"亲切的东道主"，由 Club Med 首创，也是其经营的灵魂。他们都是 Club Med 的员工，来自世界 100 多个国家和地区，个个精通两门以上语言，并拥有一技之长，以热情和高素质的服务著称。

G.O 不是传统意义上的雇员，他们与客人之间是朋友关系，而不是宾主关系。他们可与客人在同一张餐桌上吃饭，与客人共同分享度假村各种活动的乐趣。

1. G.O 的作用

（1）在你入驻 Club Med 度假村时，他们首先会迎宾和接待。

（2）在你身处异国他乡语言交流有障碍时，他们又是你的随行翻译。

（3）当你对度假村有任何疑问时，他们是"活地图"和讲解员。

（4）当你想散步、骑车时，他们可充当你的贴身玩伴。

（5）当你想滑雪、游泳或者攀岩时，他们将是你的专业教练。

（6）当你在酒吧一个人寂寞独饮时，他们还可以成为和你谈天说地的朋友。

（7）当你晚上在度假村无所事事时，你会看到白天熟悉的那些 G.O 晚上又摇身一变，或唱歌、或跳舞、或杂技、或马戏，将欢乐的气氛传遍整个度假村。

2. 成为 G.O 的条件

（1）拥有两种以上的语言对话基础，英语是必须具备的基本能力。

（2）性格开朗、热情好客、服务意识强。

（3）能主动融入人群，能够带动现场气氛。

（4）最好具备一定的舞蹈、唱歌或其他音乐基础。

（5）最好有客户服务方面的工作背景并且能适应岛屿和热带气候。

（6）拥有健康的体魄，良好的个人形象，较强的环境适应力。

（7）无年龄和专业限制。

3. G.O 的职业分工（类别）

（1）水上运动教练员：划水教练、帆船教练、潜水教练、独木舟教练等。

（2）陆地运动教练员：滑雪教练、网球教练、高尔夫教练、旱冰教练、攀岩教练、体操教练、骑马教练、射箭教练、击剑教练等。

（3）度假村维护人员。

（4）专业烹饪人员。

（5）专业娱乐人员。

（6）接待和行政管理人员。

（7）儿童护理和医务人员。

问答题

1. 休闲体育服务人员的核心技能包括哪些方面？

2. 什么是内部营销？休闲体育服务企业为什么需要实施内部营销？

3. 结合企业实例说明对休闲体育服务人员的管理包括哪些方面？

主要参考文献

［1］王发兴.服务营销概论［M］.广州：广东高等教育出版社，2018.

［2］李小芬.对商业健身俱乐部体验营销的研究［D］.北京：北京体育大学，2006.

［3］［英］克里斯廷·格罗鲁斯.服务管理与营销：服务竞争中的顾客管理［M］.北京：电子工业出版社，2008.

［4］韦福祥，姚亚男.服务营销［M］.2版.北京：中国人民大学出版社，2016.

［5］郭国庆.服务营销［M］.4版.北京：中国人民大学出版社，2017.

第九章 休闲体育服务有形展示

>>> 本章导语 >>>

2014 年，国务院印发《关于加快发展体育产业促进体育消费的若干意见》（以下简称"46 号文件"），将全民健身上升为国家战略，这对我国体育产业的发展产生了巨大的推动作用。2016 年，《国务院办公厅关于加快发展健身休闲产业的指导意见》印发，提出以户外运动为重点，支持具有消费引领性的冰雪运动、山地户外运动、水上运动、汽车摩托车运动、航空运动等健身休闲项目发展，并指出到 2025 年健身休闲产业总规模达到 3 万亿元。2019 年，国务院办公厅印发的《关于促进全民健身和体育消费推动体育产业高质量发展的意见》对于活跃市场、激发企业积极性、调动政府指导作用、激活体育消费群体都具有重要意义。随着《"健康中国 2030"规划纲要》等政策的相继出台，我国民众对运动健身、休闲体育的参与热情也迅速上升，而休闲体育服务有形展示也将扮演越来越重要的角色。休闲体育有形展示不仅可以帮助体验者感知休闲体育服务产品的特点，还能提升其体验感，有助于建构服务产品和服务企业形象，支撑营销策略的推行与实施。休闲体育有形展示的服务场景作为辅助物，直接影响着体验者、消费者接受服务的行为。

>>学习目标>>>

1. 了解休闲体育服务有形展示的意义
2. 掌握休闲体育服务有形展示的类型
3. 熟悉休闲体育服务场景设计的原则
4. 熟悉休闲体育服务有形展示策略

彭州——休闲体育越过高山

四川省彭州市是一座多山的城市，因地貌环境特殊被称为"六山一水三分坝"。过去，连绵的高山阻碍了人们出行，也影响着经济发展。但现在，大山却成了人们健身休闲的好去处。绿道骑行、户外越野、水上运动等围绕山水资源开展的休闲体育运动，成了当地人茶余饭后的必备项目。甚至连当地人打招呼的方式都变了——"上哪儿去？""去山上耍"。

在大众参与的背后，是国人休闲体育需求的增长，也是彭州市助推成都建设世界赛事名城、顺应四川省体育发展的结果，更是国务院将休闲体育作为新的消费增长点，使其从由企业提供向政府主导的转变。

山还是那座山，但其面貌已经在休闲体育发展的时代机遇中发生改变。休闲体育作为具有广泛参与度的休闲方式之一，举办相关赛事是城市扩大影响力、提升知名度的有效办法。对于彭州市来说，休闲体育也是挖掘当地山水资源潜力，让"绿水青山"成为"金山银山"的一把"钥匙"。

第一节 休闲体育服务有形展示概述

一、休闲体育服务有形展示的概念

所谓"有形展示"是指在服务市场营销管理的范畴内，一切可传达服务特色及优点的有形组成部分。在产品营销中，有形展示基本上就是产品本身，而在休闲体育服务营销中，有形展示的范围较广泛。

事实上，休闲体育服务营销学者不仅将有形展示视为支持及反映服务内容质量的有力实证，而且将有形展示的内容由环境扩展至包含所有用以帮助休闲体育活动营销服务的一切实体产品、设施及环境。若善于管理和利用这些有形展示，可帮助消费者感知服务产品的特点以及提高享用服务时所获得的体验感，有助于建立休闲体育服务产品和服务单位的形象，支持有关营销策略的推行。

二、休闲体育服务有形展示的作用

做好休闲体育服务有形展示管理工作，发挥有形展示在休闲体育服务营销策略中的辅助作用，是管理人员的一项重要工作。管理人员应深入了解本企业、本休闲体育项目应如何巧妙地利用各种有形展示，生动、形象地传送各种营销信息，使体验者或消费者都能了解并接受。休闲体育服务有形展示的作用主要体现在以下几个方面：

（一）使消费者形成初步印象

休闲体育消费中经验丰富的消费者受有形展示的影响较少。然而，缺乏经验的消费者或从未接受过该体育项目内容服务的消费者却往往会根据各种有形展示，对该项目产生初步印象，并根据各种有形展示，判断该项目的服务质量。休闲体育服务单位应充分利用各种有形展示，使消费者形成良好的初步印象。

（二）使消费者产生信任感

休闲体育消费者很难在作出消费决策之前全面了解消费体验质量。要促使消费者消费，必须首先使消费者产生信任感。为消费者提供休闲体育项目的各种有形展示，使消费者更多了解该项目内容的服务情况，可增强消费者的信任感。如休闲体育项目区域，通常都会设置体验区、装备展示区，向消费者展示该体育项目服务内容的情况，使无形的服务有形化，提高消费者的信任感。

实例9-1

2019—2020赛季中国男子篮球职业联赛
（简称为"CBA"）全明星周末

2020年1月10—12日，广州体育馆举办了2019—2020赛季中国男子篮球职业联赛全明星篮球赛事。高水准的办赛能力和浓郁的体育文化，得到了中国篮球协会（简称"中国篮协"）主席姚明的好评，也获得《人民日报》的点赞。

　　CBA 全明星周末是继 2019 年国际篮联篮球世界杯之后广州体育馆再次承办的重要篮球赛事。篮球世界杯期间，广州以超级热烈的球赛气氛、温暖体贴的保障服务、专业友善的球迷群体让国际篮联、中国篮协及各国球队印象深刻。即便是在世界杯期间中国队最艰难的时刻，广州仍然不离不弃，成为中国男篮的坚强后盾。

　　在本次赛事举办过程中，广州的球迷气氛、场馆保障、形象展示再一次不负众望，赢得喝彩。《人民日报》刊发专题报道《中职篮全明星周末办出新感觉》，点赞赛事的组织与创新。

（三）提高消费者感知中的服务质量

　　在休闲体育服务过程中，消费者不仅会根据服务人员的行为，而且会根据各种有形展示评估服务质量。与休闲体育服务过程有关的每一个有形展示，例如服务设施、服务设备、服务人员的仪态仪表，都会影响消费者感知中的服务质量。因此，休闲体育服务企业应根据目标细分市场的需要和整体营销策略的要求，无微不至地做好每一项基本服务工作和有形展示管理工作，为消费者创造良好的体验环境，以提高消费者感知中的服务质量。

（四）塑造良好的市场形象

　　休闲体育服务企业必须向消费者提供看得见的有形展示，生动、具体地宣传企业的形象。在市场沟通活动中，巧妙地使用各种有形展示，可增强企业优质服务的市场形象。

（五）为消费者提供美的享受

　　休闲体育不再是单纯的健身休闲体育产品，而是附带文化属性的服务产品。休闲体育服务可通过有形展示，为消费者提供美的享受。现在，不少服务企业非常重视建筑物艺术风格和建筑物内部装饰布置，即环境氛围营造，通过给予体验者、消费者某种特殊的文化环境美感，吸引消费者。但是，建筑物外表和内部装饰只能向消费者传递初步信息。休闲体育服务单位更应重视服务环境、服务体系、员工的仪表和服务态度等文化软环境的营造展示，使消费者享受优质的服务。

（六）促使员工提供优质服务

　　休闲体育服务场所做好有形展示管理工作，不仅可为消费者创造良好的消费环境，而且可为员工创造良好的工作环境，使员工感到管理人员关心他们的工作条件，进而鼓励他们为消费者提供优质服务。做好有形展示管理工作，可使消费者了解服务的现实情况，也可使员工了解应如何提供优质服务，满足消费者的需要和期望。管理人员应通过教育和培训，使员工掌握服务知识和技能，指导员工的服务行为，关心员工的工作条件和生活。

实例9-2

商场里建的马术馆

击剑、滑冰、攀岩这些在室外都难以见到的运动项目，悄悄地走进了北京各大商场。如今，就连价值不菲的英国威尔士马也作为商场标配的一种新兴业态——商场马术，在逐渐摆脱"贵族运动"和"小众运动"标签的同时，悄然与商场的购物区并存，走进孩子们的生活（图9-1）。小众运动带火了商场消费，在北京万柳购物中心，除了马术、轮滑、体操，还有编程机器人竞赛等项目，商场整个3层已变成了高端的休闲娱乐中心。

图9-1 商场里的马术馆

针对马术等高端小众项目入驻商场的现象，从事商业品牌引进的业内资深专家表示，现在的消费者去商场，不再仅仅局限于吃饭、购物那么简单。马术、击剑、滑雪等休闲体育运动已经成为众多商场的"标配"，消费者对于这种新兴业态的接受度也越来越高。因为，大型商场已经成为除了家庭、单位，城市生活的第三空间。

三、休闲体育服务有形展示的类型

休闲体育服务有形展示的类型，可以从不同的维度去分类。通常主要从以下两个维度来考量：构成要素和能否被消费者拥有进行分类。

（一）按构成要素划分

1. 场景展示

当前学术界普遍将场景展示要素分为三类：环境因素、设计因素和社会因素。

环境因素包括周围因素，这种因素通常被消费者认为是构成休闲体育服务产品内涵的必要组成部分，是指消费者可能不会立即意识到的环境因素，如气温、湿度、气味、声音等；设计因素，是刺激消费者视觉的环境因素，这类因素被用于改善服务产品的包装，使产品的功能更为明显和突出，以建立有形的、赏心悦目的产品形象；社会因素，这类因素是指在休闲体育服务场所内一切参与及影响服务产品产生的人，包括服务员工和其他在服务场所出现的各类人群。

例如，跑马拉松的人，常常被冠以"勇于突破、敢于挑战、积极健康"等标签。马拉松城市名片概念的兴起，这项运动就逐渐演变成了一种积极的生活方式。品牌希望通过赞助，将马拉松背后的文化精神嫁接到自身品牌之中。矿泉水品牌——怡宝在 2017 年共赞助了 271 场马拉松赛事，均是通过矿泉水进行实物赞助，进行产品有形展示，吸引消费者注意力，增加品牌曝光度。

2. 信息展示

信息展示是另一种休闲体育服务有形展示形式，这些来自公司本身以及其他引人注意的沟通信息通过多种媒体传播来有形展示服务。信息有形化的一种方法是鼓励对服务提供方有利的口头传播（图 9-2）。

比如社交媒体的出现以及国内兴起的微信、微博、短视频平台，拉近了运动员和球迷之间的距离，方便球队挖掘出更多的故事来满足球迷的需求，同时打破了时间和空间的限制，实现了双向沟通。不论是场上还是场下的消息，是当下的比赛实况还是未来的球员交易，任何话题都能通过社交媒体找到对它感兴趣的群体。更重要的一点是，社交媒体激活了大众参与的热情。例如 2011 年新泽西魔鬼队建立了 Mission Control 中心，从网上挑选出 25 位球队铁杆粉丝来运营和维护所有和球队相关的话题，其粉丝人数从 10 万增加到 17 万，球队每年新增收入 17 000 美元。

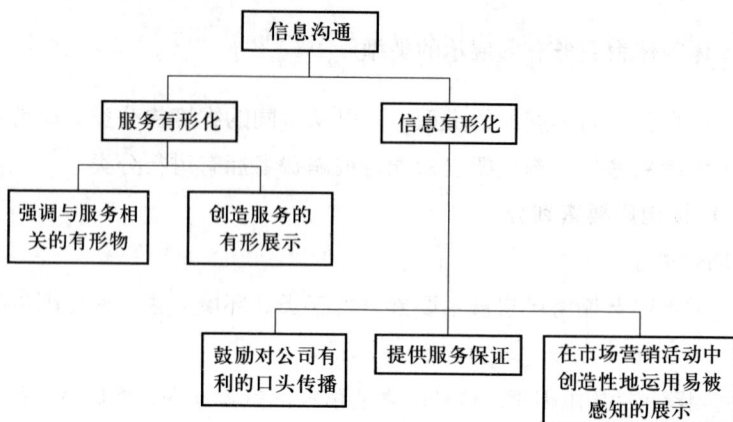

图 9-2　信息沟通与服务展示

在 2020 年东京奥运会期间，微博不仅让用户收获满满，对运动员们也有不小的加成。中国奥运代表团共有 432 人参赛，其中有 358 人已开通微博，28 人粉丝数已突破百万大关。奥运会期间，中国奥运代表团运动员的新增粉丝人数总量为 7 128 万。

3. 价格

价格是对休闲体育服务水平和质量的可见性展示，是消费者判断服务水平和质量的依据，是市场营销组合中唯一能直接产生收入的因素，而其他因素看起来都会引起成本增加。制定正确的价格不仅能获得稳定的收益，而且也能传递适当的信息。休闲体育服务价格的高低直接影响服务提供方在消费者心目中的形象。价格过低，会使消费者怀疑服务方的专业知识和技能，降低消费者感知中的服务价值。价格过高，会使消费者怀疑服务的价值，认为服务提供方"欺客"。

环境、信息沟通和价格之间的关系如图 9-3 所示，这几种类型不是完全

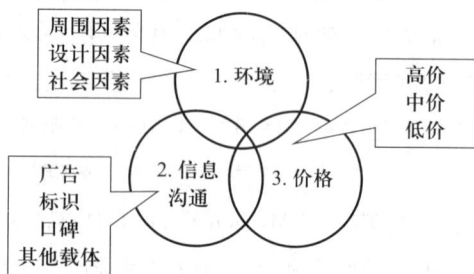

图 9-3　构成要素之间的关系

排他的。例如，价格是一种不同于物质设备和说服性信息交流的展示方式，然而，必须通过多种媒介将价格信息从服务环境传进、传出。

（二）按能否被消费者拥有划分

1. 边缘展示

边缘展示指消费者在购买过程中能够实际拥有的展示。这类展示很少或根本没有什么价值，比如滑雪场的入场券，它只是一种使观众接受服务的凭证；在营地的客房里通常有很多包括旅游指南、住宿须知、服务指南以及笔、纸之类的边缘展示，这些代表服务的物品的设计，都是以消费者需要为出发点的，它们无疑是企业核心服务强有力的补充。

2. 核心展示

核心展示在购买和享用服务的过程中不能为消费者所拥有，但却比边缘展示更重要。因为在大多数情况下，只有这些核心展示符合消费者需求时，才会做出购买决定。因此，边缘展示与核心展示都会影响消费者对服务的看法与观点。

第二节　休闲体育服务场景的类型与设计

一、休闲体育服务场景的类型

休闲体育服务场景或服务环境在形成消费者期望、影响消费者经历和实现服务组织的差异化等方面，发挥着重要的作用。从吸引消费者到留住消费者，再到提升服务组织与消费者的关系，在服务组织实现这一系列消费者关系目标的过程中，服务场景都有着深刻的影响。因此，休闲体育服务场景是指服务经历、交易或事件所处的直接有形环境和社交环境。休闲体育服务场景帮助形成消费者经历，影响他们对服务的满意度。在某些情况下，休闲体育服务场景甚至可成为消费者能否重复体验、消费该项休闲体育项目的决定因素。

由于休闲体育服务生产和服务消费的性质不同，有形环境对消费者或员工的重要性也有差异。有些休闲体育项目服务类型对某些具体要素（如滑雪、攀岩、营地、冲浪项目）有特殊要求，有形环境对于其实现服务体验目标有重要的意义，而对另一些服务项目，有形环境意义可能不大。因此，服务场景的有效分类有助于帮助消费者了解服务的特点和把握服务场景的复杂性。通常可基于服务场景的用途和复杂性划分服务组织的类型。

1. 服务场景的用途

（1）自助服务。由消费者自己完成大部分活动，即使有员工，人数也是寥寥无几。在这类场景中，休闲体育服务机构要按照吸引适当的市场细分、使项目设施本身吸引人并便于使用等营销目标去设计服务场景。

（2）远程服务。该服务场景中只有很少或根本没有消费者参与。在这类远程服务中，服务设施的设计可以专门侧重于考虑员工的需要和爱好。

（3）互动性服务。消费者和员工都需要置身于服务场景中。在这些地方，服务场景的设计对消费者和员工应同时具有吸引力，并能满足、方便他们双方的活动及互动。

实例9-3

奥德曼夏令营华东区军事训练营基地

奥德曼夏令营华东区军事训练营基地（无锡战神国防教育基地）位于无锡市太湖十八湾湿地公园（华藏寺南侧），距梅园5千米，交通便利、环境幽雅，以生态自然、爱国教育、军事训练为特色。基地分为住宿休闲区、军事训练区、拓展活动区、真人CS野战区、高尔夫球场、沙滩、马场、运动休闲公园、水上渔楼餐厅及户外烧烤等区域，设施齐全，是拓展训练的专业场所。

参与者可在基地体验军旅生活、军事训练，营地实行的是严格的军事化管理，不同于传统的酒店、民宿或是帐篷露营营地。

2. 服务场景的复杂性

（1）复杂服务。包含很多因素和很多形式，理论上通过有效的休闲体育服务场景管理可以达到所有的营销目标和组织目标的服务。

（2）精简服务。涉及的因素、空间和设施都有限。设计决策相对简单，尤其是在自助服务或远程服务的情形下。

综合两种因素，共分成6种服务类型：复杂自助、精简自助、复杂远程、精简远程、复杂互动、精简互动（表9-1）。

表9-1　服务场景的类型

服务场景的使用	服务场景的复杂性	
	复杂的	精简的
自助服务	高尔夫球场、冲浪	ATM机、自动售票亭
远程服务	电话销售、保险公司、视频教学	以自动语音记录为基础的服务
互动性服务	健身房、体育培训机构、医院	营地、干洗店、夜跑团

二、休闲体育服务场景对消费行为的影响

休闲体育服务场景是服务主体提供服务的特定平台，是休闲体育服务有形展示的综合物理环境与社会环境的集合。休闲体育服务场景在服务营销中占据重要地位。服务原本无形，这种无形性使消费者难以直接、有效地对产品进行评价，从而可能延缓或误导消费者对服务产品的认知和消费。而休闲体育服务场景可以提供给消费者有形的支持，对消费者的影响较大。正因为如此，休闲体育服务场景也是人们常用于定位休闲体育服务组织的重要因素之一。

（一）休闲体育服务场景对消费者的影响模式分析

通过比特尔（Bitner）在1992年提出的服务场景模型来理解服务场景对消费者的影响模式，如图9-4所示。

从图可以看出，该模型遵循基本的"刺激—有机体—反应"理论，模型中构成服务场景的多维环境要素是刺激，消费者和员工是对刺激作出反应的有机体，该环境下产生的行为是反应，包括靠近或远离，员工和消费者对环境刺激的内部响应（认识、情感和生理）将决定其反应。消费者在认识、情感和生理上的反应属于内部反应，它们是消费者作出行为反应的依据。

休闲体育服务场景对人们认知的影响主要体现在感知到的休闲体育服务场景能影响人们对某个地方及该地方的任何产品的信任。从某种意义上讲，可以把服务场景看作一种非语言的交流形式，通过所谓的"客观语言"传递信息，同时对服务场景的感知可以帮助人们通过归类对公司加以

有形环境	整体环境	内在反应	行为

有形环境
温度
空气质量
噪声
音乐
气味
其他
空间/功能
布局
设施
家具
其他
标志、象征和制品
标志
人工制品
装修风格
其他

可感知的服务环境

认识　情感　生理
信任　情绪　痛苦
分类　态度　舒适
象征意义　运动
身体健康

员工反应

顾客反应

认识　情感　生理
信任　情绪　痛苦
分类　态度　舒适
象征意义　运动
身体健康

个人行为
发生联系
研究
逗留时间
介入
执行计划

社会交往
顾客与员工之间

个人行为
被吸引
逗留/研究
花钱
重返
执行计划

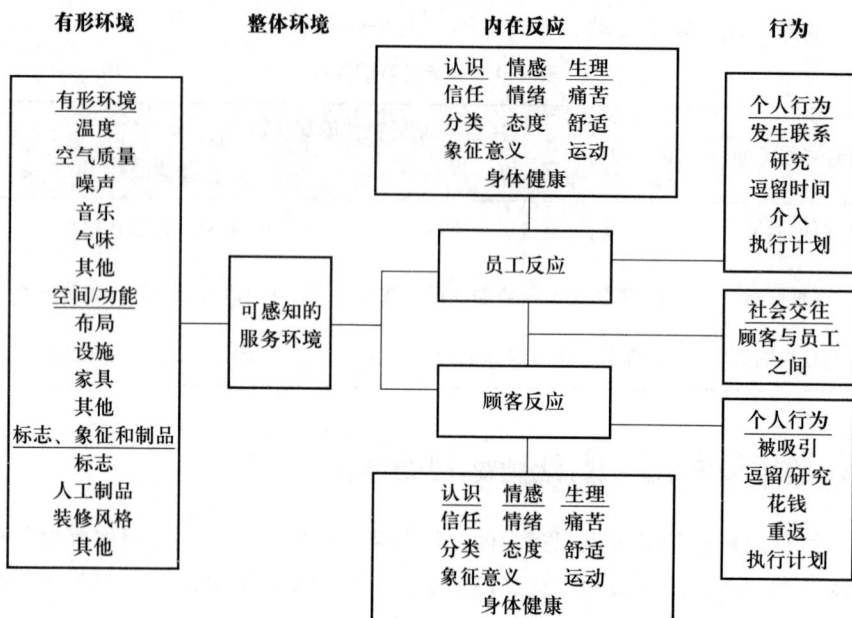

图 9-4　服务场景与客户关系图

区分。

感知到的休闲体育服务场景除了影响信任度，还能够引起情感方面的反应，同时影响相应行为。环境学心理学家通过研究认为，任何环境，自然的或人为的，都会引起两个方面的情感：高兴与不高兴、唤起程度高与低（即刺激或兴奋程度）。

另外，感受到的休闲体育服务场景还可以在生理方面给人影响，比如太大的噪声会引起人生理上的不适，在高温瑜伽房间温度不适会使人发抖或大汗淋漓，空气质量不好会使人呼吸困难，光照过强会减弱视力并造成身体不适的感觉。所有这些生理反应都会直接影响人们是否愿意在某环境停留。而这些内部的反应必然外化为消费者的行为，从而引发消费者的个人行为与社会行为的反应。环境心理学家认为，个人对地点作出的反应体现在两个很普遍但又截然不同的行为方式上：靠近或远离。环境可变因素如身体接近状况、座位安排、空间大小和可变通性等能够定义消费者与员工或消费者之间交流的可能性和限度。

实例9-4

厦门：打造"海滨休闲体育"的体育休闲旅游消费习惯

2003 年，随着首届厦门马拉松赛的举办，厦门迈开了由旅游胜地向休闲体育旅游目的地进发的步伐。2018 年，厦门市体育产业全年实现总产出 410.72 亿元，增加值 154.68 亿元，增加值占 GDP 的比重达 3.23%。

近年来，厦门积极培育和引进大型赛事，如国际排联世界沙滩排球巡回赛、世界杯攀岩赛、世界（半程）铁人三项赛、F1 摩托艇世界锦标赛、亚洲大满贯拳王赛等，取得了良好反响，也直接带动产业链的完善。为举办铁人三项、帆船、沙滩排球等赛事，厦门不断完善健身步道、自行车骑行道、帆船游艇码头等设施，培养起更多的体育爱好者。一方面，市内休闲体育氛围浓厚，使得休闲体育服务业快速发展，另一方面，赛事极大地提升了厦门作为体育休闲旅游目的地的知名度，培养了厦门市民"海滨休闲体育"的消费习惯，促进了厦门市滨海休闲体育旅游业的发展（图 9-5）。

图 9-5　厦门水上休闲体育运动

（二）休闲体育服务场景对消费者的影响

在场景类型的各个单元中，休闲体育服务场景可同时发挥很多作用，它们作用于消费者，影响着消费者的感知与行为。具体来说，休闲体育服务场景对消费者可能产生如下影响：

1. 使消费者形成对服务企业的初步印象和建立消费者期望

与有形商品的包装一样，休闲体育服务场景和有形展示的其他因素基本上也是服务的"包装"。比如，消费者可以通过健身房的装饰判断出其服务水准的高低，形成消费预期。经验丰富的消费者受有形展示的影响较少，然而，缺乏经验的消费者或从未接受过服务企业服务的消费者却往往会根据企业的各种有形展示，对服务企业产生初步印象，并根据各种有形展示，判断服务企业的服务质量，建立期望。

设计产品包装可树立某种特殊形象，同时又能引发某种特殊的视觉或情感上的反应，服务的有形部分通过很多复杂的刺激可发挥同样的作用。休闲体育服务场景系统是组织的外在形象，对用户形成初步印象和建立期望意义重大，它是无形服务的有形表现。对旨在吸引新消费者和刚刚开业并希望树立某种形象的休闲体育服务组织来说，这种包装尤其重要。有形环境为这样的休闲体育组织提供了传递想象的机会，包装可通过休闲体育服务人员的着装及其外在形象等其他因素向外延伸。

2. 休闲体育服务场景作为辅助物，影响着消费者接受服务的行为

休闲体育服务场景作为辅助物为身临其境的人们提供帮助。环境的设计能够促进或阻碍服务场景中活动的进行，使消费者和员工更容易或更难达到目标。设计功能良好的设施可以使消费者将接受服务视为愉快的经历，员工也将提供服务视为快事一桩。与此相反，不理想的设计会使消费者和员工双方都感到失望。比如，消费者进入某个休闲健身会所发现该场所没有指示牌、通风不好、没有座位且附近没有休息的地方，会觉得非常不满意，同时在那里工作的员工也会缺乏工作积极性。

实例9-5

莫干山"体育+民宿"动静皆宜

莫干山的体育基因，有着百年的传承与弘扬。莫干山是中国著名的避暑胜地。一百多年前，旅居上海的外国人将莫干山作为度假地，并在此建设网球场、游泳池，举办运动会。

2019年，莫干山生态休闲旅游产业共接待国内外游客250.6万人次，实现旅游综合收入26.2亿元。目前，莫干山已有民宿1 000余家，户外运动民宿及俱乐部20多个，"体育+民宿"正成为这一浙江民宿"圣地"发展的新业态（图9-6）。莫干山漫运动小镇、依山而建的山地自行车运动基地、傍水而居的水上皮划艇运动中心等，无一不彰显运动气息。

图9-6　莫干山民宿

目前，正有越来越多的户外运动爱好者走进莫干山，留在莫干山。"体育+民宿"带动新发展，户外运动爱好者走进莫干山，推动了当地体育赛事的兴盛。赛事带来了吃、住、行、游以及体育装备、医疗、补给等消费，这也让当地的民宿经营者和居民享受到红利。随着几代人的努力，目前莫干山的民宿床位已经突破1万张，"体育+民宿""体育+旅游"模式带来不少客流。据统计，2019年莫干山生态休闲旅游产业中，体育产业基地接待量达6.5万余人次，实现产值3 500万元，带动旅游入住率提升10%，赛事带来的客流超过5万人次。

3. 影响消费者与服务员工的交流质量

休闲体育服务场景影响着消费者与员工之间交流的质量。设计服务场景有助于员工和消费者双方的交流，它可以帮助传递双方所期望的作用、行为和关系等。在很多服务场景中，休闲体育服务组织希望能确保某些特定进展（即标准），并对服务的持续时间给予限定。环境可变因素如身体接近状况、座位安排、空间大小和可变通性等能够决定消费者与员工或消费者之间交流的可能性和限度。

4. 有助于消费者区分企业的服务

有形设施的设计可将一个组织同其竞争对手区分开来，并表明该服务所指向的市场细分部分。因为它能起到区分作用，所以可使用有形环境的变化来重新占有或吸引新市场。健身房装修和陈列中使用的标志、颜色，还有店内播放的音乐等都能体现其期望的细分市场。

需要注意的是，玛丽·米克尔（Mary Meeker）在2017年互联网趋势报告中指出，2016年中国移动互联网用户人数已达7亿，在所有大众媒体形式中，中国网民的互联网消费时间超过了55%，其中，移动端消费时间首次超过电视。随着全民健身热潮的持续推进，我国大众休闲体育行业的热度也将延续，互联网的加入将使这一行业的未来更加值得期待。在这样的背景下，互联网企业将有望为大众休闲体育赛事带来更多新玩法，在吸引更多参与者的同时提升赛事营销价值，并为我国大众休闲体育行业的服务升级助力。

实例9-6

腾讯体育的"企鹅跑"

腾讯体育的"企鹅跑"，依托腾讯新闻、腾讯体育、腾讯视频、手机QQ、企鹅直播等渠道组成的传播矩阵，赛事和品牌得以渗透体育、资讯、社交、娱乐等多种生活场景。同时，这些渠道自身庞大的用户量也能为品牌营销贡献大量的曝光。

"企鹅跑"这项赛事将运动、娱乐和社交元素相结合，在赛道沿途设置创意合影板以及各类游戏，并在赛场设置演出舞台，同时还将选手的

QQ 号作为其参赛号，强化赛事的社交体验。同时，腾讯体育还凭借运动员经纪资源，邀请到体育明星和娱乐明星现场助阵，提升赛事的娱乐性。

对赞助商而言，丰富的互动方式往往意味着多元的赞助回报方式，因此，对那些想要吸引更多年轻人、捆绑赛事形象，同时追求更多营销价值转化的品牌商而言，这类"互联网+赛事"就成为他们的首选。

移动互联网的加入将赛事的场景由纯线下转变为线上线下相结合。同时，主办方还可以将社交媒体等元素整合进赛事中，让赛事具有更丰富的互动方式和更突出的娱乐属性。

三、休闲体育服务场景设计原则

休闲体育服务场景设计需要考虑包括企业能够控制的、可增强员工和消费者行为以及服务感知的所有客观因素。① 外部设施，外部场景设施的设计在整个服务场景的构建中同样占有重要的作用，它们既是内部空间的延伸，又能影响人们的服务活动，主要包括建筑物的设计、标志景观、停车场、道路铺装、植物绿化、艺术照明、水体以及项目所在地的周边环境等；② 内部空间布局与功能，主要包括建筑物大小、形状、颜色、布局、风格、附件、设备、空气质量、温度、照明、噪声、音乐、气味、气氛、陈设与标识等。休闲体育服务场景设计，要遵循以下原则：

（一）与体育项目及企业形象定位相一致原则

企业形象指公众对体育项目及企业的整体印象和评价，是公众对企业及其行为表现所产生的看法、情感和认识的综合，是企业产品质量、服务水平、经营风格、员工素质、企业文化、标识特征等形象构成要素的整体体现。它是企业知名度和美誉度的体现。良好的企业形象有利于赢得竞争优势。

形象定位是休闲体育服务企业根据市场的竞争情况和自身条件，确定本企业在目标市场中的竞争地位，通过各种营销手段，吸引消费者注意，以促使消费者在思想行为（特别是消费思想与行为）上产生有利于企业发展的倾向性。准确的企业形象定位，决定着企业未来的形象塑造方向，同时也决定着企业未来的发展方向与目标。休闲体育服务场景的设计是企业使服务有形化、差异化的一种强有力的手段，各个要素应该相互协作，共同营造一种统一的形式。休闲体育服务场景设计与企业形象定位相一致，向目标市场有力地传达可靠的信息，可促使公众（包括企业员工）形成对企业形象的准确认知与把握，从而促进企业形象的传播。

（二）优化服务流程原则

休闲体育服务场景的设计应该有助于减少消费者感知的时间、体力、精力与心理等非货币成本。伴随日益增大的竞争压力、不断升高的机会成本、消费者导向时代的到来，当今的消费者对于服务便利的需求比以往任何时候都强烈，服务消费的不便利已成为促使消费者转换服务的重要理由。通过服务场景的设计为消费者提供更多便利无疑是服务企业赢得消费者、强化竞争优势的一项重要举措。休闲体育服务场景的设计应该充分考虑服务的类型、特点与服务流程的需要，表现出有序与和谐，优化服务流程，方便服务运作，提高服务效率。例如，在一些公共服务领域，可推出一站式服务，在服务场景的设计上，把诸多服务窗口集中在一个大厅，消费者跑一圈就把要办理的事情处理完毕，既方便，又快捷。

（三）美学原则

休闲体育服务场景设计要符合美学原则，设计时要考虑目标市场消费者的审美心理与审美习惯，给人以美感，能够获得美的享受，使人惬意、身心舒适。物质环境方面，如器具的布置、灯光、颜色、设备、标志、员工服装等，都应尽可能和谐完美，创造出某种美的意境与氛围。休闲体育服务场景的设计在形式、内容与功能上紧密结合，给人以回味无穷的美感享受，从而给顾客留下深刻的体验。

（四）主题化原则

主题化是一种有效的提高服务体验的方法。休闲体育服务场景主题化是指通过建筑物造型、外环境、外装修、企业的环境艺术、室内装修设计等软件的创造性设计，从外形和内涵上促成一个或多个"主题"的形成，赋予服务以某种具有特色的"主题"，并围绕它来组织生产经营活动。营造经营服务与管理气氛，使产品、服务、环境、造型以及活动等都为某种特定"主题"服务，始终使"主题"成为消费者容易识别的服务特征和产生消费行为的刺激物。"主题"是服务形成特色和独特个性的灵魂，也是休闲体育服务影响消费者服务选择方向的基本魅力。"主题"越独特越是吸引偏爱这一"主题"的消费者，越容易培育消费者的忠诚度。当然，主题化对企业提供的服务环境实施也是一种限制，在某种程度上给经营也会带来一定的风险。

实例9-7

首钢极限公园打造北京户外滑板和攀岩场新地标

在斑驳交错的高炉和管道中，一个最新的潮流新地标即将诞生，吸引着热爱极限运动的潮流达人来"打卡"。首钢极限公园将打造攀岩运动区、滑板运动区和休闲活动区，成为京西最新一处活力运动街区。

首钢极限公园是在首钢园区建设的第一个以极限运动为主题的户外体育场地。项目总占地面积17 913平方米，场地规模在国内居于前三位，是北京最大的户外滑板和攀岩场。

滑板场地包括热身区、街式区、碗池区，可满足国际级专业比赛需求，也可面向轮滑、滑板爱好者开放，还可以开展小轮车、平衡车等运动项目。在休闲活动区，小型广场、绿地、公共卫生间已经建成，将成为非专业运动人士休闲、娱乐、社交的场所，未来人们可以在绿荫中或遮阳伞下观看各类极限活动或赛事（图9-7）。

图9-7　首钢极限公园

（五）文化性原则

深入挖掘和广泛培养文化底蕴，对休闲体育服务产品进行深度和广度上的文化加工，给消费者提供一种与众不同的文化体验与熏陶，能够给服务经济带来广阔的空间。休闲体育服务场景设计在内涵和外延上的文化性拓展和丰富，是一个系统工程，不仅改变服务产品的内涵和层次结构，而且改变产品的核心。如果从建设开始就注重文化的营造，从设计、建设、装修到管理经营、服务都注入该体育项目独特的文化内涵，凸显文化品位的提升，文化氛围的渲染，文化形象的塑造，形成鲜明个性，就会给服务灌注"文化灵魂"，带来独特的魅力与竞争力，增加服务的附加值，这也成为休闲体育现代服务企业经营的大趋势。

（六）弹性原则

成功的服务机构是可以适应需求数量和性质变化的动态组织。服务需求的适应能力在很大程度上取决于当初设计时的弹性。在设计阶段提出的问题可能有：怎样设计才能满足当前服务的未来扩展；怎样设计设施才能适用于未来新的不同服务。

（七）安全性原则

休闲体育服务场景的设计需要考虑安全性。如游泳池在设计上就要考虑避免发生身体伤害。为防止意外事故发生，游泳池还必须配备一些必要的设备，如救生圈、安全钩。现在，一些大型服务场馆如健身房、室内滑雪场，不仅安装了摄像头，甚至配备了技术更先进的安全设备。例如，一些休闲体育场所通过使用某些智能设施来识别 ID 卡，以便控制旅客进入，而更先进的场所还可通过扫描顾客脸部来确定身份。

实例9-8

衢州市常山国家山地自行车公园

衢州市常山国家山地自行车公园位于国际慢城绿核片区内，公园设置了山地自行车赛道、赛事服务区、自行车运动休闲体验区、入口服务区以及停车场等，打造以自行车各类赛道为核心亮点，集运动、休闲、生态、文化、人文为一体的综合性国家山地自行车公园。除了举办专业赛事，公园还为业余爱好者、游客设置了体验自行车赛道以及给少年儿童设置的趣味赛道，让游客在自然安全的环境下体验骑车运动的乐趣（图9-8）。

图9-8　浙江省衢州市常山国家山地自行车公园

第三节　休闲体育服务有形展示策略

一、休闲体育服务场所的有形展示管理

消费者选择进入休闲体育服务场所，目的就是放松休闲。一个干净整洁、空气清新的休闲娱乐环境，会带给消费者带来愉悦的体验。环境上的瑕疵往往会影响消费者的第一体验反应，进而影响整个消费过程和体验感。因此，为确保休闲体育服务场所达到相关服务标准的要求，并做到这些标准的有形展示，需要重视休闲服务场所的有形展示管理。

首先，要有一套科学完善的环境管理规章制度。从事休闲体育服务场所的人员在工作时必须佩戴工作牌、统一着装上岗，规范作业，这可以向消费者展示出员工是经过严格培训的形象。其次，对服务场所环境中的绿化、体育设备、器械、工具等场地设施，管理者要研究透彻其使用方式，并分门别类地制定相应的标识牌并固定在服务场所，在标识牌上要明确相关信息。这么做的目的是让员工自觉地接受消费者的监督。更重要的是，让消费者感受到环境服务的专业化。最后，休闲体育服务场所的一些区域不可避免地存在潜在危险，因此，应健全服务场所标识管理体系，将标识管理纳入周期检查考评中，强化各级服务人员的安全意识，严格管理和使用服务场所中的体育设备、器械、工具。此外，户外活动也应设有注意事项宣导及提醒标识，从而给消费者营造出一个便利、安全的休闲体育服务环境。

二、休闲体育服务人员的有形展示管理

休闲体育服务场所的服务人员应尽可能满足消费者的需要和愿望，为消费者提供优质服务。他们的服务态度、行为方式、为消费者提供的信息，都是影响服务质量的无形因素。但是，与服务人员有关的各种有形展示也会直接影响到消费者感知中的服务质量。

第一，服务人员的外貌，特别是接待人员、客服人员的容貌，会对消费者的感觉产生影响。此外，消费者往往会对某些服务人员的外表有特殊的期望，例如，体验类项目的技术指导人员的外表应能使消费者产生安全感。

第二，服装和人员标识也是有形展示。服务人员的工作服装不仅要合身，便于做好服务工作，还要能够增强消费者的信任感。清晰明了、可追溯的人员标识牌可以让消费者快速识别服务场所的员工，同时也可以将员工置于消费者的监督之中，从而更好地提升服务质量。

三、休闲体育服务标准及价格的有形展示管理

价格是对休闲体育服务水平和质量的可见性展示，合适的价格不仅能获得稳定的收益，而且也能传送适当的信息。价格的高低直接影响着服务提供方在消费者心目中的形象。消费者缴纳了服务费用后，会对休闲体育服务场所产生期待与好奇。为了让消费者明明白白地消费和便于让消费者监督，休闲体育服务场所应当本着诚实、公开的原则，对各项服务的价格明码标价，将提供的各项服务的服务内容、服务标准以及收费项目、收费标准、收费依据等有关信息制作成展板在服务区域的显著位置或者官方网站的展示窗口进行公示，使消费者一目了然。

实例9-9

北京2022年冬奥会周边产品热销

冬奥特许商品的生产与销售必须经过北京冬奥组委认可批准，购买特许商品的渠道多样，截至2019年年底，冬奥会线上官方购买渠道为天猫奥林匹克官方旗舰店，线下可以在全国19个省（自治区、直辖市）的190余家特许商品零售店、全国280余对高铁列车上购买到冬奥特许商品。

北京冬奥组委共计开发了5 000余款特许产品，涵盖徽章、钥匙扣等非金属制品，贵金属制品，服饰及配饰，丝绸制品，陶瓷制品，文具，毛绒及各类材质玩具，工艺品，首饰，电子产品及配件，智能穿戴设备，家纺织品，箱包，冰雪运动用品，纪念邮票及邮品，纪念币（钞）等16个类别。

在天猫奥林匹克官方旗舰店，销量排名前三的特许商品分别为2022年冬奥会吉祥物——冰墩墩、雪容融手办摆件，冰墩墩、雪容融毛绒玩具套装，冰墩墩运动造型徽章。其中，冰墩墩手办摆件、多款雪容融毛绒玩具均已售罄。

2022年2月4日，北京冬奥会正式拉开帷幕。赛场之外，民众参与冬奥的热情不断高涨，购买冰墩墩、雪容融等冬奥特许商品也成为人们支持冬奥、参与冬奥的方式之一。

四、休闲体育服务有形展示策略的执行

（一）认识休闲体育有形展示的重要作用

休闲体育服务有形展示在决定质量期望和感知方面能够起到重要作用。对有些机构来说，认识到有形展示仅仅是第一步，有效的展示策略一定要和企业的总体目标或愿景相连接。决策者一定要明确有形展示的目标，然后决定展示策略。这是因为很多展示的决定与时间和费用相关（特别是服务场景的决定），因此，必须专门制定计划并执行。

（二）明确休闲体育有形展示服务流程

为了使有形展示过程更直观，企业可以把整个过程的关键点、易错点整

理成照片或视频，这些也是可以被再开发利用的有形展示资料。

（三）做好休闲体育有形展示机会的确认和评定

从业者一旦理解了休闲体育展示形式和服务场景的作用，接下来要考虑的问题是：有没有错过提供服务展示的机会？是否要开发一种策略以提供更多服务展示，向消费者表明他们为了什么样的休闲体育服务付费？此外，企业还需要应对的问题是：现行的有形展示服务是否适合目标市场的需求和选择？在回答问题时，首先要了解环境和使用者的关系，其次展示策略是否考虑到了消费者和雇员的需求，这个问题在决定服务场景时特别重要。

（四）重视休闲体育有形展示内容的与时俱进

休闲体育服务场所展示的有些方面，特别是服务场景要求周期性更新、具有时代感。即使愿景、目标和陈列物品不变，时间本身也会对有形展示产生损害，因此有必要进行更新。

实例9-10

广东移动率先实现 2019 年国际篮联篮球世界杯场馆 5G 覆盖

2019 年国际篮联篮球世界杯开赛在即，广州、深圳、佛山、东莞四座城市的赛场均已实现移动 5G 网络覆盖，并为 5G 手机用户提供极速上网体验。男篮世界杯是顶级的世界篮球赛事，2019 年我国首次举办该赛事，由北京、广州、南京、上海、武汉、深圳、佛山、东莞 8 座城市联合举办，广东省涉及广州体育馆、深圳湾体育馆、佛山国际文化演艺中心、东莞篮球中心四处场馆。广东移动攻坚克难，率先实现了上述四个场馆的 5G 网络覆盖，为 5G+4K 赛事高清直播筑牢网络基础。以广州体育馆为例，广东移动在场馆龙骨上安装了 14 面基站天线，由于白天场馆顶棚被太阳晒得滚烫，网络建设者们一般只能等晚上温度降下来后通宵施工。网络建设和优化工作完成后，广州体育馆的移动 5G 网络实测下载速率近 800 Mbps，4G 网络容量也有了极大提升，可满足 9 000 名观众的上网需求。

（五）加强部门之间的沟通

休闲体育服务场所在进行服务展示时，通常会通过各种形式提供给目标消费者想要的服务展示的类型。展示的决定随着时间的推移经常在组织内部由多种职能部门决策。因此，必须加强部门之间的沟通，建立沟通小组或者健全机制，推动决策的落实。

问答题

1. 什么是有形展示，有形展示有几种类型？
2. 如何理解服务场景对消费行为的影响？
3. 休闲体育服务场景设计需要考虑的重点问题有哪些？

主要参考文献

［1］范秀成.服务管理学［M］.天津：南开大学出版社，2006.

［2］杨丽华，邓德胜.服务营销理论与实务［M］.北京：北京大学出版社，2009.

第十章 休闲体育服务过程

>>>本章导语>>>

　　休闲体育服务产品解决了"做什么"的问题，而休闲体育服务过程则需要研究"怎么做"的问题。休闲体育服务企业向顾客提供休闲体育服务产品，就必须具有相应的休闲体育服务过程。休闲体育服务过程直接关系到休闲体育服务系统的运作效率、运营成本和服务质量，对休闲体育服务企业的竞争力具有重要的影响。因此，休闲体育服务企业要重视服务流程的设计，在服务流程运转不畅时进行服务流程再造，并在服务失误时采取有效的补救策略，以提高顾客的忠诚度和满意度，最终促进企业休闲体育服务水平的可持续发展。

>>>学习目标>>>

　　1. 掌握休闲体育服务过程的概念及特点

　　2. 了解休闲体育服务流程的类型和流程设计的原则，掌握休闲体育服务流程设计的方法

3. 理解休闲体育服务流程再造的概念，明确休闲体育服务流程再造的类型

4. 了解休闲体育服务失误的类型，理解顾客对休闲体育服务补救的期望和影响顾客转换行为的因素，掌握休闲体育服务补救策略

案例导入

游客蹦极坠落悬崖 急坠50米触水送医后无大碍

2017年8月20日的一段视频让许多网友捏了把汗。在这段视频中可以看到,一名游客从北京市房山区某乐园蹦极台上跳下后,整个人随着脚上的绳索下落、反弹,如此反复两次后,绳索疑似从蹦极台上脱落,这名游客随即落入河水当中。这样惊险的场面,引得周遭目击者惊呼连连。整段视频中,还有一段疑似拍客与蹦极项目工作人员的对话,其中提到触水游客身体无大碍,但网友们的评论中仍是充满了后怕。有网友评论说,幸亏这名游客落水时绳索已经弹了几次,如果没有这样的缓冲,人从近50米的高度直接落下,后果不堪设想。

该乐园证实了视频的真实性。一名工作人员表示,事发时间是2017年8月18日下午1点多,触水游客是一名17岁的女性。事发时,游客身上的绳索并没有脱落,只是因操作问题导致游客坠入水中。事故发生后,游客立即被送往医院进行全面身体检查,初查无大碍。记者从当地政府部门了解到,事件发生后,景区工作人员第一时间将触水游客送往医院救治,目前该游客情况稳定。经安监部门现场勘查,蹦极设备没有安全问题,不存在断绳情况,游客落水主要由于蹦极绳放绳不当。事发后,该蹦极项目即被关闭,并进行全面整改。当地也于即日起对所有景区进行安全设备大检查,防止此类事件发生。

该乐园旅游开发经营有限公司也发布声明,称事件原因是蹦极上下站员沟通衔接不畅,判断不准确,导致游客触水。

第一节 休闲体育服务过程

一、休闲体育服务过程的概念

休闲体育服务过程是指休闲体育服务的生产、交易和消费相关的程序、任务、日程、结构、活动和日常工作，简言之，是将休闲体育服务交付给顾客而发生的一系列活动。休闲体育服务过程影响顾客的主观体验，是顾客满意度的重要组成部分，会影响顾客的购买决策，因而是休闲体育服务营销需要考虑的重要因素。

二、休闲体育服务过程的分类

（一）按休闲体育服务的差异程度，可分为标准化服务和定制化服务

标准化服务将全体顾客视为一个同质性的总体，对其差异程度不加区分，通过提供基础性的服务获得较高的销售量。标准化服务具有简单重复性，强调设施自动化、工作程序化，对服务人员的要求不高。休闲体育场馆出租羽毛球场、乒乓球场、网球场等大多为标准化服务，向社会公众开放的游泳池、住宅小区的健身路径等也属于标准化服务。由于服务简单、过程重复，可以实行标准化服务流程，运用自助设备和技术，如自动售票机、二维码扫描借还运动用品等替代人工作业，降低人力成本，提高工作效率。

定制化服务将每位顾客视为异质性的个体，要求服务人员具有敏锐的观察力、较高的技术水平和丰富的经验，能获取顾客的信任，与顾客进行有效沟通。定制化服务无固定模式可循，且未被严格界定，因此需要高水平的分析技能和服务技巧。定制化服务通过个性化设计为顾客提供量体裁衣式的服务，能获得较高的客户满意度和忠诚度，前提是服务人员应被授予较大的自主决策权。如健身俱乐部的私人教练为顾客开具的运动处方：每周运动多少次，每次运动多长时间，采用哪些运动项目，注意哪些事项等，需要根据顾客的体质、以往伤病史、闲暇时间、健身目的、消费能力等来综合考量，没有固定的业务模式可以遵循，需要服务人员精通业务、细心观察、灵活安排，并与顾客互动沟通。

（二）按顾客参与程度，可分为不参与、间接参与和直接参与

在某些类型的休闲体育服务中，顾客不参与或间接参与的服务过程，如观众通过电视转播观看体育竞赛或表演。在顾客不参与或间接参与的情况下，可以根据类似制造业的方法设计服务流程。有关场址选择、人员配置、工作安排、员工培训等决策可以从效率的角度考虑。如果还加上多种服务的组合，就类似于有形产品的制造过程了。

顾客直接参与的休闲体育服务又分自助服务和交互服务。在计算机技术的快速发展推动下，自助服务应用范围日益广泛，并受到人们欢迎，如网购球票、扫描二维码租借体育器材或体育用品、电视点播体育节目等。如果顾客愿意保持传统的休闲体育服务方式，可以选择到比赛售票点购买球票，在与服务员面对面沟通交流中办理体育器材或体育用品的租借手续，即采用交互服务。自助服务和交互服务差异较大，两者可能遇到的问题也有较大差别。

三、休闲体育服务互动过程管理

休闲体育服务互动不仅包括服务提供商与顾客的互动，还包括顾客与服务系统、服务设施、服务环境等一系列互动活动。休闲体育服务互动过程大致可分成 4 类：服务提供商与顾客的互动、顾客与顾客的互动、顾客与服务环境的互动以及顾客与服务过程的互动。这些互动融合在一起，就构成了顾客的休闲体育服务经历。

（一）服务提供商与顾客的互动

这是最直接的互动，服务提供者与顾客通过互动共同完成休闲体育服务的生产和消费过程。服务提供者与顾客的互动可以是员工与顾客面对面直接沟通，也可能借助电话、电子邮件、传真或信函进行。在休闲体育服务过程中，与顾客接触的员工非常重要，系统、技术及许多资源都要依靠他们才能发挥作用；在关键时刻，他们还需要及时观察、对顾客行为作出反应，从而识别顾客的需求与期望；然后，进一步追踪服务质量，发现问题并及时采取应对措施。

因此，休闲体育服务企业必须重视服务员工的培训，使员工掌握必要的沟通技巧，从而有效地驾驭整个互动过程。当今世界，科学技术的发展日新月异，云计算、大数据逐渐应用到社会生活的方方面面，自动化设备、二维码技术、移动支付已融入休闲体育服务过程中，一些服务环节已不再需要与顾客接触的员工。但是，全自动化的设备、全自助式的服务环节也存在一定风险，一旦出现设备故障或网络信号失灵，整个服务过程就变得非常脆弱，甚至会出现瘫痪的局面。

（二）顾客与顾客的互动

对于群体参与的休闲体育活动而言，顾客与顾客之间不可避免地存在互动关系。某些休闲体育服务项目基于自身特性也要求顾客之间必须互动，例如，在户外拓展活动中往往要求团队成员紧密合作。实际上，在休闲体育项目中，参与者几乎时时处处都在与他人接触，例如在滑雪场，乘坐缆车等交通工具的乘客之间会有互动，排队买票的顾客间也会互动，学员与学员之间也存在互动关系。这些互动有时候是有益的，可以营造积极的合作氛围；但有时也会对服务传递产生不良影响，从而破坏服务传递的过程。在多数情况下，顾客之间的互动是难以事先预测和控制的，因此，服务提供商应提前规划好应对方案，并对服务人员进行培训和演练，以便一旦出现问题能立即作出有效反应。

（三）顾客与服务环境的互动

外部环境对消费者行为有重要的影响作用。在休闲体育服务过程中，特别是顾客与服务环境的互动过程更是如此，服务环境会直接影响服务经历，有时甚至决定服务的成败。从全球范围看，休闲体育服务企业越来越重视服务环境的设计，使其对顾客服务质量的感知产生正面的影响。休闲体育服务企业还可以将服务环境作为与竞争对手服务差异化的工具。例如，某海滨度假酒店将客房浴室的地面和墙壁设计成海底世界的图案，突出了滨海运动的主题，这个新颖的创意给客人耳目一新的独特体验，在同业竞争中独树一帜，比传统的打折促销方式效果更显著（图 10-1）。

图 10-1　海滨度假酒店客房示例

（四）顾客与服务过程的互动

休闲体育服务过程将服务传递过程中的人、产品、环境和科技协调整合在一起。服务过程包括服务的预订过程、顾客到现场接受服务的过程以及服务后的反馈过程。将服务预订过程纳入管理范畴，可以促使休闲体育提供商有效把握顾客的服务需求，对服务需求作出科学的预测。例如，跳伞俱乐部可以通过顾客的预订服务，对设施设备、教练、服务人员等资源作出合理的调整和配置。

顾客与服务系统、服务人员和顾客之间的互动结果会对顾客满意度和员工满意度产生双向影响。在运营良好的服务系统中，互动过程自然、简单、顺畅，顾客感觉不到服务运营的存在；如果顾客与服务系统的互动出现问题，那么服务过程就会出现卡顿甚至中断，也会大大增加服务人员的工作量。

第二节　休闲体育服务流程设计

一、休闲体育服务流程概述

休闲体育服务过程是将休闲体育服务交付给顾客而发生的一系列活动。为了使这些活动有条不紊地进行，就必须理顺并规范休闲体育服务流程。

（一）休闲体育服务流程的概念

休闲体育服务流程是指休闲体育服务运作和服务提供的流程，即休闲体育服务运作的顺序与方法以及提供服务的步骤，包括休闲体育提供商向顾客提供服务的整个过程中的作业步骤和行为事件以及完成该过程所需要素的组合方式、时间和产出的具体描述。休闲体育服务流程除了具有流程的特点，还具有休闲体育自身的特点。不同类型的休闲体育服务企业的流程存在差异，同一休闲体育服务企业的不同服务项目的流程也是不同的。

（二）休闲体育服务流程的类型

根据休闲体育服务的性质，可以将休闲体育服务流程划分为有形服务的流程和无形服务的流程两种类型。

1. 有形服务的流程

有形服务的流程通常作用于人体，常见的有形服务包括健身、游泳、攀岩、滑雪、冲浪等，服务的结果是使人在生理上更健康或更舒适。顾客通常需要进入休闲体育服务场所，如健身房、游泳池、攀岩墙、滑雪场等，并且按休闲体育服务企业的相关要求接受这类服务。休闲体育服务企业的要求包括穿着适合的运动服装、携带合格的运动器材或设备、自觉维护卫生环境、不破坏正常的服务秩序、不影响其他顾客等。例如，健身房内不允许穿高跟鞋；不准抽烟、随地吐痰、高声喧哗；进入游泳池必须穿泳衣戴泳帽。

在这类流程中，顾客必须亲自参与服务过程才能获得服务。因此，休闲体育服务企业必须根据顾客的需求来设计服务流程，要充分考虑服务流程中的各个环节能向顾客提供的服务价值以及顾客付出的时间、精力和体力成本。

2. 无形服务的流程

无形服务的流程通常作用于顾客的精神世界，帮助顾客缓解心理压力，获得精神上的放松，感觉愉悦。常见的无形服务包括观看体育竞赛与表演，参加休闲体育方面的讲座，浏览休闲体育题材的网站、微信公众号、App等。这类活动是为了满足顾客的精神需求，可能会影响人的态度和行为。这类服务通常要求顾客投入时间、精力才可以从中获益，但并不一定要求顾客亲临服务现场。

无形服务可以先将内容拍摄成图片、视频，制作好文字材料，录制成CD、DVD或以数字方式储存在电脑或网盘中，再通过广播、电视、报纸、杂志、微信公众号、App 等渠道传递给顾客。在无形服务的流程设计中，需要重点考虑的因素是技术。随着互联网的普及和信息技术的发展，休闲体育服务企业要充分利用自媒体等来传递服务。例如，培训机构可以通过互动式网络课程或手机游戏来吸引更多的顾客。

有形服务和无形服务的流程，能够帮助休闲体育服务的管理者从不同角度理解不同类型服务流程的特点，并根据这些特点有针对性地设计和管理休闲体育服务流程，从而提高服务效率和顾客的满意度。

实例10-1

线上马拉松悄然火热

近年来，在各大运动 App 的推动下，线上马拉松日益火热。与传统的线下马拉松相比，线上马拉松打破了地域及人数限制，最大限度地吸引跑步爱好者参与到这项赛事中来。业内分析认为，线上马拉松或将掀起新一波运动时尚，未来也将会与线下马拉松共存。

1. 现象：线上马拉松兴起

什么是线上马拉松？真的是在线上跑吗？当然不是，它还是需要参与者实际去跑步的。

记者采访中获悉，线上马拉松是指在马拉松活动当天，按照活动要求，使用赛事官方授权的运动记录软件，在任意地点，完成全程或半程马拉松，即可获得官方授权的完赛纪念奖牌、赛事奖品或电子完赛证书。

这种"云跑马拉松"真的有人参与吗？从数据来看，真的有，且人数不少。尤其是在疫情防控背景下，不少线下马拉松比赛无法正常举办，线上马拉松成了一种比较好的替代方式。

记者在咕咚 App 上看到，截至 2021 年 11 月 30 日，2021 南宁马拉松暨解放日长跑线上赛的报名人数超过了 18 万；2021 长春马拉松线上赛报名人数超 15 万；2021 长沙马拉松线上赛的报名人数也将近 10 万。

而从企业经营角度来看，马拉松赛事是一门大生意，对举办城市经济的直接拉动是显而易见的。其中，线上马拉松在报名费、赛事赞助等方面也能获得不小的收益。以 2021 年长春马拉松线上赛为例，记者在咕咚 App 的报名界面看到，其比赛组别分为迷你 5 千米、10 千米、半程马拉松以及全程马拉松，报名套餐有 3 种，价格在 25~50 元，参赛者获得的奖品包括实物奖牌、毛巾等纪念品。按报名人数超 15 万来计算，一场线上赛带来的报名费收入最少也有 375 万元。

2. 跑者：能满足跑步的仪式感

参加线上马拉松是一种怎样的体验？

2021 年报名了两场线上马拉松的小刘告诉记者，他是按照规定日期报名的，通过跑步 App 额外选购奖牌以及参赛包一类的东西，"不限定路线，你在任意地点，比赛当日 24 小时内打开手机记录运动轨迹，完成规定跑量并上传，就视为完成比赛"。在他看来，参加线上马拉松更多的是为了满足自己跑步的仪式感，同时给不能到现场参加马拉松的人一种安慰，"适合那些嫌路途远，不愿长途跋涉参加一场跑步比赛的人"。

还有的跑者则是"数据控""奖牌控"，市民李燕就是其中一员。"线上马拉松解决了跑步爱好者没时间、没钱、没精力、没运气去参加一个现场马拉松的痛点，其次是满足了奖牌收集者的集牌欲。"她告诉记者，一般大型赛事比赛日都会有线上场，好多人都是线上跑拿一块奖牌，线下再跑拿一块奖牌。

在她看来，以后的线上马拉松肯定会办得更好，会有更多人选择线上马拉松这一潮流的方式，"节省时间、金钱的同时也可以参加马拉松，还可以拿奖牌，何乐而不为"。

不过，也有跑者持不同的看法。"我觉得某种程度上就是卖奖牌和推广品牌。"市民马先生表示，线上跑马拉松没有现场的气氛，没有饮水、食物补给站，并且没有医疗救援队。另外，还可以作弊，骑个自行车"刷"42.195 千米也算。

在马先生看来，线上马拉松更多的是自己一个人跑，路线也比较单一。而线下马拉松则有规划好的专用路线，能去不同的城市感受当地的历史文化等，而且现场气氛也截然不同。

3. 平台：各大跑步 App 发力线上赛事

据记者不完全统计，目前在线上马拉松领域，已经拿到官方授权的跑步 App 有十几家，咕咚、悦跑圈、乐动力、虎扑跑步等占据着市场的大部分份额。其中，悦跑圈是线上马拉松的先行者。

早在 2016 年，悦跑圈就与"北京国际马拉松赛"主办方之一的中国田径协会合作，正式成为其官方指定的线上马拉松唯一合作伙伴。在业内，悦跑圈以其创意十足的奖牌和悦跑客栈出名。悦跑圈官网显示，目前其用户规模已经超过 1 亿。

记者注意到，咕咚的思路也别具特色，他们为线上马拉松参赛者提供保险，通过这项服务占据了巨大市场。早在 2016 年，咕咚就与阳光保险达成合作，联合推出首款线上马拉松产品——"E 路保"。据咕咚官网显示的数据，赛事上线的前 3 年，一共为数亿用户设计了 400 多场赛事。截至目前，咕咚累计举办各类线上线下赛事超过 1 000 场。

乐动力也通过跑团占据着线上马拉松的主要阵地，各地自发组织的跑团通过约跑的方式，为爱好者们提供了其他线上马拉松享受不到的赛事服务。另外，乐动力的另一侧重点就是"福利商城"。据了解，这也是多数跑步软件都想涉足的领域。至于变现能力、商城模式等，还需要时间验证。

现如今，各大跑步 App 正在推动着线上赛事的发展。但是，看懂研究院的研究员在接受记者采访时表示："平台反作弊系统存在漏洞，降低了奖牌的含金量。如何有效监督参赛者跑步的真实性，也同样值得思考。"

4. 趋势：线上线下会长期共存

目前来看，线下马拉松有更多的社交、旅游、美食等属性。而线上马拉松则覆盖面更广，参与人群会更多，对于参与者和执行者的成本都会很低。

"线上马拉松以其低成本以及较高的灵活性，给予跑友更多的选择。参赛奖牌的设置也很好激发了人们对于跑步锻炼的热情。这些都值得肯定。"看懂研究院研究员向记者表示，不过目前线上马拉松仍有值得改善的地方：对于参赛队员身体安全状况的重视程度不足，缺乏线下马拉松赛事所拥有的补给站与专业救援人员。对于参赛队员身体突发情况的应急响应不足，更多需要依赖参赛运动员自身的感觉，而这样的潜在风险无疑是巨大的。

"这两者之间不管是从商业运作、参与方式，抑或是直达效果，都是完全不一样的操作思路方向，因此各有优劣。"艾媒咨询 CEO 兼首席分析师向记者表示，这主要还是要看参与者，他们对运动本身的热爱才是最重要的。

那么，未来线上马拉松会成为一种趋势吗？优客工场创始人表示，线上马拉松和线下马拉松会长时间地共存和发展。所谓的线上马拉松并不是在手机上玩个游戏。它还是需要实际去跑步的。当跑者在跑步的时候，有一个马拉松的话题，大家都为了这个内容去跑步，包括奖牌、完赛证书等，线上赛都能够满足。

艾媒咨询 CEO 兼首席分析师也认为，线上马拉松可能会引起另外一波新的运动时尚。因为，过往很多人都喜欢将走路数据、跑步数据等在朋友圈晒出，通过社交的共鸣来达到交流的目的，这是一种比较新型的"运动+社交"的模式。在他看来，线上马拉松和线下马拉松是能够形成共存的。

5. 业内声音：线上马拉松或出现新业态

未来，线上马拉松市场将会呈现怎样的格局？艾媒咨询 CEO 兼首席分析师对记者表示，他认为基本上会有两种类型：一种是由目前我们看到的各类运动 App 主导的；另外一种可能是由马拉松行业协会、相关组织等主导的，这些官方组织也会诞生出另一种线上马拉松业态。

那么，线上马拉松又可以往哪些方面发力呢？对此，看懂研究院研究员认为，线上马拉松未来可以依靠大数据平台，加强对于报名参赛人员的身体状况审核，对一些患有基础疾病的跑友进行适当的风险提示。此外，主办方也可以运用智能手环等设备，在跑步过程中从心率等指标动态监督参赛人员的身体状态，对部分疲劳者可以进行强制休息与补给。

（三）休闲体育服务流程图

休闲体育服务流程图是描述休闲体育服务过程中各个步骤与顺序的工具。休闲体育服务流程图是管理休闲体育服务质量的基本工具。流程图对休闲体育服务而言是不可或缺的，如同工程的实施离不开工程设计图一样。工程设计图体现工程的整体布局及其细节，提前展示即将建成的工程实物形态，帮助工程管理者对将会发生的一切问题进行思考并提出解决方案，在工程建造时就可以依照预先订好的计划进行。与工程设计相似，休闲体育服务流程图也是一种设计和沟通的手段，休闲体育服务企业可以预先设计好服务的过程，考虑好所有可能遇到的问题，并且包括与顾客的接触过程。休闲体育服务流程图的目的是帮助服务人员或管理人员对即将付诸实施的服务进行设想和计划，以便应对突发事件，防止意外和失控。

休闲体育服务服务流程图包括以下几项内容：① 整个流程的流动方向；② 从一个程序到下一个程序所需的转换时间；③ 每个程序所需的成本；④ 系统的瓶颈及其容量。瓶颈是限制工作量的重要因素，正如瓶颈限制瓶中液体的流动速度一样，休闲体育服务流程中的瓶颈也限制了服务的效率，瓶颈通常是整个工作流程中最慢的部分，瓶颈的工作效率决定了整个流程的工作效率，物流或服务通过瓶颈的时间决定了整个流程的总时间。因此，如果瓶颈处耽误一小时，那么就相当于整个流程延误一小时，因而识别系统中的瓶颈对于休闲体育服务流程而言是非常关键的（图 10-2）。

会员服务流程示意图

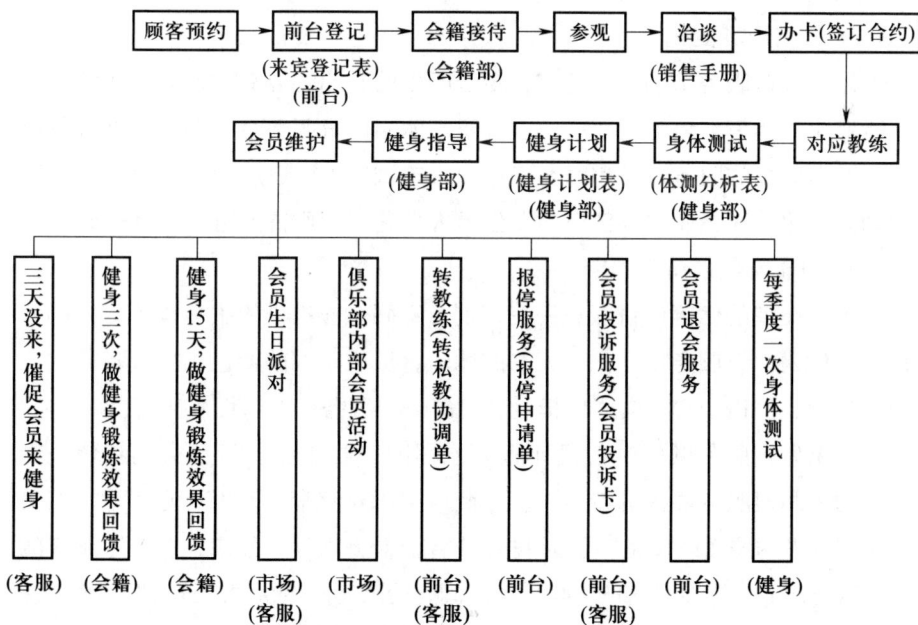

图 10-2 健身俱乐部会员服务流程示意图

265

二、休闲体育服务流程设计

（一）休闲体育服务流程设计的原则

科学合理的服务流程设计有助于休闲体育服务提供商提高服务效率，从而提升顾客满意度。合理的服务流程应与休闲体育服务企业的经营理念与营销目标保持一致，并需要顾客配合。因此，在进行服务流程设计时，应当遵循以下原则：

1. 契合顾客的需求

休闲体育服务企业在设计服务流程时，应当站在顾客的角度，针对顾客的需求来设计各项服务活动，使服务内容和形式与顾客的需求相吻合，从而更好地服务顾客。

2. 重视服务人员的意见

服务人员每天接待顾客，听取顾客的反馈，帮助顾客解决问题，他们比其他人更了解顾客的需求，更懂得如何为顾客提供满意的服务。对于休闲体育服务供应商来说，服务人员就是流动的"意见箱"，能广泛收集顾客的建议及反馈信息，有助于发现服务流程中不合理的地方，从而加以改进。

3. 适应市场变化

休闲体育服务市场瞬息万变，企业所处的政治、经济、社会、技术环境不断变化，竞争态势愈发严峻，这就要求休闲体育服务企业持续改进服务流程，追求更高的服务效率和顾客满意度、忠诚度，以适应休闲体育服务市场的动态变化。当企业内外部环境发生重大变化时，则需要进行流程再造。

4. 凸显特色，勇于创新

不同类型的休闲体育服务千差万别，不同企业提供的服务也不尽相同，每一次休闲体育服务都是独一无二的体验，形成不同的特色，如设备先进、项目时尚、价格便宜、交通便捷、环境舒适、服务人员亲切友善等。

休闲体育服务供应商在设计服务流程时，要注意创新和突出特色，例如，为了凸显服务快捷的特色，供应商应努力寻找瓶颈环节，通过增加人员或采用先进的技术或设备来加大服务供给量或提高服务效率，以缩短顾客的平均服务时间或减少顾客的平均等待时间，使顾客高效快捷地通过服务系统。

服务特色加上创新，使竞争对手难以模仿，逐渐形成竞争对手无法比拟的特殊优势，久而久之，便会形成休闲体育服务的可持续竞争力。

5. 平衡成本与效益

休闲体育服务的创新、服务流程的重新整合和再造都要考虑成本与效益的关系。不投入资源、只考虑赚取利润的做法不可取，不惜代价追求最完美的服务流程也可能会陷入财务困境。因此，休闲体育服务流程设计既要考虑投入的成本，又要考虑其效益以及对于企业的战略性利益。

（二）休闲体育服务流程设计的方法

1. 生产线法

生产线法是指将制造业的生产线流程和管理方法应用于休闲体育服务流程设计与管理的方法。这种设计方法不考虑顾客参与，只专注于建立连续高效的服务系统。由于制造业的操作工人分工非常细致，只需要在生产流水线上重复完成指定程序的操作，因而工作效率非常高，出错的概率比较小。鉴于这种方法的优越性，很多企业引进了这种方法，用来指导服务流程的设计和管理。休闲体育服务企业运用生产线方法设计和管理服务流程，目的是达到服务的高效率和规范化，以获得低成本的竞争优势。具体方法如下：

（1）分解工作任务，明确劳动分工

生产线法要求把整个任务分解为多个简单的工作步骤，每位员工只完成一个或少数几个工作步骤，员工通过不断重复相同的工作而变得非常熟练，从而发展专门化的劳动技能，提高服务效率。

（2）限定服务人员的决策权

生产线的优势在于标准化和质量稳定，因此要求将员工的自主决策权控制在有限的范围内。在工厂中，流水线上员工的任务非常具体而明确，并且只能使用规定的工具来完成工作。如果员工拥有较大的自主权，其生产的有形产品不可避免地会受到个人特征或喜好的影响，从而破坏有形产品的一致性。对于标准化的常规服务，顾客较关注服务行为和服务质量的一致性，顾客会要求每次都获得相同质量的服务，这就要求休闲体育服务供应商应限制服务人员的决策权。

（3）用设备和技术代替服务人员

用机器设备代替人力促进了制造业的发展，这在休闲体育服务业中也同样适用。生产线法要求在生产过程中尽量采用各种设备和技术代替传统的人工劳动，具体包括采用机械和自动化设备等硬技术和现代信息系统等软技术。例如，网上购买体育比赛门票比传统的人工售票方式更及时准确，也更方便快捷，同时还节省了大量的人力和物力。

（4）建立标准化的服务体系

生产线法通过标准化的生产体系生产出质量稳定的有形产品。同理，保持休闲体育服务质量的一致性和稳定性，就必须将休闲体育服务标准化。因此，建立标准化的服务体系是非常必要的。标准化的服务体系从服务内容、服务形式、服务人员安排、服务时间安排等方面进行规范，最终形成标准的服务流程，从而提高工作效率。连锁经营的健身俱乐部就是充分利用服务标准化的优势，从一个地方扩展到全国乃至世界各地，任何一家店提供的服务都大体相同，服务质量也相对稳定。然而，采用生产线法意味着只能提供有限的休闲体育服务项目，以确保能给顾客快速供应标准化的服务产品。

2. 顾客参与法

顾客参与法是指把顾客作为服务的生产要素纳入服务系统进行服务流程设计和管理的方法。自助服务是顾客参与法的一种重要形式，鼓励顾客参与休闲体育服务过程并提供分享体验的互联网平台，有助于调节供求平衡，并促使更多顾客参与服务过程。

对大多数休闲体育服务企业来说，只有顾客到来，服务才能开始，如滑雪、健身、摩托艇、拓展等项目，顾客不亲临现场就无法提供服务。顾客并不是一个被动的服务接受者或旁观者，休闲体育服务企业也可以将顾客转变为积极的参与者，将一些服务活动转移给顾客，从而降低成本。例如，顾客关注三亚亚龙湾海洋公园的微信公众号，可以获得电子地图和景区介绍，还可以购买各类水上游乐项目的门票，将景区指引、景区介绍、售票等服务活动转移给顾客，从而节省了人工成本。如果休闲体育服务企业选择那些愿意进行自我服务的人作为目标顾客，那么让顾客参与到服务中来相当于给顾客提供某种定制产品，低成本的定制化服务是实现成本领先战略的重要途径。

按照顾客的参与程度，可以将休闲体育服务系统分为从自我服务到完全依赖服务提供商的服务传递系统。休闲体育服务企业采用顾客参与法进行服务流程设计时，需要认真考虑顾客的参与程度、需求偏好和特点，将其作为一种服务的生产要素纳入服务传递系统中，从而有效地提高服务系统的效率，满足顾客的个性化需求。

3. 顾客接触法

顾客接触法是一种折中方法，这种方法将休闲体育服务生产系统分为高顾客接触作业（前台）和低顾客接触作业（后台）。低顾客接触作业像工厂一样使用生产线法运行以提高效率，高顾客接触作业则注重顾客的主观感受。例如，高尔夫俱乐部在流程设计中很好地使用了顾客接触法，前台、教练、球童等服务人员统一着装，训练有素，为顾客提供热情周到的服务，而场地的修整、设施的保养则在非营业时间进行。

顾客接触法的设计思路是，如果一种服务需要一些高联系程度的要素和低联系程度的要素，那么这些工作就应该分成不同的工作类型，由不同的员工完成。这种方法实际上是将那些与顾客联系不紧密的工作从前台工作中分离出来，如同工厂般运行，制造业中的所有经营观念和自动化设备都可以应用于这个领域，以确保技术核心不会受到干扰，从而提高生产效率。例如，滨海度假村办理入住手续的柜台是高联系程度的顾客接触部分，各种消费项目的综合费用结算则是低联系程度的顾客接触部分，度假村可将财务结算这一低接触作业从中分离出来，在该低接触的技术核心区域，使用生产线法来提高效率，而在高接触区的大厅，营销管理的重点是强化顾客体验，提高顾客的满意度。

顾客接触法可以让顾客感受到个性化的休闲体育服务，同时也可以通过批量生产达到规模经济效益。顾客接触法的具体做法如下：

（1）合理划分服务系统中顾客的高接触作业与低接触作业

首先，对休闲体育服务系统进行全面考察和分析，合理划分高接触作业和低接触作业。其次，在高接触和低接触子系统内分别找出最关键的休闲体育服务营销目标，明确界定各子系统各环节、各步骤的工作任务。最后，建立前台和后台服务的有机衔接关系，保证两者能够协同有效地运转。

（2）分别设计高接触作业和低接触作业的服务流程

在前台高接触作业服务流程设计中，休闲体育服务企业应探究顾客的真正需求，并详细地评价和判断与顾客接触的各个环节及各个步骤的重要程度。然后，根据顾客参与程度和方式，尽量减少影响服务效率的不必要接触，如将部分人工服务改为自动化服务。后台低接触作业服务流程设计应遵循生产线方法设计思路，采用自动化设备和新技术，制定时间、质量及费用标准，对资源要素、流程和产出进行精确的控制。

（3）运用系统和集成的观点对高接触作业和低接触作业的服务流程进行全面考察和评价

休闲体育服务企业应寻找和发现遗漏、多余或衔接不连贯的环节，全面梳理服务流程，对服务系统进行整体优化。

4. 信息授权法

信息技术使人们的生活更便利，已经成了我们日常生活中不可缺少的一部分。信息技术的应用在休闲体育服务中很普遍，如网上购买运动用品、微信预约健身教练、扫二维码使用共享单车等。更重要的是，休闲体育服务企业可以使用信息技术向员工和顾客授权。

（1）员工授权

休闲体育服务企业可以采用先进的信息技术向员工授权，以更好地为顾客服务。信息技术最初被服务企业用来保存记录。为了方便与顾客和供应商保持关系，一些服务企业建立顾客和供应商相关信息的计算机数据库，用于快速精确地保存记录，但仍停留在数据录入阶段，订货员、一线服务人员、生产人员录入的数据是相互独立的。这种情况随着技术的发展发生了改变，整合数据库意味着每一个人都可以使用一项业务的各方面信息，一线服务人员可以通过存货清单来起草订单，而不必通过订货员，这意味着员工授权的时代已经来临。计算机是一种功能强大的记录姓名和数字的工具，是保存数据的关键。当计算机彼此"对话"时，便出现了新的革命。现在，员工之间可以通过网络交流互相影响，甚至可以与其他企业的员工进行沟通。

（2）顾客授权

休闲体育服务企业也可以使用信息技术向顾客授权。信息技术对人们的日常生活影响越来越大，信息技术使顾客有更多的机会主动地参与休闲体育服务过程。顾客现在可以不必完全依赖于当地的服务企业，他们可利用京东、天猫、淘宝等电商或网络购物平台购买到世界各国的运动用品或服务。顾客也不必亲临体育场馆购买体育比赛的门票，在手机上点击就能下订单，甚至都不需要取票，微信扫码即可入场。

实例10-2

健身俱乐部私人教练课程的授课流程

1. 前台接待

为了体现私人教练的专业性和优质服务，私人教练在时间允许的情况下，应该在开课前10分钟到前台迎接自己的会员，在前台等待时主动与其他会员打招呼，为会员在上课前讲解本次训练课的训练计划和要求。

2. 热身

每节训练课前，私人教练都要安排会员做 5~10 分钟的热身运动。选择的方式有很多，比如跑步机、椭圆机、自行车等都可以，或自己为会员设计互动的热身内容，比如传球跑等。

热身的益处：

（1）加强全身血液循环。

（2）使关节囊分泌滑液。

（3）使肌肉收缩和反应次数增加。

（4）使作用在心脏的压力减小。

（5）减小受伤的可能。

（6）使会员做好运动前的心理准备。

3. 力量训练

力量训练不但可以达到增肌的目的，更重要的是可以帮助会员提高基础代谢，以消耗更多热量，因此，建议所有的会员都应加强力量训练。

力量训练的益处有：

（1）增强肌肉力量和耐力。

（2）改变体形，提高自信。

（3）提高基础代谢水平。

（4）降低受伤风险。

（5）增加骨骼强度。

4. 心肺功能训练

进行完力量训练之后，会员应适当做一些心肺功能的训练。心肺功能训练在提高心肺耐力的同时，又可以很好地缓解由于力量训练所造成的乳酸堆积。因此，建议私人教练把心肺功能训练安排在力量训练之后。

心肺功能训练的益处有：

（1）减少身体脂肪。

（2）减低发生冠心病的可能性。

（3）降低发生中风的可能性。

（4）提高机体的抵抗力。

（5）改善胆固醇水平。

（6）增加心肺耐力。

5. 放松

在完成所有的训练项目之后，私人教练不应该让会员马上停止运动，这样会使心脏压力过大。最好的方式是通过一些轻微的有氧运动达到放松的效果。

放松的益处有：

（1）调节心率。

（2）使体温恢复正常。

（3）减少心脑血管压力。

（4）使肾上腺素恢复平稳。

6. 拉伸

当会员的心率恢复到安全范围之后，私人教练应指导会员进行专业的拉伸。这不同于简单的放松按摩，是私教课特有的专业性放松手法。好的拉伸可以帮助会员快速消除疲劳，体会到训练后的舒适感。

拉伸的益处有：

（1）缓解乳酸堆积。

（2）提高肌肉弹性。

（3）减少肌肉受伤风险。

（4）加强与会员的沟通。

7. 预约下次课程

完成一节完整的私教课前，千万不要忘记为会员预约下次课程。因为每位私人健身教练的时间都是有限的，为了帮助会员系统并不间断地完成训练和有效、合理地利用私人教练的时间，提前预约好下次课程是非常重要的步骤。

（资料来源：金宇晴，张林. 健身俱乐部经营与管理［M］. 北京：中国劳动社会保障出版社，2009.）

第三节　休闲体育服务流程再造

一、服务流程再造的概念

服务流程再造是指对现有服务流程的更新。企业内外部诸多因素的变化都会使现有的服务流程运转不畅，这就要求休闲体育服务企业从顾客需求出发，对现有的服务流程进行分析、调整和改进，或者重新进行服务程序设计，从而优化整个休闲体育服务系统，以获得良好的效益。

休闲体育服务流程运转不畅，主要有两个原因：一是外部环境的变化。科学技术的发展、新的法律法规的实施、新型服务的出现、顾客需求的改变使原有的服务流程难以适应这些新变化。为保证休闲体育服务流程高速运转并快速响应现实需求，休闲体育服务企业需要对原有的服务流程进行改进，甚至是创造全新的服务流程。二是企业内部的原因。部门设置不当、员工权限划分不合理、上下级沟通不畅、缺乏激励机制等诸多原因可能使休闲体育服务流程变得冗长而卡顿，导致物流、信息流、资金流难以运转，运营方面的事务变得日益复杂、烦琐。

当出现信息过剩、程序冗余、顾客对程序频繁抱怨等现象时，说明休闲体育服务流程已经出现问题，有必要进行服务流程再造。

二、休闲体育服务流程再造的衡量指标

休闲体育服务企业应该通过服务流程再造达到提高生产率和服务质量的目的。衡量休闲体育服务流程再造好坏的标准主要有 4 个：减少服务失误。缩短顾客服务的流程时间。提高服务效率。提高顾客满意度。

理想的休闲体育服务流程再造应同时达到这 4 个指标。

三、休闲体育服务流程再造的类型

休闲体育服务流程再造包括重新建立、改进或者替换服务流程。休闲体育服务流程再造主要包括以下几种类型：

（一）　删除没有价值的步骤

在休闲体育服务流程再造时，可以通过删除那些没有价值的步骤来简化流程。这样既可以提高生产率，又可以提升顾客满意度。例如，顾客参加潜水、摩托艇、海底漫步等水上运动项目前需要出示身份证件、手工填写个人信息，这个步骤冗长、令人厌烦。如果删除这个步骤，仅要求顾客通过指定设备的人脸识别来确定身份，顾客的体验将大大改善，同时还减少了信息录入的失误，缩短了服务时间，提高了服务效率。

（二）　向自助服务转变

自助服务将顾客作为劳动力纳入休闲体育服务系统中，以降低成本，并提高服务效率。实际上，许多休闲体育项目鼓励顾客通过特定的自助系统来完成自我服务，并获得一定折扣。例如，某水上乐园让顾客使用手机扫描二维码自助租借橡皮艇和储物柜，并享受租金 8 折优惠。

随着信息技术的发展，休闲体育服务企业可以通过自助系统向顾客提供服务，顾客自助查询休闲体育服务项目、下订单、查找服务地址，搜索解决问题的相关信息等，使休闲体育服务企业仅雇用少量员工就可以服务众多顾客。

（三）　随时随地提供服务

直接提供服务是指通过流程再造，将服务网点现场服务转变为随时随地为顾客提供服务。这意味着可能在顾客家或者工作地点为顾客服务。例如，顾客可以选择在家中通过视频远程培训系统接受健美操教练的指导服务，而不是必须到健身中心去，这就可以省去出行的时间，会让顾客感到很方便。

（四）　合并服务项目

合并服务项目是将多种休闲体育服务组合在一起提供给特定的目标市场。这样可以降低交易成本，也能够为顾客增加价值，因为购买一组服务通常比单独购买多个单项服务划算，而且更符合顾客的需求。例如，旅游公司将环岛游艇、浮潜、水幕电影、自助晚餐、酒店住宿组合成两天一夜的休闲体育旅游套餐，并以较优惠的价格出售，这就是典型的合并服务项目式流程再造。

（五）　重新设计或改进服务场景及设施

重新设计服务场景、更换工具或设备设施、翻新建筑物等，会带给顾客新鲜感或让顾客感觉更舒服更方便，从总体上提升顾客的体验。例如，草原骑行项目通过更换复古风格的马具、提供古代骑行服装、沿途播放古筝竖琴等古典音乐，让顾客体验古今穿越的情怀，就是重新设计有形要素的典范。

以上4种休闲体育服务流程再造类型并不是孤立的，也不是相互排斥的，在某些条件下可以将它们合并使用。事实上，许多休闲体育服务企业经常会将这4种休闲体育服务流程再造类型综合使用，以得到互补的效果。

实例10-3

海南蜈支洲岛从无人岛变成5A景区的启示

2月11日，山东省"担当作为、狠抓落实"工作动员大会提出，领导干部要提高"善谋"的本领。会议指出，决策是落实的起点，很多工作是从脑子里先"开局"，会上提到一个例子：海南蜈支洲岛，面积不到2平方千米，短短两三年就打造成5A级景区，年门票收入超过3亿元。山东省沿海无人岛屿有500多个，是不是可以在保护性开发上做一些探索？

那么，海南蜈支洲岛是如何从无人岛变成5A景区的？

1. 蜈支洲岛20多年投入38亿元换来年收入12亿元

近年来，蜈支洲岛已经成为我国无居民海岛开发的典型案例。对于沿海大省山东来说，如何借鉴蜈支洲岛开发保护的先例，找到一条适合自己的路子，也是领导干部们需要面对的问题。

蜈支洲岛距离三亚市30千米，没有居民长期居住。新中国成立后，蜈支洲岛被用作军事用途，但在20世纪90年代后，该岛逐渐失去军事价值，于是在1992年，来自青岛的孙氏兄弟获得了蜈支洲岛的使用权，又用了10年时间，后续投资38亿元建设，在2001年面向游客开放，至今已运营了20多年。

有资料显示，蜈支洲岛2017年收入已达12亿元，上岛人数年增幅超15%。蜈支洲岛是由海南海景乐园国际有限公司下属分支机构三亚蜈支洲岛旅游区运营。

在当地政府没有投入大量资源的情况下，依靠外来的社会资本，蜈支洲岛从一个废弃的小岛转变成了一个旅游胜地。

蜈支洲岛完全实行市场化运营。运营方依据岛上的自然条件，开发了一系列旅游项目，如潜水、摩托艇、拖伞等 30 余项休闲体育项目。另外，海岛上还建设了度假别墅、木屋、酒吧、游泳池、海鲜餐厅等配套设施。

同时，蜈支洲岛积极进行宣传，以吸引全国游客。"中国有个海南岛，海南有个蜈支洲岛"这句广告词，曾经出现在全国很多城市的电视、报纸以及户外广告牌上。蜈支洲岛也在积极同全国各地的旅行社对接，希望把蜈支洲岛作为旅行团海南行的一站，长此以往，蜈支洲岛的名声越来越大，很多选择自由行的游客也愿意来岛上看一看。最近，更是有很多新人将这里选作婚纱照的拍摄地，进一步带动了当地旅游产业的发展。

2. 开发无人海岛是个烧钱生意，投资千万如九牛一毛

海岛旅游经济一直很诱人，但开发海岛、吸引旅游却不是一件容易的事。

早在 2003 年，我国就颁布了《无居民海岛保护与利用管理规定》，首次明确允许个人或机构开发利用无人岛。据当时的数据，中国拥有面积超过 500 平方米的岛屿有 6 500 多个，其中有居民的海岛仅 433 个，其余均为无居民海岛。500 平方米以下的无居民海岛数以万计。

2011 年 11 月，我国第一次进行海岛使用权拍卖，宁波的高宝投资有限公司以 2 000 万元拍得宁波大羊屿，将其打造为以游艇度假为特色的海岛。但在海岛上做基础设施建设很难。2014 年，总投资 5 亿元的大羊屿一期建设项目就宣告终止。原因之一是每天上岛施工的时间不固定，要视潮汐而定；原因之二是每年夏天台风都会中断工程；原因之三是自备发电机、运输沙石的成本比陆地施工成本高 3~5 倍。

除了施工工期不稳定，开发海岛还需要面对敏感的生态环境。例如三亚市凤凰岛，此前以三亚国际客运港和国际邮轮港名义取得海域使用权，实际开发中房地产酒店用地远超港口用地。此举导致三亚湾西部岸线遭到侵蚀、三亚河污染加剧。就在 2018 年 5 月 29 日，海南省才公布了《海南省贯彻落实中央第四环境保护督察组督察反馈意见整改方案》，对一些违规填海、无序养殖的海洋海岛开发项目划定了具体整改期限。

简言之，开发无人岛，初期投资巨大，生态环境敏感，建设难度大，

收回投资周期长，个人或公司没有很强的资金支持和供应商支持，是做不了这门生意的。

对照之下，同样开发海岛，马尔代夫采取的是一座海岛由一家公司租赁开发的模式，一座岛就是一个独立封闭的度假村。而由于多数岛屿位于赤道无风区，主要为热带雨林气候，开发过程中不太受台风影响，工期相对比较稳定。

3. 山东省 557 个无人岛公开招募"岛主"，最长任期 50 年

2013 年 5 月山东省海洋与渔业厅公示的《山东省海岛保护规划》数据显示，山东省管辖海域中共有海岛 589 个，其中无居民海岛 557 个。此后的 2013 年 7 月，山东省首座无居民海岛使用权证书正式落户日照市桃花岛，山东省无人岛开发利用由此开启"岛主模式"。

2015 年 3 月 15 日，山东省正式实施《山东省无居民海岛使用审批管理暂行办法》与《山东省无居民海岛使用权招标拍卖挂牌出让管理暂行办法》。对于无居民海岛使用权的出让年限，山东省规定了最长不超过 50 年以及 30 年两个标准，确权登记 2 年内未开发利用的，海岛的使用权将被依法收回。

在海洋经济投资人士看来，虽然理论上几乎谁都可以申请，但实际上开发海岛是"很烧钱"的事情，可能几千万元砸进去什么都看不到。业内估计，当个"岛主"至少要花上亿元。

以山东省首个被认领的桃花岛开发为例，该岛在 20 世纪 80 年代曾遭受过严重的人为和自然破坏，生态环境极为脆弱。为从根本上改善桃花岛的生态环境，日照市投资 845 万元在岛上建设防潮堤、栽植树木，增加各项设施，对桃花岛进行一年的生态恢复。

无人岛的开发投入远非如此。业内估计，无人岛上各类建筑的建设成本是陆地同类建筑的 3~5 倍，同时要考虑岛上的供水、供电问题，还要建码头，购买自有船只等。

与南方沿海省份相比，山东省旅游季节性强，过了 10 月游客数量锐减，有实力的开发实体并不愿冒这个险。因此，一般海岛开发涉及的旅游地产以投资为主，比商业地产投资回报周期更长，再加上北方岛屿旅游的季节性制约，山东省的海岛开发首先还是要寻求资金。

第四节　休闲体育服务失误与补救

服务失误是休闲体育服务企业难以避免的，服务失误会引起顾客的不满，产生负面的口碑传播，最终可能导致顾客流失。因此，休闲体育服务企业应该重视服务补救，采取有效的补救策略来安抚顾客，以促进休闲体育服务水平的持续提高。除了采用服务补救策略，休闲体育服务企业还应认识到服务失误的代价，具体落实服务保证的措施。

一、休闲体育服务失误

任何人、任何企业在提供服务的过程中都可能出现差错，当顾客认为服务水平没有达到自己的预期，服务失误就产生了。例如，漂流入口处排长队等候，工作人员态度冷漠，运动器材不能正常使用，恒温游泳池温度过高等都属于服务失误。服务失误出现后，不同的顾客会产生不同的反应。

（一）休闲体育服务失误发生的必然性

1. 休闲体育服务的特性决定了服务失误难以避免

服务本身的特性与商品完全不同。休闲体育服务的无形性、异质性、同步性、和易逝性共同决定了服务失败的客观存在性。

首先，休闲体育服务无形性使得人们无法用统一的标准来衡量服务质量或服务水平，人们对服务的评价会不可避免地带有主观色彩，因此，人们对同一特定的休闲体育服务可能会有迥然不同的评价。例如，对同一场花样滑冰表演，现场观众中有些人觉得很精彩，也有些人认为很糟糕。从某种意义上来说，只要顾客对服务不满意，服务就失败了。

其次，异质性意味着休闲体育服务企业很难保证稳定的服务质量。服务人员和顾客都会影响服务过程和服务体验，都有可能导致服务失败。

再次，同步性使得服务的生产过程和消费过程融为一体，休闲体育服务企业无法在事前对服务进行质量检验，无法确保向顾客提供的都是合格的服务。在多数情况下，顾客与服务人员直接接触，更加大了服务失误的发生概率。

最后，易逝性使得休闲体育服务企业难以保证服务的供需平衡。周末或

278

节假日是休闲体育服务的高峰期，拥挤不堪的顾客、嘈杂的环境、糟糕的食宿环境和到处排队等候等情况都会给顾客带来负面的服务体验。

2. 外部环境的影响也会导致服务失误

外部环境，如自然灾害、政治冲突、气候情况等不可抗力因素，是休闲体育服务企业无法控制的，会影响服务的传递，最终造成服务失误。例如，由于山体滑坡，滑雪场被迫暂停营业，饮用水、食物、御寒物资无法在所承诺的时间内提供给顾客，许多顾客极度不满，怨声载道，甚至与工作人员发生冲突；某国家或地区由于出现政权危机而禁止旅客出入境，使得参加该国海岛游乐项目的外国游客被迫滞留机场，游客们极度不满，纷纷指责提供服务的旅行社。虽然休闲体育服务企业可以在事前制订应急方案，以减少外部环境给服务传递所带来的威胁，但当这些情况出现时，服务失误甚至服务失败是无法完全避免的。

（二）休闲体育服务失误的类型

服务失误是在所难免的，在向顾客提供服务的过程中，任何一家企业都有可能在各个环节出现服务失误。休闲体育服务失误的表现形态各异，可以归结为服务提供系统的失误、响应顾客要求的失误、服务人员行为不当导致的失误和顾客不当行为引起的失误4种类型。

1. 服务提供系统的失误

服务提供系统的失误是指休闲体育服务企业为顾客提供核心服务时出现了失误。例如，游泳池未按规定消毒、换水和清洁；由于节假日游客太多，海洋公园限制入园人数等。这些休闲体育服务企业没有向顾客提供预期的服务，出现了服务失误。

服务提供系统的失误是由于休闲体育服务企业的服务架构缺损而造成的，一般表现为服务系统不完善，服务流程设计粗劣，缺乏有效的监管体系，服务保障措施不力，员工能力低下或缺乏责任感。这些因素都会影响核心服务的传递，使顾客获得的服务结果与期望相去甚远，导致顾客不满。

核心服务的成功传递对顾客满意度的影响很大，休闲体育服务企业要尽量避免出现服务提供系统的失误。具体来看，服务提供系统的失误包括以下三种：

（1）服务无法获得

休闲体育服务企业由于硬件设施出现问题、机器出故障、柜台关闭，使顾客不能获得在正常情况下应该得到的服务，从而引发顾客的不满。例如，某水上乐园内，顾客租了橡皮艇，但人工造浪池设备坏了，需要几天后才能修好恢复正常使用。显然，顾客当天无法获得人工造浪池的服务。

（2）服务速度慢

休闲体育服务企业向顾客提交服务的速度太慢，而且慢得超乎寻常。例如，滨海度假酒店平时几分钟就可以办理完的入住或退房手续，竟让顾客花费了将近半个小时。毫无道理的延迟服务、排长队等候服务、服务人员"磨洋工"等，都会使服务提供速度缓慢，无形中增加了顾客的时间成本，顾客通常会因此产生不满情绪或觉得自己被怠慢了。

（3）服务质量差

服务提供系统的失误中，服务质量差是最常见的。例如，顾客在浮潜时发现从海洋公园租用的救生衣搭扣扣不紧；公共体育场馆的卫生状况很糟糕；顾客放置在游泳池开放式储物架上的物品丢失。这类失误会带给顾客诸多不便，引发顾客的不满情绪。

2. 响应顾客要求的失误

响应顾客要求的失误是指对顾客所提出的服务要求不响应或未及时响应而产生的失误。例如，一位母亲要求网球培训中心给自己9岁的女儿安排一名喜欢孩子的女性网球教练；顾客打电话到健身房前台，要求将原来安排在下午3点的肚皮舞私教课程调到晚上8点。如果休闲体育服务企业或其工作人员对顾客的这些要求没有进行回应，或者回应不及时，就会出现服务失败。这种失误具体可以分为以下两类：

（1）对顾客明确的服务要求反应失败

有些顾客可能有特殊的需要，如带小孩去游泳，要求服务人员提供适合儿童的游泳圈，而服务人员没有搭理顾客。有些顾客有特定的偏好，如在沙滩躺椅上铺两条浴巾，而服务人员没有满足顾客的这一要求。当然，还有一些服务失误与顾客的错误有关，如顾客丢失了温泉区储物柜的钥匙，请服务人员帮助而没有得到及时的响应。还有一些是要求服务人员处理顾客之间发生的矛盾，如要求服务人员制止其他顾客抽烟，或提醒其他顾客不要大声喧哗。

（2）对顾客隐含的服务要求反应失败

有时候，顾客并没有公开提出自己的服务要求，但却希望服务提供者能向自己提供某项服务。例如，如果顾客身体不适发生呕吐，自然希望服务人员能主动递给自己干净的纸巾，并帮助自己清理呕吐物。当顾客有隐含的服务要求时，如果服务人员未及时察觉或漠视顾客隐含的服务要求，可能就会引起顾客的不满。

3. 服务人员行为不当导致的失误

这种失误是由于服务人员不合常理的举动所造成的。在休闲体育服务过程中，服务人员的某些举动不是顾客所期望的，也不是休闲体育服务系统所要求的。在与顾客直接接触的过程中，服务人员的言行举止都会受到顾客的关注，并影响到顾客对服务的体验。例如，服务人员心情不好，在服务时态度冷淡，将情绪发泄到顾客身上，服务人员的这种过失必然会让顾客感到十分不满。员工的不当行为通常表现为服务态度恶劣、用词不当、行动迟缓、不熟悉业务等，这些行为违反了服务规定，会让顾客觉得自己没有得到应有的尊重与重视，造成服务失败。例如，一位顾客到高尔夫俱乐部打球，看到这个顾客穿着很普通，开的车很旧，于是服务人员对待这位顾客非常冷淡，这会让这位顾客认为高尔夫俱乐部的服务很糟糕，他可能也不会再续买会员卡。

4. 顾客行为不当引起的失误

有些失误是由于顾客的不恰当行为所引起的。休闲体育服务是一个互动的过程，顾客不合理的行为也同样会导致服务失误。在现实生活中，这种情况很常见。在英格兰足球超级联赛的比赛现场，"足球流氓"向球员和观众扔饮料瓶，这种行为会对现场的工作人员及其他观众产生消极的影响，甚至带来安全隐患；在海滨浴场吵架或打架的顾客会让其他游客感到很厌烦。有时候，尽管休闲体育服务企业建立了高效且人性化的服务系统，服务人员也竭尽全力去满足顾客的需求，有些顾客还是不满意，仍然会提出更苛刻的要求，要求更多折扣或优惠。顾客行为不当引起的失误不应由员工承担所有责任，这会对员工的情绪和积极性造成消极的影响。休闲体育服务企业应制定专门的处理办法来解决那些因顾客过失所引发的失误。

（三）顾客对服务失误的反应

1. 服务失误后顾客的行为

在服务失误发生以后，顾客通常会产生负面的情绪，如不满、失望、生气、焦虑、自怜等消极情绪，这些情绪会影响到顾客的购买决策和消费意愿，甚至导致顾客流失。

当出现休闲体育服务失误时，不同的顾客会出现不同的反应，有的顾客选择沉默，有的采取抱怨行为，向休闲体育提供商抱怨或向自己的亲戚、朋友、同事抱怨。尽管服务失误会引起顾客的不满，但在这些不满意的顾客中，大部分顾客并不投诉，真正投诉的顾客在所有不满的顾客中只占了极少部分。研究表明，在对服务不满的顾客当中，只有 5%～10% 的顾客会投诉。在现实生活中，这一比例可能更低。

当对休闲体育服务感到不满时，有些顾客会向服务企业投诉。研究表明，大部分人是在服务现场向服务人员投诉的。人们往往会直接向服务员工抱怨，而不是向公司总部或客户关系部门投诉。研究人员还发现，当顾客向服务人员抱怨时，大多数顾客是通过面对面交流或电话进行的，只有少部分顾客通过客户反馈卡、信函、传真或电子邮件来反馈。如果顾客是为了解决问题或改变状况而抱怨，通常会使用互动式渠道，如面谈或电话交流。如果顾客是为了发泄情绪而抱怨，则更多地借助于非互动渠道投诉，如反馈卡或电子邮件。

有些顾客则更倾向于将服务的负面信息传播给亲朋好友和同事。在这种抱怨行为中，顾客没有将负面信息传递给公司，使公司丧失了服务补救的机会。负面口头宣传会强化顾客的消极情绪，导致顾客流失，也会影响到其他人。这类顾客的抱怨行为对公司是不利的，特别是在网络发达的时代。近年来，随着互联网的快速发展，一些消费者开始使用网络来抱怨。网络为人们提供了更加方便快捷的投诉渠道，也使负面口碑迅速而广泛地传播到大量的人群中，会对休闲体育服务提供商的声誉产生负面的影响。在极端的情况下，有些顾客在遭受到严重的服务失误后，会在网络上公开抱怨，对不合理的服务行为过分渲染，通过网络来发泄不满，宣泄愤怒。

另外一些顾客则向第三方投诉。第三方包括政府相关机构、保护消费者权益的组织、行业协会和法律机构等。在以上三种投诉行为中，顾客可能会采取其中一种，也可能会同时采取几种行为。总之，不管顾客是采取行动或保持沉默，最终消费者必须要作出决策：是继续光顾这家服务企业，还是更换原来的服务企业，转向其他服务休闲体育提供商。

2. 抱怨者的类型

按照顾客对休闲体育服务失误产生的不同反应，可以将顾客划分为发言者、发怒者、积极者、消极者 4 种类型。

（1）发言者

这种类型的顾客更愿意向休闲体育服务人员抱怨。发言者向服务人员投诉，为休闲体育服务企业提供了一个及时改正错误、再次满足顾客需要及留住顾客的机会，并避免了负面口碑的传播和扩散。发言者相信向服务人员抱怨会产生积极的效果，对社会也是有益的，所以他们会主动向企业员工抱怨，而不太可能向其他人或第三方表达不满。

（2）发怒者

这类顾客更有可能向亲朋好友、同学同事传播负面口碑并更换原有的服务公司。发怒者对所经历的服务失败很生气，对提供服务的公司感到很愤怒，他们不太可能给予服务公司进行服务补救的机会，而是向亲朋好友、其他人传播这家公司的负面信息，并选择离开，不再使用这家公司提供的服务，转向了这家服务公司的竞争者。

（3）积极者

这类顾客更有可能向企业、亲朋好友及第三方抱怨。他们有抱怨的习惯，乐于向人们诉说自己的不满与憋屈。他们会向他人和机构抱怨，如服务公司、其他人和第三方。他们对抱怨产生的结果抱有积极的预期。

（4）消极者

这类顾客习惯于保持沉默，很少采取行动。在遇到服务失误时，消极者不采取任何行动，他们不大可能向服务人员抱怨，也不太可能进行负面口碑传播，更不会向第三方投诉。他们的个性或观念不支持抱怨，他们认为抱怨要花费许多时间和精力，怀疑抱怨所取得的成效。现实生活中的很大一部分人都属于消极者。

3. 顾客抱怨或不抱怨的原因

如果企业想要消除顾客的不满，就需要深入了解顾客相应行为后面的原因。即当顾客对服务失误不满时，为什么有的顾客会抱怨，而有的顾客不抱怨呢？

（1）顾客抱怨的原因

① 获得赔偿。一般情况下，顾客抱怨是要求服务公司通过赔偿来弥补自己的经济损失。他们认为失误是服务公司造成的，自己应该得到某种形式的补偿。服务公司赔偿消费者的主要方式包括退款、打折、重新提供服务、

在未来提供免费服务等。

②宣泄情绪。抱怨成为顾客发泄不满情绪的一种工具。在服务过程中，如果服务人员故意冷落顾客或行为粗暴无礼，顾客的自尊心会受到伤害，进而产生挫败感，变得非常愤怒。这时，抱怨可以使顾客发泄他们的愤怒与不满，释放压力。

③积极反馈。如果休闲体育服务对于消费者很重要，消费者希望服务机构能改善服务质量，使自己可以获得优质的服务，为了促进服务质量的提高，他们会不断努力和贡献力量，积极向服务机构反馈信息，这在一定程度上是为了帮助休闲体育服务机构提高服务质量和水平。

④利他主义。在某些情况下，有些顾客充满同情心，具有利他主义思想，他们在社会责任感的驱动下投诉，他们抱怨是希望其他人不要再遇到类似的问题，以避免他人经历同样的遭遇。他们希望通过投诉来引起公众的关注，从而督促服务公司纠正错误的行为。

⑤证实抱怨的合理性。顾客对所抱怨事件的评价带着主观的色彩。相同的服务失误，不同顾客抱怨的内容与程度都会有所不同。这时，顾客抱怨是为了检验他人对自己抱怨的认同。他们想知道，在同样的情况下，别人的感受是否与自己一样，自己会不会得到别人的同情。如果顾客的抱怨得到他人的肯定，顾客会认为自己的抱怨是正当的。

⑥获取主动权。在某些情况下，抱怨可以使顾客扭转被动的状态，获得对服务公司施加影响的主动权。如果顾客通过抱怨可以影响到其他人对服务公司的评价和看法，则顾客就能主动对服务公司施加影响。例如，一些消费者在网络上大量传播某公司的负面信息，采取某种手段引起人们对该公司的关注，从而迫使这家公司不得不进行道歉和赔偿。

（2）顾客不抱怨的原因

①耗时费力。某些情况下，顾客在服务失误发生后很难找到合适的投诉渠道，他们不知道应该向谁投诉，去哪里投诉，甚至不知道该如何投诉。即使找到了合适投诉渠道，顾客也有可能对冗长烦琐的投诉过程望而生畏，如顾客可能需要花费时间和精力写信和寄信、提供相关证明、填写大量表格、查找相关机构的电话、邮箱及地址，还未必能获得满意的结果。因此，多数消费者不愿意去尝试这样的投诉过程，他们把抱怨看作一件烦琐的事情，不愿意为此花费自己的时间与精力。

②　怀疑投诉效果。不少人认为投诉是不会产生什么效果的。尤其是在服务水平较低的行业中，人们不相信服务机构会关心顾客所遇到的难题，不能确定服务公司是否会解决顾客抱怨的问题。他们认为即使自己向服务公司抱怨，也是白费力气，抱怨不会带来任何好处。

③　转换成本低。对于那些同质性明显、价格又不贵的休闲体育服务，消费者认为不值得花费时间与精力抱怨，下次需要这些服务的时候换另一家休闲体育服务企业就可以了。由于转换成本低，消费者对于这些服务投诉较少，但是会随时更换休闲体育服务企业。相反，消费者对那些价格昂贵、转换成本较高的服务则投诉较多。

④　避免不愉快。很多消费者认为投诉是一件令人不舒服的事情。由于休闲体育服务的生产与消费过程同步进行，有些顾客害怕与服务人员发生冲突与争执，担心受到员工无礼的对待或报复。尤其是被投诉的员工与顾客频繁接触情况下，顾客更觉得投诉后见面很尴尬。

⑤　角色意识和社会规范的影响。某些休闲体育服务具有较强的专业化或技术性，需要服务人员具备非常专业的知识或技能。如果服务人员是行家，具有影响交易的能力，处于强势地位，而顾客认为自己缺少评价服务质量的专业知识，在这种情况下，顾客投诉的可能性较小。在面对潜水教练、救生员等专业人士时，情况更是如此。人们普遍认为他们是专家，社会规范也并不倡导消费者指责这些专业服务人员。

二、休闲体育服务补救

服务补救是指企业针对服务失误造成的问题所采取的一系列行动。休闲体育服务补救不仅是休闲体育服务企业在服务失误时所作出的一种及时的主动反应，更是针对休闲体育服务系统中可能导致服务失误的任一环节所作的努力。休闲体育服务补救对服务企业的长远发展具有重要意义。

（一）服务补救的重要性

1. 有助于提高顾客忠诚度

服务失误是很难避免的。如果企业能采取有效的服务补救措施，往往可以留住顾客，甚至可以大幅度地提高顾客的忠诚度。相反，如果企业不能及时处理顾客的投诉并解决问题，顾客则可能会离开企业而转向竞争对手。因此，服务补救是防止顾客流失、提高顾客忠诚度的有力措施。

当出现服务失误后，顾客对企业提供的服务会感到不满。而有效的服务补救往往可以缓解或消除顾客的不良情绪，并能提高顾客的忠诚度。也就是说，顾客虽然经历了服务失败的不愉快，但是如果企业的服务补救措施让他/她非常满意，则顾客将更有可能再次购买这家企业的服务产品。古德曼法则认为，将顾客的不满以抱怨的方式显现出来，并给予其满意的解决，可以提高顾客的再购买率，确保顾客高度的品牌忠诚度。研究表明，与根本没有抱怨过的顾客相比，那些因抱怨而使问题得到解决的顾客具有更强烈的再次购买的意愿。而在抱怨的顾客中，得到快速服务补救的顾客比那些问题未得到解决的顾客更有可能发生重复购买行为。

2. 控制负面口碑传播

如果企业没有及时进行服务补救，或者缺乏有效的服务补救措施，可能会使经历服务失误的顾客更加不满，甚至成为极端的发怒者。他们会寻找各种可供利用的机会，渲染或夸大企业的失误，不计后果地到处传播企业的负面消息。研究显示，每一个不满意的顾客会向 10 ~ 25 个人讲述他们的不幸遭遇。及时有效的服务补救可以防止事态升级，避免不利影响。服务补救可以挽回服务失误给顾客带来的不利影响，将顾客与企业的损失降到最低。有效的服务补救会给顾客留下好印象，使顾客对企业产生好感与信任，并产生良好的口碑效应，塑造良好的企业形象。

3. 持续提高服务质量

服务补救是企业改进服务质量的措施之一。休闲体育服务补救是高度互动的服务过程，在此过程中，顾客与服务人员面对面接触，企业赔偿给顾客相应的经济损失和精神损失，这些都会涉及服务的过程质量与结果质量。因此，有效的服务补救本身就向顾客传递了优质的服务质量。顾客的反馈给服务企业提供了许多有价值的信息，帮助企业不断创新服务和改善服务质量。此外，企业可以利用服务补救的经验教训，理顺服务流程，优化服务系统，尽量避免再次出现类似的失误，从而降低补救成本，提高顾客满意度，这对企业和顾客都是非常有利的。

（二）顾客对服务补救的期望

如果顾客花费大量的时间和精力向公司投诉，他们会对服务补救有很高的期望。顾客希望企业能够对服务失误负责，使用相关的服务补救方式来解决问题，期望在服务补救中得到公平的对待。

1. 企业承担相关责任

当服务失误出现的时候，顾客希望了解究竟发生了什么事情，为什么会发生这种事，企业应该对哪些事负责，企业会采取哪些服务补救的方式来处理问题。如果企业不采取任何补救措施，就会与顾客的期望相背离，可能会导致更大的纠纷，产生更坏的影响。因此，企业应该采用相应的服务补救方式来挽回顾客。

（1）倾听

服务人员应该站在顾客的角度，善待顾客，倾听顾客的抱怨，对顾客表示理解与同情，主动安抚顾客的不满情绪。给顾客提供倾诉的机会，让顾客向公司发泄他们的不满。服务人员的倾听会使很多顾客感受到尊重，自己的诉求得到重视，愿意配合服务人员查明失误的具体原因，为顺利进行服务补救奠定良好的基础。

（2）道歉

顾客期望服务失误时能得到企业及其服务人员的道歉。因此，即使服务失误并不完全是企业导致的，企业及其服务人员也要真诚地向顾客道歉。道歉意味着企业承认所发生的失误和重视顾客的抱怨，体现了对顾客的尊重和理解，可以重新赢得顾客信任。

（3）解释

企业需要客观地解释服务失误的前因后果，向顾客说明失误的原因，这可以在一定程度上缓解顾客的焦虑和不满。例如，当滑雪场紧急关闭，如果服务人员能及时告知顾客是由于天气状况所造成的，顾客就很容易接受所出现的服务失误。

（4）表态

服务过程中出错时，顾客很想知道所出现的问题能否得到解决。有些问题很容易解决，现场就可以处理；有些问题涉及多方面，不能马上进行处理。对于后者，企业应该告诉顾客企业会对失误负责到底以及企业将会采取什么行动来进行服务补救。需要注意的是，企业不能过度承诺，同时，企业要说到做到，要能兑现自己对顾客所作出的承诺。

（5）补偿

服务失败会给顾客带来一定的精神损失或物质损失。除了向顾客道歉、解释和表明态度，企业还需要对顾客作出补偿，将顾客认为有价值的东西送给他们。企业可以通过赠送礼物的方式来对顾客进行象征性的补偿，如一个小礼品或一张优惠券。企业也可以进行实质性的补偿，如全额或部分退款、打折、赠送免费服务、及时进行物品的修理及更换等。

2. 顾客受到公平对待

一旦发生服务失误，顾客期望在服务补救中获得公平。服务失误会给顾客带来实际问题与情感问题，顾客会认为他们遭受了经济损失，受到了不公正的对待。因此，在服务补救时，企业要向顾客赔偿以弥补他们的经济损失，还要尽力提高顾客的公正待遇感。

当企业进行服务补救时，顾客是从多个角度来感知服务补救是否公平的。顾客对服务补救是否合理的评价由三个部分组成：对服务补救结果的评价、对服务补救过程的评价以及对服务补救过程中人际间的行为的评价。史蒂芬·泰克斯（Stephen Tax）与史蒂芬·布朗（Stephen Brown）对顾客投诉后寻求的公平进行了研究，总结出三种公平类型，即结果公平、过程公平和交互公平。

（1）结果公平

结果公平也称为分配公平。顾客希望公司补救的结果或赔偿能与其不满意水平相匹配。这种公平与消费者因失误所遭受的损失和引起的不便相关，他们希望得到公平的交换。顾客不但会比较自己的得与失，还会将自己的得失与别人的相比较。他们想获得公平，认为公司的赔偿至少要等于他们遭受到的损失，还希望自己能获得与之共同经历服务失误的人得到的赔偿一样。

然而，结果公平仅只是服务补救的一个方面，如果顾客认为补救过程、与服务人员的沟通不畅，则使用单纯的赔偿来解决服务失误问题是毫无意义的，它很难把顾客对服务的糟糕感受转变成良好的印象。史蒂芬·泰克斯认为，过量的赔偿并非解决问题的"灵丹妙药"，还会提高服务补救的成本，过程公平与交互公平才是解决失误问题的根本所在，因为顾客正是遭受了不公正的待遇才投诉的。如果顾客觉得服务补救的过程和互动是公平的，反而会降低对物质方面的要求，这样企业就能减少服务补救的成本。

（2）过程公平

过程公平是指顾客希望处理过程的政策、规定和时限公平。这种公平与服务公司的政策和规章制度相关。顾客期望公司有便捷的补救流程，反应迅速，可以方便、灵活地处理问题。

　　不公平的补救过程是缓慢的、不方便的。例如，如果公司要求顾客必须提供检验报告、附上相应的证明，顾客会感觉公司怀疑自己在撒谎，没有诚意，就会感到不公平。如果公司提供服务补救结果的步骤烦琐、拖延了很长时间才使顾客得到赔偿，在这种情况下，即使顾客认为补救结果是公平的，他们也会认为服务补救是糟糕的。相反，公平的服务补救过程能帮助顾客方便快速地进行投诉；公司的规定应该明确清晰，不会引发双方争执；服务补救应该能及时快速地解决由于服务失误带来的问题。

　　（3）交互公平

　　顾客希望被礼貌、细心和诚实地对待。这种公平与公司的服务人员紧密相关。这里所说的服务人员特指直接向顾客提供服务补救的员工。交互公平体现在服务人员与顾客交往的合理性方面，包括服务人员与顾客接触时表现出的礼貌、解释失误的友善态度、对服务的投入程度、解决失误问题的努力程度等。在服务补救过程中，顾客需要交往上的合理性，要求服务补救是真实的、真诚的和礼貌的，希望服务提供者在信息沟通方面和行为方面都是公正的、诚实的和富有人情味的。

　　如果员工能无微不至地关怀顾客，很快就会平息顾客的怨气，从而使问题得到解决。然而，在现实中，不少顾客在遇到服务失误时，服务人员往往态度冷漠，不情愿地帮助顾客解决难题，或者粗暴地对待顾客，这时，交互公平就会占据主导地位，支配结果公平和程序公平。

　　（三）影响顾客转换行为的因素

　　服务失误后，顾客最终会决定是继续留在原有服务企业还是转向其他服务企业，选择停留还是转换企业会受到很多因素的影响。

　　1. 服务失误的程度

　　服务失误的大小和危险程度会影响到顾客再次向原有服务企业购买的决策。服务失误越小，对顾客越不重要，顾客就越有可能再次向原有服务企业购买。相反，如果服务失误很严重，给顾客带来了很严重的后果，顾客极有可能更换服务企业。

　　2. 服务补救情况

　　糟糕的服务补救是导致顾客转换服务企业的一个重要因素。当发生服务失误时，如果公司对服务失误的反应很差，如消极回应、不回应、不情愿地回应,会促使顾客离开原有服务公司,而转向其他企业。

3. 企业与顾客的关系

研究表明,当出现服务失误时,与服务公司保持长期良好关系的顾客更容易原谅公司的错误,选择继续留在原来企业的可能性更大。初次服务就遇到服务失误的顾客则更有可能直接更换服务公司。

4. 顾客对更换企业的态度

顾客对更换行为的看法影响着他是否会继续与原有服务企业保持关系。无论企业是否解决了服务失误的问题以及顾客对其提供的服务是否满意,一些顾客都会频繁更换服务企业。

5. 时间的积累

有时候,顾客并不是在服务失误时立即作出更换服务企业的决定。当失误一而再再而三地发生,顾客在经历了不止一次失败的服务补救之后,可能最终才痛下决心,决定离开原有的服务企业。因此,更换服务企业可能是一个时间积累的过程。

(四) 服务补救策略

服务补救对企业而言是非常重要的,服务企业应该真诚地对待那些遭遇服务失败经历的顾客,主动提供服务补救来留住顾客。根据顾客对服务补救的期望和影响顾客转换行为的因素,可以采用一系列服务补救策略。

1. 一开始就把事情做好

最佳的服务补救策略就是第一次就把事情做到最好。如果在第一次向顾客提供服务时员工就做得很好,那么对双方都是十分有利的。对顾客来说,他们得到了满意的服务,而公司当然也就没有必要进行服务补救了,可以节约重新提供服务和赔偿损失的一系列费用。

那么,公司可以采取哪些方法来提供可靠的服务呢?一些服务营销专家建议,服务公司应该在充分考虑服务业特性的基础上,借鉴制造业中的全面质量管理(Total Quality Management,TQM)和零缺陷管理(Zero Defects,ZD)的方法。当然,如果公司未注意到服务业与制造业的不同,没有根据服务特性进行改变,那么这些方法可能很难发挥作用,原样照搬到服务业中使用很可能会以失败告终。

在制造业的全面质量管理方法中,防呆法是最有效的方法之一,能自动预防生产过程中的失误。防呆法是通过控制和现场自动报警以确保不发生错误的一种质量控制手段。蔡斯（Chase）建议在服务流程中采用防呆法，以提高服务的可靠性。在服务业中，防呆法可以用来防止服务出现错误，也可以用来保证员工遵循规定的程序，按照合理的步骤和标准提供服务。

2. 培养与顾客的关系

牢固的关系是企业发生严重失误时的缓冲剂，可以防止顾客因失误转向竞争对手。当出现服务失误时，与企业有着良好关系的老顾客往往会从长远的发展角度来考虑公平性，他们对企业失误更加宽容，对服务补救的期待更低，要求现时补偿的更少，对企业所采取的服务补救方式更容易接受。

培养坚实的顾客关系，不但在一定程度上可以使企业顺利进行服务补救，还可以为企业带来更多的补救好处。对服务补救感到满意的老顾客，他们的满意度和忠诚度会得到进一步的提升，出现消极口碑的可能性会降低。因此，企业应该在平时就注重培养良好的顾客关系。

3. 鼓励并跟踪抱怨

大部分顾客经历了糟糕的服务后，是不会大声说出来的，而是直接转换服务企业。即使有些顾客抱怨，也不一定向公司投诉，他们有可能对家人和朋友抱怨，这会对公司产生负面的影响。因此，鼓励抱怨是打破沉默、促使顾客直接向公司抱怨的有效办法。

公司要意识到处理服务失误的重要性，员工应该尊重和关心抱怨的顾客。公司可以通过顾客满意度调查、关键事件研究、流失顾客研究和监测服务流程来鼓励和跟踪抱怨。对顾客进行教育是鼓励他们抱怨的好方法。公司可以通过文字、图片、视频等资料，告诉顾客他们有抱怨的权利和应该如何抱怨，教会顾客向公司抱怨。

公司要仔细分析顾客不投诉的原因，采取相应的策略来鼓励顾客抱怨。使用免费电话、电子邮件、网店链接、顾客意见卡等，都能为顾客提供多种抱怨的渠道，以方便顾客投诉，使公司从顾客那里及时收集到服务失误的第一手资料。有些公司还利用信息技术来自动分析、储存、回应和跟踪抱怨。

4. 快速反应

顾客抱怨是希望得到公司快速的回应。服务补救越缓慢，消费者越有可能向他人传播公司的负面信息，更容易导致公司的服务补救失败。一些研究表明，在公司反应缓慢的情况下，即使公司完全处理了失误的问题，有一部分顾客仍然会选择离开公司。因此，要进行有效的服务补救，公司必须迅速采取行动，及时解决服务失误问题。大多数顾客要求在服务现场马上进行服务补救，所以，最好能由顾客接触到的第一个服务人员来负责解决顾客的问题，这就要求一线员工要具备相应的服务补救技能和权力，企业应该对员工进行培训和授权。

（1）培训员工

要使一线员工有效地实施服务补救，就需要对员工进行培训。培训的内容包括服务补救的重要性，员工在补救中担负的职责以及服务补救的技能等。在培训中，可以向员工灌输公司所期望的补救工作态度和补救行为模式，要让员工明白为什么要进行及时的服务补救，清楚自己在补救中应该扮演的角色以及学到开展补救工作所需的技能。要通过有效的培训，使员工具有顾客导向意识与解决失误问题的技能。

（2）授权一线员工

有效的服务补救需要满足不同顾客的要求与偏好，这意味着员工将不得不改变公司的制度与惯例，根据顾客个性来灵活地处理失误。对于许多要求迅速作出反应的服务补救，这些制度与惯例往往会对员工的行动产生约束。在等级森严或官僚作风严重的公司中，员工没有权力自行处理服务失误，而需要层层上报，必须经过管理层的审批才能向顾客作出赔偿。然而，管理者可能忙于处理其他重要的事情，等到员工获得批准时已经延误了时机。有效的服务补救需要下放权力，把为顾客服务的权力交给一线员工。员工应当明白自己的权限，知道对抱怨的顾客给予何种赔偿，作出什么保证。有效的授权可以使员工在出现失误时能及时补救，并对顾客的需求作出灵活反应。

（3）由顾客自行解决问题。建立顾客自助服务系统也可以使失误问题得到快速解决

这种系统向消费者提供了大量的信息，列出各种问题的答案，鼓励并允许顾客自己来处理服务失误并获得补偿。淘宝的物流跟踪、退货和退款系统给休闲体育服务企业提供了一个很好的范本。通常，企业需要技术支持来建立这样一个系统，这种系统要能向顾客提供充足的信息，根据顾客情况设计出各种自助工具，使顾客自己能进行服务补救。

5. 提供充分的解释

当服务失误发生后，许多顾客都想知道发生了什么和为什么发生。对服务补救研究的结果显示，即使公司缺乏能力向顾客提供足够的补偿，对服务

失误提供充分的理由也可以缓解或消除顾客的不满。尤其是在随机因素造成服务失误的情况下，如何及时将失误的原因告诉顾客是服务补救的关键。

有效解释具有以下特征：一是解释的内容正当。公司应该向顾客传递真实的信息，给出的理由是充分的，使顾客能了解所发生的事情，认为公司是诚实的。二是解释的方式合理。也就是说，公司应该如何向顾客解释。解释方式的合理性对减少顾客不满也很重要。

由于解释主要是由服务人员向顾客传递信息，服务人员的个性特点会影响顾客对解释的理解，如员工的可信度和真挚度等。冷淡的态度、机械性的解释只会激起顾客的愤怒，这种解释会适得其反。相反，有效的解释可以使顾客感知到解释是真诚的。

6. 公平地对待顾客

公平对待是服务补救策略中的一个重要组成部分。当服务失误时，顾客期望得到的公平是多个维度的，包括顾客从服务补救中获得的结果、服务补救的过程以及服务人员与他们交往等方面。由于顾客是从多角度来感受公平的，因此，在制定服务补救策略时，公司必须将构成感知公平的这三个要素都包含在内。如果公司在服务补救时只考虑补救结果的合理性，给予慷慨的赔偿，而忽视了另外两个因素，则仍然可能导致顾客的流失。因此，公司应该将感知公平的三个要素整合到服务补救过程中，从各方面公平地对待公司的每一位顾客，使顾客感知到自己受到了公司公平的待遇，从而对公司留下美好的印象。

7. 从补救经验中学习

当采取服务补救策略来解决失误问题后，不少公司会认为问题已经得到处理，服务补救也就此结束了。而优秀的公司视野更为开阔，看得更长远，这些公司不仅仅使用服务补救来弥补有缺陷的服务和增强与顾客的联系，更重要的是将服务补救视为一种具有诊断性的、高价值的信息资源。因为顾客会对那些他们认为重要的问题进行投诉，顾客的投诉也就成为一种很有价值的市场信息。在服务补救过程中，可以收集到顾客的抱怨、赞誉和其他方面的信息，利用这些信息，公司能不断改进服务和提高服务质量。通过对服务补救过程的跟踪与分析，管理者还可以从中识别出具有共性的问题，找到导致这些问题出现的原因，完善服务系统或改进服务流程，从而在以后的工作中避免类似的失误，这就是一个学习的过程，与对失误的处理同等重要。

8. 从流失的顾客身上学习

这是服务补救策略中很重要的一个部分。去寻找那些离开公司的顾客，审视自己的失误，是一件很痛苦的事情。然而，从已经离去的消费者身上学习，发现企业的不足之处，是非常有必要的，这种学习有助于公司避免在将来再次出现同样的失误和失去更多的消费者。

问答题

1. 休闲体育服务流程是什么?休闲体育服务流程具有哪些特点?

2. 休闲体育服务流程有哪些主要类型?

3. 休闲体育服务流程设计的原则和方法分别有哪些?

4. 什么是休闲体育服务流程再造?休闲体育服务流程再造有哪些主要类型?

5. 休闲体育服务失误的类型主要有哪些?

6. 顾客通常对休闲体育服务补救有哪些期望?影响顾客转换行为的因素有哪些?

7. 休闲体育服务补救策略有哪些?

主要参考文献

[1] 陈祝平，郭强，王文怡. 服务营销管理［M］. 4 版. 北京：电子工业出版社，2017.

[2] 郭国庆. 服务营销［M］. 4 版. 北京：中国人民大学出版社，2017.

[3] 王跃梅等. 服务营销［M］. 2 版. 杭州：浙江大学出版社，2016.

[4] 李克芳，聂元昆. 服务营销学［M］. 北京：机械工业出版社，2020.

[5] 张秀红. 服务营销［M］. 北京：中国广播影视出版社，2014.

[6] 李凡. 服务管理案例研究［M］. 天津：南开大学出版社，2014.

第十一章　休闲体育服务质量

>>> **本章导语** >>>

　　服务质量是保证服务机构长期健康、良性发展的基础，也是衡量服务机构竞争力强弱的标志。认识服务质量的特征，了解服务质量测量方法，能够提高学生的理论知识水平，掌握提升休闲体育服务机构服务质量的因素，增强企业员工服务意识，促进休闲体育服务机构的发展。

>>> **学习目标** >>>

1. 掌握休闲体育服务质量的概念及特征
2. 熟悉休闲体育服务质量测量要素
3. 熟悉休闲体育服务质量评估的方法
4. 熟悉休闲体育服务质量提升的策略
5. 了解休闲体育服务差距模型及消除建议

案例导入

贵州省山地漂流服务质量提升路径

贵州省地质奇特，群峰相争又连绵隔绝，不同山群之间被河流与湖泊所隔断，形成山水一体的态势，这样的地质特征，有利于开展水上休闲体育项目。2001年，国家体育总局在贵阳市红枫湖成立了国家水上运动基地，一大批皮划艇运动员和龙舟队员入驻训练，4A级景区红枫湖优美的自然风光和得天独厚的训练条件为各类水上运动的开展提供了完备的训练条件。而国家体育总局的挂牌，推进了一大批商业性水上运动项目的开展，贵州省第一批规范性的商业水上漂流景区开始建设，施秉杉木河、黄平野洞河、贵定洛北河成为第一批商业性漂流的场所。2007年后，一批中大型漂流景区迅速发展，以马岭河景区为例，依托马岭河峡谷5A级景区的自然资源，马岭河大峡谷漂流成为贵州省最具代表性的漂流景区，地缝漂流堪称一绝，已开放的漂流线路长达12千米。至此，贵州省漂流运动不仅停留在竞技体育层面，在商业开发层面也形成群雄并起的局面。每年夏季，漂流人口突破1000万，消费总额能达到数亿元。

贵州省山地漂流服务内容十分多样，涵盖交通、营销推广、票务、餐饮、住宿、培训、保险、医疗等一系列服务产品。交通服务内容主要有两个方面，一是漂流县城到达漂流景区的交通服务；二是从售票点到漂流起点的交通。80%以上的景区采取实体售票的方式，少数大型规范景区采取线上线下同时售票，服务内容受限于消费对象的支付手段等因素。特色的漂流服务融合了当地的特色：一是漂流器械的特色化，二是漂流餐食的特色化。结束漂流后，景区可提供物品运输服务、洗浴服务、医疗服务以及后续的一些人性化服务。概括起来服务阶段大致分为漂流前、漂流中和漂流后服务。

在体验贵州省山地漂流服务的游客调查中发现，游客对于贵州省山地漂流的服务质量水平评价总体一般，针对这种情况，贵州省山地漂流服务机构提出了服务质量提升措施：

1. 员工培训融入地理理论知识学习，提升游客安全意识

针对漂流前期的知识培训服务，应加强对服务工作人员的专业化培

训，增加员工对于景区内部的岩石构成、地貌形成及水流趋势等知识的学习。在漂流等待区安排专业人员利用专业化的演示手段，为即将上船的游客讲授自救知识和突发事件应急处理方法。发放地理知识小手册及自救知识小手册，结合河道中的标记设施对游客进行讲解教育，提升安全培训的趣味性。以游客为主体，把漂流培训完善成表演、学习、参与的"三位一体"服务，开展知识抢答、免票抽奖等活动。

2. 增强救助服务效率，提升员工服务意识

合理设置漂流救助点和提高救援人员积极性是提升救助服务效率的根本。应当选择漂流入口及出口等处作为救助点，没有自然条件的救助点应当利用科技装备建立斗篷、空中索道或气垫来完善救助设施，利用电子控制的绳索及其他科技相结合的救助器械，并在河道上方标明自助或他助的简要说明或图例，便于游客自救及员工辅助救援的双重保障。此外，也要制定换岗及值班机制，避免救助员疲于待命或玩忽职守，明晰救援工作中的服务内容，做到救助工作"权责分明，有条不紊"。

3. 升级财物寄存设施设备

财物寄存设施设备建设应当从财物储存、财物运输及财物归还等方面进行改善。第一，应当改善原有号码牌运输的不足，防止号码牌丢失；第二，水路运输的防水细节有待提升，特别是贵重物品及电子产品运输，应当有专门的防水设备及贵重物品运输通道；第三，应当利用科技手段及互联网技术对物品进行对应性管理，实现储存、运输和归还过程中财物信息的无缝对接，防止物品信息在三个环节中标记错乱，也应当增加和扩大财物归还窗口，提升财物寄存及归还的准确性。

4. 完善漂流景区内部交通，提升运输服务效率

扩大下车点的人群疏散通道尤为重要，建设宽敞的排队中转休息场所有利于不同速度人群的分流，同时可以为排队通道缓解压力；在排队过程中，应根据景区当日人流量计算开放的排队窗口并建设多个上船的入口，从上船的漂流入口对排队人流进行分流，同时科学建立排队秩序管理设备，打造"集中管理、分流排队"的快速排队通道。整合碎片化时间，提升物品和人员运输的效率。

5. 升级漂流后洗浴设施，打造山地特色休息场所

漂流后的洗浴设施设备亟待升级，通过建设温水洗浴、升级洗浴服务设施等改善漂流后的服务质量。洗浴中心的功能完善要围绕洗浴用品、卫生条件和便捷服务展开，修建集休闲、放松、餐饮等于一体的综合场所。该场所应当具有酒店的基本功能，建设山地旅游休闲中心，游客在漂流后可以享受其他的山地特色项目，如山地休闲步道、山地休闲观光车、山地休闲排球、山地休闲氧吧等众多特色项目，为游客的后续消费提供保障并提升消费的档次。

6. 开发山地旅游子项目，增强娱乐性

贵州省的山地漂流项目以河道引流为主线，可进一步加强对漂流子项目的开发，丰富其他山地运动项目。可以围绕人群划分、区域划分和互动类型等，开发适合幼儿、青少年、老年人的游玩项目，如山地轨道划水、静水漂流观光等；也可以增加山地游乐园区域，打造山地排球、山地戏水区、趣味山地挑战赛等娱乐性更强的项目。特别要注重对漂流结束后的项目开发，如山地漂流视频观看、体能恢复与放松等项目，缓解游客漂流后的疲劳感，增强娱乐性。

第一节 休闲体育服务质量内涵与形成

服务质量是休闲体育产业的生命线，只有认真把好服务质量关，休闲体育产业才能蓬勃发展。

一、休闲体育服务质量内涵

在休闲体育服务领域，服务质量的好坏会受到体育产品质量、体育活动供给质量、服务过程的场景变化（如环境、气候、时间等）、服务对象的复杂性，特别是不同顾客群在情绪管理、个体价值观、沟通交流等方面的行为表现以及其他主客观因素的影响。产品是有形的，其质量是可以通过专业技术分析来判定；但服务是无形的，其质量需要通过顾客对活动产品、服务提

供者的专业性、服务态度以及行为表现等多种因素的评判得出结论，带有较强的主观性；即便是同一休闲体育活动产品，同样的服务标准，不同的消费者也会产生不一样的感知反应，因此，界定休闲体育服务质量是非常不容易的。

（一）服务质量概念发展的不同阶段

纵观不同时期、不同领域学者的观点，单从他们对于服务质量概念的认知与诠释大致分为三个主要阶段：

1. 初见雏形阶段

1976 年，斯旺（Swan）和库姆斯（Combs）提出，顾客对产品绩效的感知可以分为两个部分，即产品的机械性绩效和产品的表达性绩效。其中，表达性绩效是一种心理绩效，它体现了服务的过程质量，呈现了服务过程中服务提供者与服务对象之间的互动关系。

2. 形成发展阶段

萨瑟（Sasser）等人在论述服务质量时明确提出，服务质量不仅包括最后的结果，还包括提供服务的方式。罗赫巴（Rohba）更是直接将服务质量划分为三个部分：人员质量、过程质量和结果质量。

3. 成熟稳定阶段

在前期研究的基础上，1984 年，格罗鲁斯（Gronroos）第一次提出了"顾客感知服务质量"的概念，将"顾客感知服务质量"解读为顾客对服务期望与感知服务绩效之间的差异比较。若感知服务绩效大于服务期望，则顾客感知服务质量是良好的，反之亦然。同时，他还界定了顾客感知服务质量的基本构成要素，即顾客感知服务质量由技术质量（服务的结果）和功能质量（服务过程质量）组成，从而将服务质量与有形产品的质量从本质上区别开来。

1992 年以后，人们对服务质量的认识与研究日趋成熟，比特纳（Bitner）认为，服务质量是顾客对于消费后是否再次购买服务的整体态度，且顾客满意对认知服务质量有正向的影响，他还提出了服务接触中有形环境要素质量等问题。鲁斯特（Rust）和奥利弗（Oliver）认为，顾客感知服务质量除技术质量和功能质量外，还应纳入第三个要素——环境质量。1994年，我国学者汪纯孝表述了不同观点，认为服务质量应包含 5 个方面，即环境质量、技术质量、感情质量、关系质量和沟通质量。1997 年，屠东燕认为服务质量由感知质量、提供质量、形象质量、过程质量构成。

不同时期的学者在对服务质量认知与理解有不同的表述，但从共同的认知看，服务质量应该是顾客对服务质量的感知与对服务质量的期望之间的比较，即感知到的服务是否符合顾客期望。事实上，作为接受服务的主体——顾客，他们对服务质量感知最有发言权，研究和服务人员需要"以顾客为中心"，探索和发现服务质量的真谛，从而进一步理解和认识服务质量内涵。

在休闲体育服务领域，顾客获得精神层面的满足要比获得纯物质产品困难得多，因此，在对休闲体育服务质量的认知过程中，需要多考虑影响顾客身心健康和精神需求方面的因素。

（二）休闲体育服务质量的概念

休闲体育服务是一个以休闲体育参与者为特定的服务对象，以营造良好的休闲体育环境，促进休闲体育管理，保障和提高参与者的休闲体育质量为宗旨和目的，以多功能、多层次、多方位为特征，在各种特定的法律法规、政策的指导下进行的一系列具体服务的总称。其实质就是把影响参与者休闲体育的多种因素整合成具有服务性、保障性和适应性的有机整体，从而实现资源配置最优化、管理工作规范化、服务效益最大化，保障参与者享有优质的休闲体育服务，并最终实现各方利益的平衡与最大化。

综上，我们将休闲体育服务质量定义为休闲体育服务特性及服务支撑条件满足要求的程度。

（三）休闲体育服务质量的特征

1. 具有较强的主观性

服务质量与有形产品的质量存在较大差异，有形产品质量的衡量标准更容易量化，并可提供较为准确的数据提供给消费者，这些产品更易于标准化生产，不会因为产品提供者的差异、购买消费者的不同而产生变化。但服务质量的感知带有强烈的主观性，不同的顾客可能对同种服务质量产生不同的感知，即使是同一顾客在不同情况下，可能对服务质量感知也存在差异。另外，服务的提供过程较难控制，服务质量的监管与测量难度也较大。

2. 是一种互动质量

服务质量与产品质量不同，在产品质量的形成过程中，顾客起的作用主要集中在市场调查后，顾客很难参与到产品质量的形成过程中。服务质量与顾客联系紧密，顾客参与了服务的每一个环节，在参与中顾客可清楚地表达诉求，并及时反馈问题。服务质量的提高有赖于顾客的反馈，不论是正面的或是负面的，这是服务质量赖以生存的根本。

3. 过程质量与结果质量并重

服务质量包括过程质量与结果质量，结果质量关注的是顾客最终完成的购买过程或者是最终实现的购买行为，这是顾客购买服务的最终目的，但仅仅关注结果质量无法完成顾客购买服务的过程。过程质量是顾客最直接和具体的感受，也是顾客对服务最迅速和直接的反馈。因此，不论是结果质量还是过程质量，都会直接影响顾客感知服务质量的最终结果，两者在服务中都非常重要。

4. 具有质量度量标准特殊性

制造业的服务质量度量是指产品质量与产品标准之间的吻合程度。在服务业中，这种度量不仅是产品质量与产品标准的度量，也包括内部效率的管理与外部效率的控制，这种度量较为复杂，更不易控制，但这种内外部效率的综合控制对提高服务质量管理尤为重要。以上特征在休闲体育服务领域同样会出现，只是休闲体育服务过程中的动态因素较多，所表现出的特征会更加复杂，不仅仅是服务对象的复杂性，更重要的是如何确保向所有参与者均等地提供多元化、多样化、多层次的休闲体育公共服务，这才是提升服务质量的意义所在。

二、休闲体育服务质量产生过程

决定休闲体育服务质量的因素有很多，主要包括服务产品提供者（服务机构）、活动参与者（顾客）、服务质量产生的环境或平台以及休闲体育服务的大市场和大环境等。由于休闲体育服务产品更多体现的是精神活动产品（无形的），因此，需要认真研究顾客的心理需求，如顾客参与休闲体育活动是为了释放压力、追求快乐，还是自我展现、广交朋友等。服务产品供给者通常是服务质量的把控者，如服务产品的设计、内容的控制、服务传递方式、服务流程以及服务模式策划等都跟服务产品供给者有着密切的联系。任何服务机构的目的都是为了服务好顾客，只有顾客在活动中收获满意的服务，他们才会有成就感。从顾客角度看，不同的顾客特征会导致服务质量感知的差异性。新老顾客的服务质量感知显著不同；不同文化背景的顾客对服务质量的期望与感知也存在差异；此外，顾客的性别、年龄、受教育程度、收入水平等人口统计学特征对服务质量感知也会有一定的影响。虽然顾客是服务质量的感受者和最终的评判者，但他们无法改变和控制服务质量。

休闲体育服务质量的产生一般都要经历服务前、服务中和服务后三个基本阶段，整个过程不论是服务者，还是被服务者，都会有不同的心理表现。

（一）服务前：顾客的期望与活动信息之间的影响

休闲体育服务产品在被推广和售卖之前，服务团队需要做大量的调研和准备工作，如活动主题的确立、内容的策划、服务对象的选择、活动地点与时间的设定、服务活动流程的安排、风险的规避与防范以及活动结果的期盼等，所有工作都是为了保证活动的服务质量。从顾客角度来看，获得活动信息后，顾客对是否参与活动有自己的甄别和期盼，例如广告、服务机构实力以及产品价格等都会影响顾客对服务质量的预期，顾客期望的活动质量还会受到市场环境、机构形象、大众口碑以及顾客个人需要等因素的影响。

（二）服务中：顾客与员工的心理交互作用

顾客只有购买了服务机构提供的产品才能成为真正的消费者，这需要服务机构员工在服务环节上下功夫。由于休闲体育活动产品强调的是体验与感受，顾客的体验与感受可能是一次性的，也可能是中长期的。例如攀岩嘉年华活动，顾客参与的攀爬体验获得的服务与帮助只能发生在活动期间，较为短暂；又比如健身会所举行的健身体验活动，如果顾客在活动期间购买了会员卡，未来接收的健身服务就可能是中长期的。在销售服务过程中，员工所表现出的诸如热情、友好、责任心等特性都将积极影响顾客对服务消费的整体评价及服务质量感知。

（三）服务后：顾客心理调适与判断

服务结束后，服务机构希望获得顾客对服务质量的认可，但顾客心理调适的方式不同将影响他们感知到的服务质量。早在 20 世纪 70 年代，"认知不和谐理论"认为顾客感知服务质量时存在验证性偏好；"反差理论"认为当顾客感觉到在期望与实际服务之间存在距离时，总偏向于放大差距。比特纳（Bitner）把归因模式正式引入服务质量管理领域，提出消费者在面对服务结果和服务期望不一致时，会自发探究原因并调适感知与期望之间的心理状态，从而形成最终的感知服务质量。

综合以上三个阶段的变化，不管是休闲体育服务产品的提供者，还是购买了服务产品的顾客，双方对服务质量的期望值与实际服务的感受会存在一定的差异。服务机构应尽力把顾客需求放在第一位，尽最大努力提供优质服务。

第二节　休闲体育服务质量评估

一、休闲体育服务质量评估的要素

如何有效评估服务质量的核心问题是评价方法与手段的选择。1988年，帕拉苏拉曼（Parasurman）、泽丝曼尔（Zeithamal）和贝里（Berry）等学者提出从有形性、可靠性、响应性、保证性和移情性5个维度评估服务质量（Service-quality，SERVQUAL），并围绕这5个维度建立了SERVQUAL量表评价模型，目的是测试顾客感知的服务质量，即顾客期望的服务质量和实际接受的服务质量的差异性。此评价模型研究人员在不同商业服务领域经过了多年的测试与运用，使得SERVQUAL量表获得了非常高的信效度，并成为众多学者评估商业服务质量的首选测试方法。SERVQUAL量表在5个维度的基础上设计了22个问题，有较高的针对性和概括性，应用的领域也较宽泛，适用于休闲体育服务领域。

对休闲体育服务质量进行测量，首先要明确测量要素。服务质量要素是指对顾客服务质量期望和感知绩效产生影响的因素。由于休闲体育活动场景变化的复杂性，要获得完全一致的服务评价标准并不容易。根据SERVQUAL量表的5个维度，我们可以将休闲体育服务质量测量要素归纳为：

（一）有形性

在休闲体育服务活动中，虽然服务本身是无形性产品，但服务仍需要依托一些有形的场地、设施、器材来完成无形的服务。这些有形的设施、器材、场地环境也是顾客评价服务质量的参考因素。例如健身俱乐部中器材的新旧程度、场地设施的整洁程度、环境与价位的匹配程度等都是顾客衡量健身俱乐部服务质量的标准。

（二）可靠性

可靠性主要体现在休闲体育活动的服务机构或组织者所提供服务的承诺上，要让顾客对服务机构产生信任度和依赖感。可靠性是按照约定准确地履行服务承诺的能力。在休闲体育服务中，企业应保质保量地完成对顾客许诺的服务，让顾客感到自己所付出的财力、物力、精力等与所提供的服务质量相匹配。

（三）响应性

响应性是指当顾客提出需求或需要帮助时，企业服务人员能主动并迅速地为顾客提供服务和支持。在休闲体育服务中，也会有顾客对所参与的活动产生各种疑问或疑虑的情况，专业人员应采取迅速、积极、主动的方式给予有效帮助，从而确保顾客顺利完成活动。

（四）保证性

保证性是指员工应掌握必要的服务技能，并能以最有效的沟通方式为顾客服务。在休闲体育领域，服务人员须具备良好的专业素养，如专业知识、专业技能以及服务意识与态度，及时解决顾客困难，让顾客对企业有信心和信赖感。

（五）移情性

移情性是指员工从顾客角度出发，充分体验顾客感受，以此为基础为顾客提供他们需要的服务。移情性的重点在于了解顾客、理解顾客、并能设身处地为顾客着想。休闲体育服务的移情性体现得更明显，服务提供方需要充分了解顾客需要什么，顾客参与此次活动的目的是什么，顾客需要达到怎样的结果等，从而设计出符合顾客需求的服务内容。

以上 5 个维度是顾客衡量预期与实际服务之间差异的重要标准。休闲体育活动具有比一般商业活动更灵活、更具复杂性的场景，主客观干扰因素会更多，例如山地户外运动、冰雪运动、航空运动等不同的环境和场景会引起服务方式、服务内容以及服务质量等发生相应的变化。尽管休闲体育活动涉及的相关因素较多，但从这 5 个维度对休闲体育服务质量进行测量，能较准确地测量出休闲体育服务机构提供的服务质量水平。

实例11-1

假设测试对象是首次在某高尔夫俱乐部打球的顾客，高尔夫活动结束后，俱乐部请顾客们通过以上5个维度的22个问题对该俱乐部的服务质量作出客观评价，获得的原始数据可以运用 EXCEL 或 SPSS 统计软件进行处理与分析（表11-1）。

表11-1　某高尔夫俱乐部服务质量评价量表

您希望高尔夫球会的服务质量	非常不满意	不满意	一般	满意	非常满意
1. 俱乐部外观设计新颖，会所内部功能区布局合理有序	（1）___	（2）___	（3）___	（4）___	（5）___
2. 球场设计有特色，草坪质量好	（1）___	（2）___	（3）___	（4）___	（5）___
3. 俱乐部辅助性设备设施先进齐全，方向标识清晰	（1）___	（2）___	（3）___	（4）___	（5）___
4. 俱乐部员工及球童着装整洁规范及仪表端庄	（1）___	（2）___	（3）___	（4）___	（5）___
5. 俱乐部对打球客人承诺的事可以做到，值得信赖	（1）___	（2）___	（3）___	（4）___	（5）___
6. 客人遇到困难时，俱乐部员工表现出关心并愿意提供帮助	（1）___	（2）___	（3）___	（4）___	（5）___
7. 打球出现危险情况，俱乐部能够采取紧急应变措施	（1）___	（2）___	（3）___	（4）___	（5）___
8. 俱乐部提供多种计费方式，付款便利，记录准确	（1）___	（2）___	（3）___	（4）___	（5）___
9. 开球时间安排合理有序，球童等级与其服务水平匹配	（1）___	（2）___	（3）___	（4）___	（5）___
10. 俱乐部员工及球童愿意为打球客人提供快捷的服务	（1）___	（2）___	（3）___	（4）___	（5）___

续表

您希望高尔夫球会的服务质量	非常 不满意	不满意	一般	满意	非常 满意
11. 服务好打球客人是员工的责任和义务，他们认为这是很快乐的事	（1）＿＿	（2）＿＿	（3）＿＿	（4）＿＿	（5）＿＿
12. 打球过程中，球童服务的专业性高，对球场礼仪规则熟悉	（1）＿＿	（2）＿＿	（3）＿＿	（4）＿＿	（5）＿＿
13. 球场出发台员工能告诉打球客人确切的开球时间	（1）＿＿	（2）＿＿	（3）＿＿	（4）＿＿	（5）＿＿
14. 俱乐部员工服务规范值得客人信赖	（1）＿＿	（2）＿＿	（3）＿＿	（4）＿＿	（5）＿＿
15. 来球场打球非常开心，环境舒适，物有所值	（1）＿＿	（2）＿＿	（3）＿＿	（4）＿＿	（5）＿＿
16. 员工具有服务素养高，专业能力强，足以解决问题	（1）＿＿	（2）＿＿	（3）＿＿	（4）＿＿	（5）＿＿
17. 员工态度亲切、有礼貌	（1）＿＿	（2）＿＿	（3）＿＿	（4）＿＿	（5）＿＿
18. 员工会主动问候客人使用俱乐部设施、设备的情况（满意度）	（1）＿＿	（2）＿＿	（3）＿＿	（4）＿＿	（5）＿＿
19. 能够感受到俱乐部对客人的应有的尊重	（1）＿＿	（2）＿＿	（3）＿＿	（4）＿＿	（5）＿＿
20. 俱乐部提供的服务能满足大多数顾客的需求	（1）＿＿	（2）＿＿	（3）＿＿	（4）＿＿	（5）＿＿
21. 俱乐部对所有打球客人一视同仁	（1）＿＿	（2）＿＿	（3）＿＿	（4）＿＿	（5）＿＿
22. 俱乐部希望本人成为永久会员	（1）＿＿	（2）＿＿	（3）＿＿	（4）＿＿	（5）＿＿

顾客从球场预订到离开球会的基本步骤与过程包括打球（服务）前、打球（服务）中和打球（服务）后三个阶段。

（一）打球（服务）前：球场选择与预订

顾客决定去一个球场打球通常会通过 App、电话等方式预订球场，并提前了解球场信息，如球场位置、球场质量、费用、交通情况、开球时间以及会所服务质量等。顾客打球前所了解到的这些信息可以视为俱乐部的间接服务，即体现服务质量评价的有形性和响应性特征。

（二）打球（服务）中：打球体验与俱乐部相关服务

顾客到达高尔夫俱乐部，直接感受到的服务有三个方面：

（1）俱乐部的环境与设施，如俱乐部建筑风格、会所内部功能区布局、球场辅助性设施与设备配置、道路方向标识以及员工着装规范等（有形性）。

（2）员工的服务规范与行为表现，例如前台接待服务、更衣室员工的服务、出发台人员安排，包括指派球童、确定开球时间、开球顺序以及告知顾客打球注意事项等（可靠性、响应性、保证性）。

（3）打球体验与球童服务，顾客从发球台出发到打完比赛，整个过程始终由同组球员和球童陪伴。在打球的过程中，顾客会对球场质量、球场设计难易程度以及球童服务的专业性和态度产生直接的感受（有形性、移情性）。

（三）打球（服务）后：打球结束后的服务感受

顾客打球结束结账后即可离开俱乐部，个别客人可能会在俱乐部餐厅用餐，但多数人，特别是同伴会聚在一起分享打球过程与乐趣，评判服务质量，提出问题与不足等（响应性、保证性、移情性）。

二、休闲体育服务质量评估的过程

优质的休闲体育服务既要符合休闲体育机构制定的服务标准，又要满足顾客的需求，这是由休闲体育服务质量的功能性和技术性决定的。顾客评估一项休闲体育服务是否满足自己的需求，也是顾客把体验的服务质量与自己期望的服务质量相比较的过程。当顾客实际感受到的服务质量符合甚至超过期望的服务质量时，感知的服务质量就好；当他们实际感受到的服务质量不及期望的服务质量时，感知的服务质量就差。

每位顾客对休闲体育服务质量的期望各不相同。感知的休闲体育服务质量是顾客将期望的服务质量与体验的服务质量比较后形成的服务质量的总体评价。期望的服务质量是指在顾客体验服务质量之前头脑中对该服务的总体设想和预期，这种预期受多方面的影响。这一现象的产生是休闲体育机构的营销沟通、机构形象、他人口碑等产生不同影响的结果。

顾客体验的休闲体育服务质量是指休闲体育机构实际传递给顾客的服务，顾客只有亲身经历过该机构的服务之后才会有这一质量评价。体验的休闲体育服务质量的影响因素主要来自服务质量的两个方面，即休闲体育服务的结果质量与过程质量。与影响顾客期望的服务质量的因素一样，这两方面的因素也是可以通过机构的营销努力来改变的，也就是说，企业既可以影响顾客期望的服务质量，又可以影响顾客体验的服务质量。为了提升休闲体育服务质量，机构应尽量使顾客期望的服务质量与体验的服务质量接近，避免出现夸大宣传或错误宣传而使顾客对休闲体育服务质量的期望值过高的情况。

三、休闲体育服务质量评估的方法

SERVQUAL 提供了较科学实用的服务质量评估工具，是目前国内外营销学界普遍认可的服务质量评估模型。根据上述 5 个维度，SERVQUAL 能够较好地测量休闲体育机构的服务质量。休闲体育服务质量的评估一般采取评分量化的方式进行，程序如下：测定顾客期望的休闲体育服务质量、测定顾客感知的休闲体育服务质量、确定休闲体育服务质量，即：

休闲体育服务质量=期望的休闲体育服务质量-感知的休闲体育服务质量

休闲体育服务质量评分量化方法的具体步骤如下：

1. 选取休闲体育服务质量的评价标准

2. 根据各条标准在所调查的服务机构中所占的地位确定权数

3. 对每条标准设计 4~5 个具体问题

4. 制作问卷

5. 发放问卷，请顾客逐条评分

6. 对问卷进行统计

7. 采用顾客期望值模型分别测算出顾客期望的休闲体育服务质量和感知的休闲体育服务质量

8. 根据上述公式，求得差距值

显然，对于某个问题，顾客从期望的角度和从实际感受的角度所给的分数往往不同，二者之间的差异就是机构休闲体育服务质量的分数，即：

$$SERVQUAL 分数 = 实际感受分数 - 期望分数$$

评估整个休闲体育机构服务质量水平实际上就是计算 SERVQUAL 平均分数。假定有 N 个顾客参与问卷调查，单个顾客的 SERVQUAL 分数就是对其所有问题的 SERVQUAL 分数加总再除以问题数目；然后把 N 个顾客的 SERVQUAL 分数加在一起除以 N 就是机构的平均 SERVQUAL 分数。不过上述计算暗含了一个假定，即顾客认为这 5 个维度具有同等的重要性。事实上，这 5 个维度在顾客心目中的地位是不同的。因此，如果考虑到服务标准的相对重要性，评估企业的服务质量还要计算加权平均的 SERVQUAL 分数。

第三节　休闲体育服务质量提升策略

一、建立有效的顾客反馈系统

顾客反馈是顾客对休闲体育服务过程的评价以及提出的一些意见和建议，也是顾客对体验休闲体育服务后的评价及提出的意见和建议。顾客客观、准确的反馈有助于机构做出一系列的调整。顾客的反馈也代表着消费者对休闲体育服务的新诉求，因此，休闲体育服务企业应及时接受顾客的反馈信息，对有关意见积极改进，对服务过程进行改良、优化。

（一）创建顾客导向的休闲体育服务文化

提供优质服务的休闲体育服务企业需要强势的服务文化。服务文化是引导服务企业行动的基本假设和价值观，主要包括 5 个方面：

（1）对"什么在企业中是重要的"达成共识或分享看法

（2）对"什么是正确的、什么是错误的"有共同的价值观

（3）对"什么起作用、什么不起作用"有共同的理解

（4）对这些信念"为什么很重要"有共同的信念和假设

（5）有共同的工作风格和与人相处的风格

即使对于最有天赋的领导者，发展和培育遵循这 5 个维度的服务文化也并不是一件简单的事情。在发展企业服务方面，企业领导者应倡导一种价值观驱动的领导力，这种领导力会激励和引导员工，激发他们的服务热情，开发他们的创造力，培育他们的活力和组织承诺，这对于企业的服务文化建设具有很好的作用。以顾客为中心，以提升顾客休闲体验为目标，创建顾客导向的休闲体育服务文化，使企业聚焦于顾客需求和顾客满意，建立一种持续提高和改变的休闲体育服务质量文化，是现代社会普遍倡导的休闲体育服务文化。

（二）使用顾客反馈收集工具

倾听顾客的声音，收集顾客的意见和信息，能够提高企业休闲体育服务质量。常用的收集顾客反馈信息的工具有：

1. 全面休闲体育服务质量调研

全面休闲体育服务质量调研常用来测量主要顾客对休闲体育服务流程和服务产品的满意度。测量目标是获得服务企业满意度的总体指数或指标。这种调研以指数数据（如使用不同的属性评级）和/或权重数据（如根据服务核心部分给出权重）为基础，全面指数说明了顾客满意的程度，但并没有说明他们为什么感到满意或不满意。对单个休闲体育服务流程或服务质量能提出的问题数量是有限的。如果时间允许，顾客可被深入地询问有关该休闲体育服务流程的相关问题，调查顾客对休闲体育服务项目的喜爱程度，设计诸如"最喜欢""最不喜欢"以及"改进建议"等开放式问题。这种反馈更具可操作性，能够告诉企业为什么顾客对该服务流程感到满意或不满意，通常也能产生提高顾客满意度的具体建议。许多休闲体育服务企业可提供邮件、短信和以 App 为基础的调查工具等。这种全面休闲体育服务质量如果设计得当，能够精确地评估服务企业或服务者相对于服务质量目标目前所处的位置，即目前实现质量目标的程度。

2. 服务反馈卡、网络和手机短信

可以提供顾客反馈的工具有休闲体育服务反馈卡、在线表格、电子邮件、短信等，这些都是以顾客为中心的支持工具。例如，休闲体育服务反馈卡可以附在每份服务结束后开具的发票上，这些卡片是衡量休闲体育服务过程质量的指示器。

3. 顾客主动反馈

顾客的投诉、赞美和建议可以转化为提升监控服务质量、突出服务设计

310

和传递的信息流。投诉和赞美是获得顾客详细反馈的有效手段，正如休闲体育服务反馈卡一样，顾客主动反馈就总体顾客满意度而言不是可靠的测量方法，但是为服务质量的改进提供了良好思路。详细的顾客投诉信和表扬信、电话谈话录音以及员工的直接反馈可以作为优质的工具，用于内部交流，使所有级别的员工和管理者都亲自倾听顾客的建议。这种第一手的学习经验在塑造服务人员的思想和顾客导向方面，比使用客观的数据和报告要强有力得多。

4. 焦点小组讨论和服务评论

焦点小组讨论和服务评论都能就休闲体育服务改进和方法提出有效建议。通常情况下，焦点小组是通过关键顾客细分市场或使用者群体组织的，以识别这些使用者的需求。休闲体育服务评论是深度的、一对一的访谈，通常是对企业最有价值的顾客就服务质量进行的采访。

5. 在线评论和讨论

越来越多的用户生成内容和数据使得顾客对一家服务企业的服务质量和竞争对手服务质量的感知具有更好的洞察力。随着时间的推移，他们能科学比较两者之间在空间和时间上的变化。对顾客在线评论的情感分析和文本信息的即时处理，可以将实时洞察力融入消费者服务感知的变化之中。

（三）分析、报告、公布顾客反馈

如果不能把信息发布给相关服务部门采取措施，那么，选择相应的反馈工具并收集顾客的反馈信息将会变得毫无意义。因此，为了促使员工不断提高和学习，报告系统需要把反馈及其分析结果传递给一线休闲体育服务人员、休闲体育服务流程负责人、休闲体育服务分支机构或部门经理以及高层管理者。信息流向可在不同管理层之间实现互补：高层管理工具提供不同时间点的管理策略和竞争者关系信息，而一些底层（基本的）管理工具可让员工清楚地知道顾客对企业休闲体育服务评价的变动情况，进而为企业提供一些有价值的提升休闲体育服务质量的视角和想法。投诉和表扬应该立即流向一线服务人员或服务部门，及时让员工了解顾客的投诉、赞美和建议。此外，我们推荐三种服务表现报告，给休闲体育服务管理层和团队学习提供借鉴：

（1）月度服务表现可为休闲体育服务流程负责人提供顾客评论及运营流程效果的反馈信息。在此，反馈要逐字提供给休闲体育服务流程经理，以便其与服务人员讨论。

（2）季度服务表现评论为休闲体育服务流程负责人、分支机构以及部门经理提供了流程效果与休闲体育服务质量的趋势。

（3）年度服务表现报告为高层管理者提供了具有代表性的、与顾客对企业服务满意度有关的反馈及企业服务长期趋向的评估。

二、休闲体育服务质量管理要素及全面质量管理

（一）休闲体育服务质量管理要素

服务接触包括顾客与员工的接触和顾客与实物的接触。这两类接触决定了服务接触管理的重要元素，即组织文化、员工行为、顾客心理、服务设施及技术等。

1. 组织文化

组织文化是休闲体育服务企业的软实力，其发展理念对服务质量管理具有积极的作用；团队共识是重要的调节因素，其组织效力对顾客感知的服务质量有很强的正面影响，而组织氛围则对提升服务质量管理有所帮助。另外，组织文化还具有对外渗透的功能，在顾客参与度较高的休闲体育活动项目中，进一步理解企业文化对顾客感知企业服务质量具有重要意义。

2. 员工行为

在休闲体育服务过程中，顾客所接触和看到的东西是多维和复杂的，员工作为服务企业的代表，其工作态度和行为表现是影响顾客服务感知的最直接因素。因此，休闲体育服务企业的员工须清晰地理解服务接触，要具有了解顾客需求的知识储备，同时还要有迅速判断顾客需求的能力。另外，提升员工的职业素养也很重要，如工作态度、沟通能力以及专业水平等，其行为表现不仅关乎整个活动的休闲体育服务质量，还代表着服务企业的形象和水平。

3. 顾客心理

休闲体育服务质量的主观特征决定了顾客心理管理在休闲体育服务接触管理中的重要性。顾客心理管理的重要内容之一是顾客期望管理，包括顾客期望的静态识别和动态管理。顾客期望包括"向量特性"期望和"典型理想点特性"期望，前者顾客满足得越多，感知休闲体育服务质量越高；后者在达到最佳期望水平时感知休闲体育服务质量会降低。另有学者认为顾客期望

应包括模糊期望、显性期望和隐性期望。休闲体育服务提供者一方面要善于发现模糊和隐性的顾客预期，并使其显性化；另一方面要善于辨别显性服务，帮顾客将非现实期望转化为现实期望。此外，顾客期望的动态变化既受到之前服务经历的影响，又受到当次服务中感知动态变化的影响。有销售经验的员工在销售活动过程中，通过与顾客的接触会非常仔细地洞察他们的心理需求，从而发现那些潜在的消费者。

4. 服务设施及技术

休闲体育服务设施质量管理是影响休闲体育服务的重要因素之一，也是顾客评判休闲体育服务提供者实力的主要参考指标。以综合性健身俱乐部为例，一个国际标准的健身俱乐部，其软硬件服务设施配备应该是全面的，设备质量也应该是一流的，比如俱乐部的各种辅助性服务设施，如前台、健康检测室、更衣室、游泳池、桑拿房、咖啡吧等，高质量的健身器材与设备，如联合健身器、耐力自行车、跑步机、有氧健身操室、弹力带以及各种健康指标检测仪等，还有健身服务咨询，如健康指标测试与诊断、锻炼课程选择等。这些软硬件质量供给对休闲体育服务质量会产生直接的影响，也是评价一个健身俱乐部总体服务质量水平的依据；健身俱乐部的设施质量管理与休闲体育服务质量管理同等重要，二者密不可分。除此之外，许多人工智能自助服务技术在休闲体育服务行业正快速得到推广与应用，自助服务质量也逐渐受到重视，比如自主技术在休闲体育服务质量评价体系中的应用等，先进的科学技术是提升服务质量管理的保障。

（二）休闲体育服务全面质量管理

1. 目标管理

休闲体育服务，不管是小型的户外活动用品租赁，还是复杂的大型国家公园管理，都可以采用目标管理的原则。目标管理是整合个人目标与休闲体育场所总体目标的一种管理手段，是一种员工协助管理，以完成休闲体育场所目标的参与型管理方式。目标管理基于这种信念，即管理者和下属共同参与，将企业总体目标转化为员工个人的目标，对员工的工作表现和企业目标的实现有正面的影响。在目标管理过程中，与管理者单方面确立目标并强迫员工接受相比，管理者和员工互相确立和接受目标会使得员工承担更大的责任。员工承担更大的责任后，会建立自己的个人目标，改善自己的工作表现。目标管理包括 5 个步骤：① 与员工讨论工作要求；② 确定员工的工作目标，这一工作目标必须是简明、清晰、能实现的，且具有挑战性，与企业总体目标相一致，并且有预期完成日期；③ 与员工一起讨论目标；④ 管理者与员工就验收标准互相达成一致意见；⑤ 管理者与员工共同对结果进行评估。

目标管理涉及 4 个方面的工作，即契约、授权、结果评估、业绩报酬及晋升挂钩。

契约是指管理者与其下属达成的在某一特定时间段下属所要完成的任务。下属在接受任务后，应积极采取措施完成任务。

授权是指管理者在与下属达成契约后，应授权给下属。在契约有效时间内，管理者的主要作用是协助下属完成契约规定的任务。

结果评估是指在契约期结束时，管理者与下属讨论成功和失败的原因。评估结果可作为制定下一次契约的根据。

业绩报酬及晋升挂钩是指评估结果通常会作为确定员工工资、福利和职业晋升的主要参考依据。管理者还可以根据评估结果进行员工数量、经营策略等方面的调整。

2. 责任管理

不管体育休闲服务的经营管理者采用什么样的经营策略，在管理上都应对以下事务承担责任：

（1）负载能力

管理者必须要对休闲体育服务场所或者设施在安全状况下的最大容载量作出估算。在日常管理中，根据负载能力控制参加者的数量，使休闲体育活动在安全状态下开展，降低事故发生率。

（2）使用率

管理者必须对特定的休闲体育场所和设施的使用频率进行估算。在估算使用频率时，一般用三个指标来衡量：① 休闲体育设施游览人数，指进入特定休闲体育区域或者休闲体育设施的人数；② 每小时休闲体育游客人数，指特定休闲体育区域或者设施在 1 小时内的游览人数；③ 每小时休闲体育活动项目数，指一个人在 1 小时参与休闲体育活动项目的数量。估算可以采用算人头数的方法，也可以用抽样的方法。

（3）使用者费用

使用者费用包括门票、入场费、会员费等。对使用者收费取决于休闲体育场所和设施的性质。私营休闲体育场所和设施一般根据市场调节，收取适当的费用以吸引消费者，并且让经营者获得合理的利润。如果是公共休闲体育场所或者设施，收费一般由政府有关部门决定。如果当地财政来源充裕，这些公共休闲体育场所或者设施可以免费开放。但如果使用这些公共休闲体育场所或者设施的人数太多，为了限制使用人数，可以适当收取费用。

（4）游客管理

游客管理的目的是使参加休闲体育活动的游客有良好的体验。因此，体育休闲活动场所要有标记，指引有特定爱好的游客能方便地找到自己要参加的项目。对各种体育健身设施的使用要有专人指导。工作人员要讲究文明礼貌，热情地为游客服务。休闲体育活动场所的辅助设施，如礼品店、餐厅等部门的工作人员也要做好配合，尽量满足游客的需要。游客管理的关键是讲文明礼貌，避免粗暴和野蛮的行为。

（5）风险管理

设施精良的休闲体育场所有时也可能会由于各种不同的原因而发生伤亡事故。因此，休闲体育场所必须进行风险管理，要通过安全检查、职员培训、意外事故处理训练等措施，减少场所出现人员伤亡的可能性。管理者还要考虑通过保险计划使由于各种原因导致伤亡的游客得到适当的赔偿。

3. 财政管理

休闲体育场所可分为国家、省级、地方所有和商业性质等。前三者属于公共体育休闲场所，主要由国家、省级和地方的财政拨款进行维护。公共休闲体育场所适当收费，可将经费用于更新维护体育休闲设施，提高休闲体育服务质量。在当前大力发展市场经济的情况下，这些公共休闲体育场所可以采用承包、租赁等形式进行经营。而商业性质的休闲体育场所，则可以根据市场规律，按照企业的形式进行经营。商业性质的休闲体育机构或者场所的财政管理包括制定预算，开拓收入来源，项目推广和广告宣传，休闲体育设施的购买、更新和维护等。

三、休闲体育服务质量差距模型与差距消除建议

（一）休闲体育服务质量差距模型

休闲体育服务企业中主要有 6 种差距（图 11-1）。

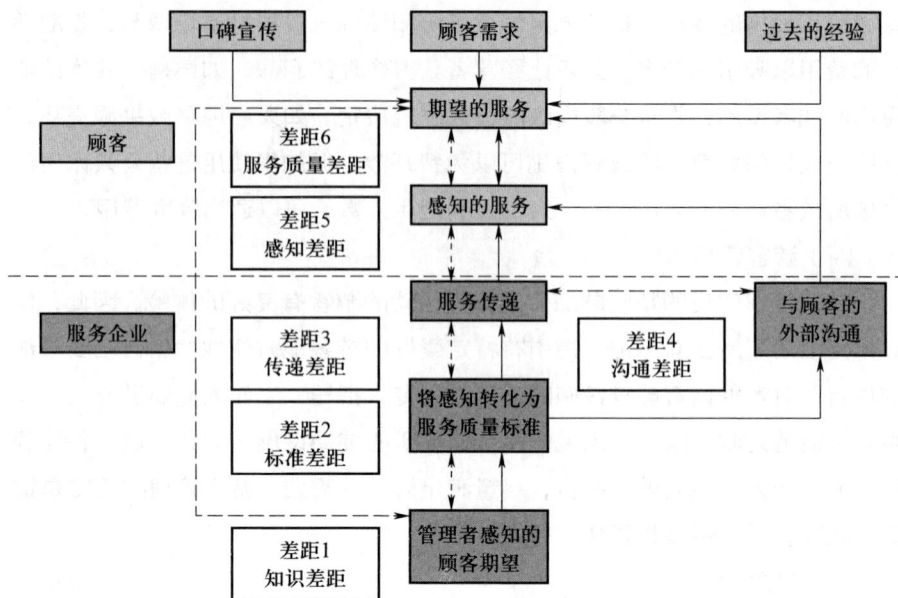

图 11-1　服务差距模型

1. 知识差距

它是高层管理者对顾客期望的理解与顾客实际需要和期望之间的差距。

2. 标准差距

它是管理者对顾客期望的理解与为服务传递所制定的质量标准之间的差距。之所以称为标准差距，是因为管理者制定的标准没有能够准确反映出他们对顾客期望的理解。制定低于顾客期望标准的典型原因包括成本考虑和可行性考虑。

3. 传递差距

它是特定的传递标准和休闲体育服务提供商在这些标准上的实际表现之间的差距。

4. 沟通差距

它是休闲体育服务企业广告宣传与实际传递给顾客的服务之间的差距。这个差距是由两个小差距造成的。第一个是内部沟通差距，是休闲体育服务企业广告所宣传的以及销售人员所认为的产品特性、服务表现、服务质量水平与休闲体育服务企业实际能够提供的服务之间的差距；第二个是过度承诺差距，其产生的原因是市场销售人员为了吸引更多顾客，扩大销售收入，从而作出一些休闲体育服务生产能力所无法达到的承诺。

5. 感知差距

它是企业实际传递给顾客的服务和顾客感知其所得到的服务之间的差距，因为顾客有时不能准确地评价休闲体育服务质量。

6. 服务质量差距

它是顾客所期望的休闲体育服务与他们对实际所得到的休闲体育服务的感知之间的差距。

在这个模型中，差距1、差距5和差距6代表了顾客与企业之间的外部差距，差距2、差距3和差距4则是发生在企业内部各个职能领域和部门之间的内部差距。

（二）消除休闲体育服务质量差距的建议

服务设计与传递过程中的任何差距都会破坏企业与顾客之间的关系。在6个服务差距中，服务质量差距是最重要的，因此，提高休闲体育服务质量的最终目标是尽可能消除或缩小这一差距。但是为了达到这个目标，服务组织通常需要努力缩小其他5个差距，提高休闲体育服务质量需要确认引起每一个差距的具体原因，然后制定消除这些差距的策略。具体策略包括：

消除知识差距的建议：执行有效的顾客反馈系统，包括顾客满意度调查、抱怨内容分析与专门的顾客小组讨论；加强市场调研，包括问卷调查和访谈设计、抽样、现场实施与定期重复市场研究；增加顾客与管理者之间的互动（例如开展"现场的一天"项目）；改善沟通，促进和鼓励一线员工与管理者进行积极沟通。

消除标准差距建议：基于顾客需求和期望建立适合的休闲体育服务产品、流程和标准。第一，正确执行顾客服务流程，主要包括：采用严谨、系统、以顾客为中心的服务和顾客服务流程设计或再设计；使重复的工作任务标准化以确保一致与可靠，并用技术代替人际接触，改进工作方法等。第二，在所有的相关部门中，建立、传播并强化可衡量的、以顾客为导向的服务标准，包括：为服务传递的每个步骤建立一套明确的服务质量目标，该目标应具有挑战性、可实现性以及明确针对满足顾客期望而设计；优先确保员工理解并接受目标、标准。第三，开发一系列能够满足顾客期望的服务产品。主要措施包括：允许顾客依据自身需求进行自我细分；给顾客提供不同价格的多种水平的服务。

消除传递差距建议：确保服务表现符合标准。第一，确保顾客服务团队士气高昂，能够达到服务标准，具体措施有：通过关注员工与工作的匹配度，提高招聘质量；按照工作表现选拔具备相应能力和技能的优秀员工；培训员工的技术与软性技能，包括人际沟通技能，特别是在有压力的情况下服务顾客的技能；明确员工角色，在提升顾客满意度方面发挥作用；传授给员工关于顾客期望、感知与问题的相关知识；建立能够以顾客为中心的跨职能服务团队；通过下放组织的决策权，给一线管理者和员工授权；测量绩效，提供定期反馈，鼓励那些质量达标的顾客服务团队、员工及管理者。第二，配备合适的技术、设备、支持流程与生产能力，挑选最合适的技术和设备以提高绩效，确保员工能为顾客提供优质的服务。第三，进行顾客管理，使顾客在有效传递服务的过程中扮演好自己的角色并承担责任。第四，与服务传递涉及的中介和第三方有效结盟，确定目标、绩效、成本和奖励，监管和激励休闲体育服务质量。

消除沟通差距的建议：第一，确保沟通内容体现顾客期望，培训负责休闲体育销售和营销沟通的管理者应具有运营管理相关知识，当开发新的沟通项目时，可从一线员工和运营人员那里获取信息，在顾客看到广告和其他沟通信息之前，让休闲体育服务提供商先预览。此外，让销售人员参与到运营人员与顾客面对面的会谈中，发展内部培训和激励性广告活动，以加强对营销、运营和人力资源职能的理解与整合，从而在不同网点进行标准化的服务传递。第二，激励休闲体育销售团队和服务传递团队结盟，避免休闲体育销售团队过分关注销售额而忽视顾客满意度。第三，保证沟通内容能够使顾客设定现实的期望。在进行外部发布之前，预先测试所用的公告、手册、电话脚本和网站内容，以确定目标顾客的理解是否符合公司的设想，如果不符合，及时进行修改和再测试。确保广告内容正确地反映那些对顾客来说最为重要的服务特征，确认并及时解释服务表现中的不足，指明企业不可控制的因素。在协议或合同中写明服务任务内容和服务保证，完成工作之后做好具体的解释工作。

消除感知差距的建议：确保休闲体育服务质量传递有形化和可沟通。服务机构应努力使休闲体育服务质量有形化，并且对所传递服务的质量进行沟通，改善服务环境。对于复杂性服务，在服务传递过程中做好解释沟通，以便顾客能够感知到他们所获得的服务。

消除服务质量差距：休闲体育服务质量差距是前 5 个差距积累起来的结果。在前 5 个差距都被解决后，休闲体育服务质量差距也将被解决。

问答题

1. 阐述休闲体育服务质量的特征。
2. 简述休闲体育服务质量评估的要素。
3. 简述休闲体育服务质量管理要素。

主要参考文献

［1］刘媛粒，林莉，刘丽娟. 大学生休闲体育服务体系的构建［J］. 北京体育大学学报，2011，34（02）：45-47.

［2］吕寻金，黎忠文，郝光安，向兆山. "互联网+"视角下休闲体育公共服务的特征及系统构建［J］. 首都体育学院学报，2018，30（02）：100-103，112.

［3］陈新生，楚继军，王宝珠. 我国城市社区休闲体育公共服务体系的结构与运行机制分析［J］. 北京体育大学学报，2012，35（10）：35-41.

［4］王维平. 新农村建设背景下休闲体育设施服务资源整合——评《休闲体育项目策划与管理》［J］. 热带作物学报，2021，42（05）：1526.

［5］刘臣超. 大学生休闲体育服务满意度及影响因素分析［D］. 长春：东北师范大学，2018.

［6］罗珊. 阿坝州休闲体育公共服务均等化完善路径研究［D］. 成都：成都体育学院，2016.

［7］杨丽娟. 安徽省巢湖市残疾人休闲体育公共服务供给研究［D］. 上海：上海体育学院，2017.

［8］陈晓. 中山市与澳门社区休闲体育公共服务设施配置现状及个人运动习惯研究［D］. 天津：天津体育学院，2015.

［9］张杨. 山东省高校大学生休闲体育服务体系的研究［D］. 济南：山东师范大学，2014.

［10］李云霄. 对构建江苏省休闲体育公共服务体系的研究［D］. 南京：南京理工大学，2013.

［11］刘丽娟. 构建大学生休闲体育服务体系的研究［D］. 重庆：重庆大学，2006.

郑重声明

高等教育出版社依法对本书享有专有出版权。任何未经许可的复制、销售行为均违反《中华人民共和国著作权法》，其行为人将承担相应的民事责任和行政责任；构成犯罪的，将被依法追究刑事责任。为了维护市场秩序，保护读者的合法权益，避免读者误用盗版书造成不良后果，我社将配合行政执法部门和司法机关对违法犯罪的单位和个人进行严厉打击。社会各界人士如发现上述侵权行为，希望及时举报，我社将奖励举报有功人员。

反盗版举报电话　（010）58581999　58582371

反盗版举报邮箱　dd@hep.com.cn

通信地址　北京市西城区德外大街 4 号　高等教育出版社法律事务部

邮政编码　100120

读者意见反馈

为收集对教材的意见建议，进一步完善教材编写并做好服务工作，读者可将对本教材的意见建议通过如下渠道反馈至我社。

咨询电话　400-810-0598

反馈邮箱　gjdzfwb@pub.hep.cn

通信地址　北京市朝阳区惠新东街 4 号富盛大厦 1 座

　　　　　高等教育出版社总编辑办公室

邮政编码　100029

防伪查询说明

用户购书后刮开封底防伪涂层，使用手机微信等软件扫描二维码，会跳转至防伪查询网页，获得所购图书详细信息。

防伪客服电话　（010）58582300